METROPOLITAN

In der gleichen Reihe erschienen:

Profi-Handbuch Direktinvestments
ISBN 3-8029-3327-3

Wem gehört was in Europa? Ausgabe 2002
ISBN 3-89623-275-4

Steuer-Oasen Ausgabe 2002
ISBN 3-89623-272-X

Profi-Handbuch Investmentfonds
ISBN 3-8029-3365-6

Praxis-Ratgeber Unternehmenssteuerreform
ISBN 3-89623-247-9

Stiftungs-Ideen
ISBN 3-89623-243-6

Kapitaltransfer ins Ausland
ISBN 3-89623-179-0

Steuersparbuch für Freiberufler und Selbstständige
ISBN 3-8029-3715-5

Spare und investiere richtig – werde Millionär!
ISBN 3-89623-196-0

E-Mail: metropolitan@walhalla.de
http://www.metropolitan.de

Metropolitan Verlag, Uhlandstraße 44, 40237 Düsseldorf,
Telefon: 02 11 / 6 80 42 15, Telefax: 02 11 / 6 80 20 82

Bernard Ehrlich · Anke Dembowski

Financial Planning

Ganzheitliche Finanzkonzepte für gehobene Privatanleger

Metropolitan Verlag

Die Deutsche Bibliothek – CIP-Einheitsaufnahme

Ehrlich, Bernard: Financial Planning: Ganzheitliche Finanzkonzepte für gehobene Privatanleger / Bernard Ehrlich ; Anke Dembowski. – Düsseldorf ; Berlin : Metropolitan-Verl., 2002
(Metropolitan Geld und Börse)
ISBN 3-89623-274-6 (Metropolitan-Verl.)
ISBN 3-8029-0274-2 (Walhalla-Fachverl.)

Zitiervorschlag:
Bernard Ehrlich/Anke Dembowski, Financial Planning
Metropolitan Verlag, Düsseldorf, Berlin 2002

Umschlaggestaltung: Gruber & König, Augsburg
Druck und Bindung: Westermann Druck Zwickau GmbH
Printed in Germany
ISBN 3-89623-274-6 (Metropolitan Verlag)
ISBN 3-8029-0274-2 (Walhalla Fachverlag)

Schnellübersicht

Der planvolle Umgang mit den privaten Finanzen

Vorwort

Dieses Buch zum Thema Financial Planning ist das erste, das sich tatsächlich an die Personen richtet, die dieses Thema angeht – die Privatanleger selbst.

Bei den Autoren Anke Dembowski und Bernard Ehrlich sind Sie in guten Händen. Schließlich gehören sie schon zum Kreis derer, die das Thema Financial Planning in Deutschland von Anfang an begleiteten. Anke Dembowski, bekannt durch ihre Fachbücher zum Thema Investmentfonds, referierte über dieses Thema bereits im ersten Jahrgang des Kontaktstudiums Finanzökonomie an der ebs FINANZAKADEMIE in Oestrich-Winkel. Hierbei handelt es sich um den ersten Studiengang, der als Ausbildung zur Erlangung des Certified Financial Planner-Gütesiegels lizenziert wurde. Bernard Ehrlich als einer der Absolventen des ersten Jahrgangs an der ebs FINANZAKADEMIE ist Gründungsmitglied des DEVFP Deutscher Verband Financial Planners e.V. und somit einer der ersten CFP in Deutschland.

Der planvolle Umgang mit den privaten Finanzen, von dem in diesem Buch die Rede ist, scheint jedem vollkommen einsichtig. Jedoch gewinnt die Dienstleistung Financial Planning im deutschsprachigen Raum erst jetzt an Bedeutung. Ich bin überzeugt davon, dass jeder gehobene Privatkunde von der Dienstleistung eines qualifizierten Finanzplaners enorm profitieren kann. Von großer Bedeutung ist jedoch, dass der Finanzplaner seine Dienstleistung nicht als Wissenschaft, sondern als praktische Vorgehensweise begreift. Das bedeutet, dass der Finanzplan nur so gut ist wie seine Umsetzung.

Natürlich bedeutet das nicht, dass es ohne Wissenschaft geht. Erst das wissenschaftliche Fundament kann eine der Dienstleistung entsprechende Qualifikation der Berater sicherstellen. Und diese hohe Qualifikation ist ohne Zweifel für die umfangreiche Dienstleistung Financial Planning erforderlich. Das bestätigt die intensive Nutzung der bislang in Deutschland entstandenen wissenschaftlichen Arbeiten zum Thema Financial Planning durch die Praxis.

Als Mitglied des Vorstandes des DEVFP Deutscher Verband Financial Planners e.V. freue ich mich über dieses Buch zum Thema Financial Planning besonders. Der DEVFP steht für die Einhaltung der strengen Vorschriften des internationalen Gütesiegels CFP in Deutschland. Die Informationen, die Sie in diesem Buch erhalten, geben Ihnen die Chance, wichtige Entscheidungen für Ihre private Finanzplanung zu treffen und bei der Auswahl eines geeigneten Finanzplaners auf der sicheren Seite zu sein.

Ich wünsche den Autoren und ihrem Werk, aber auch Ihnen für den planvollen Umgang mit Ihren privaten Finanzen viel Erfolg.

Dr. Rolf Tilmes
Mitglied des Vorstandes des
DEVFP Deutscher Verband Financial Planners e.V.

Private Finanzplanung – nicht allein Sache der Experten

Einleitung

Ein Buch über das komplexe Thema Financial Planning (zu deutsch: Private Finanzplanung), das sich an den gehobenen Privatanleger selbst richtet, das ist neu. Und so war es für uns eine Herausforderung, den Spagat zwischen fachlichem Anspruch und Verständlichkeit für den Finanzplanungs-Kunden zu bewältigen.

Schaut man sich die bislang erschienenen Titel zu diesem Thema an, so richten sie sich ganz überwiegend an Experten. Für uns stellte sich also die Frage, ob man denn überhaupt ein Buch über das weite Feld der privaten Finanzplanung für den Laien verfassen kann.

Es kommt natürlich darauf an, was mit diesem Buch bewirkt werden soll. Der Anspruch, aus allen Lesern Finanzplaner zu machen, ist nicht unser Ziel. Es geht uns vielmehr darum, einer möglichst großen Zahl von Menschen die Chancen eines planvollen Umgangs mit den privaten Finanzen aufzuzeigen. Außerdem wollen wir Sie in die Lage versetzen, die Angebote der verschiedenen Berater bereits im Vorfeld einer Auftragserteilung zu prüfen, um die Gefahr von negativen Überraschungen zu minimieren. Ein drittes Ziel ist es, Ihnen einen Überblick über die Angebote von Financial Planning in Deutschland zu geben.

Mit diesem Anspruch ist es möglich, dem Leser, der sich nicht zur Riege der Experten zählt, einen hohen Nutzen zu bieten. Aber bedeutet das auch, dass sich die Lektüre des Buches für Finanzplanungs-Experten nicht lohnt?

Natürlich lohnt sie sich auch für Experten. Beide Autoren blicken auf eine umfangreiche Referenten- und Autorentätigkeit zurück und sind es gewohnt, komplexe Zusammenhänge verständlich zu formulieren – eben in der Sprache der Kunden. Insofern bietet dieses Buch auch dem Finanzplanungs-Experten eine Fülle von Anregungen, wie er seinen Kunden sein Fachwissen verständlich vermitteln kann. Außerdem gibt das Buch eine Übersicht über die relevanten Fragestellungen im Umgang mit gehobenen Privatkunden und sensibilisiert insofern für die anstehenden Kundengespräche.

Um Ihnen die Nutzung des Buches zu vereinfachen, haben wir es in drei Teile aufgeteilt, die alle separat voneinander genutzt werden können.

In Teil I des Buches behandeln wir den Ablauf einer privaten Finanzplanung von der Definition eigener Ziele bis zur regelmäßigen Aktualisierung bestehender Finanzpläne.

In Teil II des Buches stellen wir Ihnen den Aufbau und den Inhalt eines Finanzplanes dar. Hierbei zeigen wir Ihnen nicht einen Musterfinanzplan, sondern erläutern anhand einer beispielhaften Gliederung eines Finanzplans, welche relevanten Fragestellungen innerhalb eines Finanzplans zu beantworten sind.

In Teil III des Buches stellen wir Ihnen den Markt für private Finanzplanung vor. Kernstück dieses Teils ist der Abschnitt über die Suche nach und die Prüfung von Finanzplanern und deren Angeboten. Daneben sind auch Ausbildungsmöglichkeiten und Abschlüsse bzw. Titel ein Thema in Teil III.

Doch genug der Vorrede. Jetzt wünschen wir Ihnen viel Spaß und eine Menge neuer Erkenntnisse über den planvollen Umgang mit Ihren privaten Finanzen.

Anke Dembowski
Bernard Ehrlich

Teil I

Der Prozess der Finanzplanung: Der Weg zur Umsetzung Ihrer optimierten Finanzstrategie

Ganzheitlicher Ansatz

Persönliches Zielsystem

Datenaufnahme

Konzeption und Realisierung

Man soll die Dinge so nehmen, wie sie kommen.
Aber man sollte auch dafür sorgen, dass sie so kommen,
wie man sie nehmen möchte.

Curt Goetz

Teil I des Buches – die Kapitel 1 bis 4 – beschäftigt sich mit dem Finanzplanungsprozess. Hierbei handelt es sich um eine Vorgehensweise, die zunächst die Ziele des eigentlichen Vorhabens festlegt. Danach folgt die Analyse des Status quo, die zu einer Konzeption für die Zukunft und damit zu Handlungsempfehlungen führt.

Wichtig für diesen Prozess ist neben der Einschaltung eines entsprechenden Finanzplanungs-Experten die Einbringung der eigenen Gedanken bezüglich der Träume, Wünsche und Ziele und Informationen bezüglich des Status quo. Nur auf der Basis dieses Inputs kann ein Finanzplaner erfolgreich für Sie arbeiten.

Mit Teil I des Buches wollen wir Ihnen zeigen, was alles zu einer Finanzplanung gehört und was Sie von einer solchen Beratung erwarten können. Daneben wollen wir Ihnen aber auch verdeutlichen, was Sie als Voraussetzung für einen erfolgreichen finanzplanerischen Umgang mit Ihrem privaten Vermögen leisten müssen.

Doch lassen Sie uns zunächst einen Blick auf die Ausgangssituation des jungen Marktes der Finanzplanung werfen.

1

Strategie

Warum ist eine umfassende Finanzstrategie die bessere Alternative?

1. Ausgangssituation: kontraproduktive Einzelentscheidungen statt ganzheitlichem Ansatz

Finanzielle Einzelentscheidungen

Betrachtet man die Vorgehensweise vieler Bundesbürger beim Umgang mit den persönlichen Finanzen und analysiert man die Aussagen der Werbung der Anbieter von Kapitalmarkt- und Versicherungsprodukten, so fällt auf, dass sich die Beschäftigung mit eigenen Finanzen fast ausschließlich auf einige wenige, wenn auch markante finanzielle Entscheidungen konzentriert.

Zu den klassischen Entscheidungen im Finanzbereich zählen das Sparbuch als erste Anlageform, der erste Kredit als Überziehungskredit für das Konto oder als Ratenkredit für eine Anschaffung, der Bausparvertrag, die Lebensversicherung und die Eigenheimfinanzierung. Eine Strategie ist hinter diesen Einzelentscheidungen meist nicht zu erkennen. Vielmehr ist es die Befriedigung aktueller Bedürfnisse, die zu derartigen Entscheidungen führt.

Woran könnte es liegen, dass eine übergeordnete Strategie für die finanziellen Belange in der Regel zu fehlen scheint?

Fehlen einer übergeordneten Strategie

Wir sind es gewohnt, im Fall anstehender finanzieller Entscheidungen unseren Bedarf an Information durch eine Einzelfallberatung zu decken. Hierzu werden in der Regel „Berater" konsultiert, die in der Lage sind, auch gleich das passende Produkt zur Problemlösung zu präsentieren. Dies scheint zunächst praktisch, allerdings können sich hieraus drei Probleme ergeben:

Fehlen einer vollständigen Analyse

- Das erste Problem besteht darin, dass es zu einer Optimierung nur in dem Fall kommt, in dem Sie als Betroffener einen Handlungsbedarf erkannt haben und entsprechend aktiv werden. Wir haben in der Regel nicht den Berater oder Betreuer, der über alle Belange unserer finanziellen Situation im Bilde ist und uns von sich aus immer dann anspricht, wenn es Klärungs- oder Handlungsbedarf gibt.

- Zweitens handelt es sich in der Regel nicht um den klassischen Berater, der bereits für seinen Rat entlohnt wird, wie es beispielsweise der Rechts- oder Steuerberater ist, sondern eher um einen Produktverkäufer, der im Rahmen des Verkaufsvorganges auch Beratungsfunktionen übernimmt. Aber machen wir uns nichts vor, am Ende muss auch dieser „Berater" Geld verdienen und ihm ist nicht geholfen, wenn er Sie als Kunden schlau gemacht hat, ohne eine Gegenleistung dafür zu erhalten. Die Objektivität des Ratschlages ist also kritisch zu hinterfragen.

Berater sind Produktverkäufer

- Das dritte Problemfeld besteht darin, dass in der Regel ein Fachberater angesprochen wird, der nicht den Überblick über die gesamte finanzielle Situation seines Kunden hat. Es wird daher nur eine Teilfrage optimiert, ohne deren Auswirkungen auf die gesamte finanzielle Situation zu beachten.

Dem Berater fehlt der Gesamtüberblick

Insgesamt ergibt sich aus dieser Vorgehensweise die Situation, dass Sie als Privatperson von einer Fülle von Fachberatern umgeben sind, deren Koordination und Überprüfung Sie selbst übernehmen müssen.

Eine Vielzahl von Fachberatern umgibt Sie

Abbildung 1: Privatperson zwischen Fachberatern

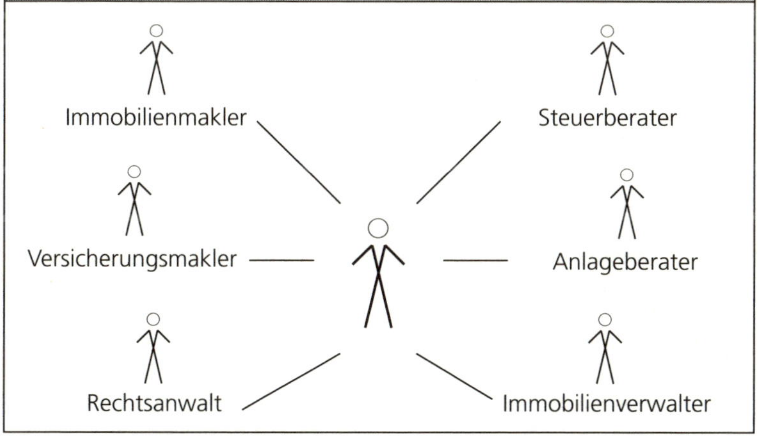

Optimierung des Ganzen statt aller Einzelteile

Entscheidend für das Dilemma dieser Situation ist es, dass aus der Optimierung der Einzelteile nicht zwangsläufig auch eine Optimierung der Gesamtsituation resultiert. Zur Erreichung von finanziellen Zielen ist es jedoch wichtig, dass auch die Wechselwirkungen zwischen den einzelnen Bereichen einer privaten Finanzsphäre, d. h. die Gesamtsituation des Vermögens, betrachtet und bei der Konzeption berücksichtigt werden.

Neben dem Fehlen der Abstimmung zwischen den Teilbereichen der privaten Finanzen kommt es bei der ereignisbezogenen Optimierung der Einzelteile natürlich dazu, dass die Optimierung nicht zum gleichen Zeitpunkt stattfindet, sondern immer wieder auf der Basis der dann gültigen Rahmenbedingungen für einen Teilbereich entschieden wird, ohne die bereits getroffenen Entscheidungen in den anderen Teilbereichen auf Grund der möglicherweise veränderten Rahmenbedingungen erneut zu überprüfen.

Als Ergebnis können wir festhalten, dass das Bewusstsein für die Notwendigkeit einer strategischen Gesamtbetrachtung der eigenen Finanzen in der Regel nicht vorhanden ist. Dies liegt sicher zu einem guten Teil daran, dass entsprechende Dienstleistungen bis vor kurzem kaum angeboten wurden.

Was ergibt sich daraus?

Private Finanzen müssen sich an persönlichen Zielen orientieren

Es ist zu beobachten, dass die wenigsten Menschen eine klare Definition Ihrer Lebensziele haben und sich daher auch keine klaren Ziele für die privaten Finanzen ableiten lassen. Aus dem Mangel an Zieldefinition folgt zwangsläufig ein Mangel an planvoller Vorgehensweise, was im Ergebnis dazu führt, dass Wünsche und Träume, die durchaus erreichbar wären, nicht in Erfüllung gehen.

Es wird – plakativ gesprochen – ganz einfach nicht gefragt: „Was muss ich im Finanzbereich tun, um meine Lebensziele zu erreichen?", sondern: „Wo bekomme ich die höchste Verzinsung für mein Geld oder die günstigste Hausratversicherung?"

Diese Vorgehensweise hat zur Konsequenz, dass eben nicht klar ist, warum im Einzelfall eine bestimmte Vorgehensweise, beispielsweise Konsumverzicht, zur Erreichung eines größeren Ziels sinnvoll wäre. Der Beweggrund für den Verzicht auf den Erwerb eines bestimmten Konsumgutes oder die besondere Urlaubsreise fehlt, weil es auf Grund der fehlenden Definition eines größeren Ziels keinen Grund für den Verzicht gibt. Gute Gründe für Konsum gibt es jedoch ausreichend. Hinzu kommt, dass zum Beispiel das kurzfristige Ziel „Konsumbefriedigung" einfacher und schneller zu erreichen ist als das langfristige Ziel „finanzielle Unabhängigkeit". Diese Aussagen gelten selbstverständlich nicht nur für den Konsum, sondern auch für Investitionsalternativen, wie das Eigenheim, die Lebensversicherung oder Ähnliches.

Sie werden möglicherweise den Eindruck haben, dass diese Aussagen auf Sie nicht zutreffen – vielleicht ist dem auch so. Aber beantworten Sie sich einmal die folgenden drei Fragen:

Ist Ihre Situation optimal?

- Haben Sie ein schriftlich definiertes Zielsystem für Ihr Leben?
- Haben Sie aus diesem Zielsystem eine Planung der notwendigen Maßnahmen abgeleitet?
- Richten Sie Ihre finanziellen Entscheidungen stets nach Ihrer Lebensplanung?

Wenn Sie alle Fragen mit ja beantwortet haben und mit Ihrer finanziellen Situation zufrieden sind, können wir Ihnen an dieser Stelle nur gratulieren und Sie auf Teil III dieses Buches verweisen, denn dort erfahren Sie, wie Sie als Finanzplaner aktiv werden können, und das sollten Sie bei Ihrer Begabung ins Auge fassen.

Wenn Sie mit Ihrer finanziellen Situation nicht zufrieden sind, können wir Ihnen auf den folgenden Seiten einiges an Unterstützung bieten. Wir möchten Sie aber schon hier darauf hinweisen, dass Sie letztendlich die Entscheidungen treffen müssen.

2. Der Prozess der privaten Finanzplanung

Wichtige Fragen zu Beginn

Am Beginn einer planvollen Vorgehensweise mit den privaten Finanzen steht zunächst die Frage, wie Sie die eigenen Lebensziele definieren können. Danach ergibt sich zwangsläufig die Frage, wie Sie sich einen Überblick über alle relevanten Fragestellungen verschaffen und wie Sie eine Vermögens- und Ertragsstruktur aufbauen, die Ihre eigenen Lebensziele unterstützt und eine adäquate Risikoabsicherung ermöglicht.

Gut beraten sind Sie, wenn Sie nicht bei der Lösung des Problems anfangen, sondern so vorgehen, wie Sie auch in jeder anderen, vielleicht beruflichen Situation mit einer derartigen Problemstellung umgehen würden:

Vorgehensweise

An erster Stelle steht die Beantwortung der Frage: „Was will ich eigentlich wirklich?" Danach folgt als zweiter Schritt die Analyse des Status quo und eine Beurteilung der Stärken und Schwächen des Status quo in Bezug auf Ihr eigentliches Ziel. Im dritten Schritt erfolgt die Ableitung der Konzeption Ihrer umfassenden Finanzplanung. Es wird also ein Bild des zukünftigen Zustandes entworfen, das Ihnen bei allen zukünftigen Finanzentscheidungen permanent vor Augen stehen soll. Aus dem Vergleich zwischen Status quo und Konzeption ergeben sich dann die notwendigen Maßnahmen.

„Ein interessantes theoretisches Modell", werden Sie vielleicht sagen und da geben wir Ihnen recht. Aber funktioniert das auch in der Praxis?

Zunächst geht es im Folgenden darum, wie die einzelnen Schritte erfolgen können – aber das Wichtigste fehlt natürlich: Sie müssen auch dafür sorgen, dass die notwendigen Vorhaben auch in die Tat umgesetzt werden, sonst hat sich die Mühe der ersten vier Schritte nicht gelohnt.

Wie läuft nun der Prozess einer privaten Finanzplanung konkret ab und was können Sie dadurch erreichen?

Abbildung 2: Prozess einer privaten Finanzplanung

①	②	③	④	⑤	⑥	⑦	⑧
Marktüberblick verschaffen	Auswahl eines geeigneten Finanzplaners und Vertragsabschluss	Persönliche Zieldefinition Zusammenstellung von Unterlagen Datenaufnahmegespräch	Entwicklung des finanziellen Zielsystems Analyse des Status quo Entwicklung einer optimierten Strategie	Dokumentation der Ergebnisse in einem Finanzplan	Präsentation der Ergebnisse Strategiegespräch Maßnahmenplanung	Durchführung der Maßnahmen Koordination aller Experten durch den Finanzplaner	Gegebenenfalls Update der Planung nach ein bis zwei Jahren

Wahl eines Finanzplaners

Eine private Finanzplanung, wie sie von einer Reihe von Anbietern in Deutschland zur Zeit angeboten wird, beginnt üblicherweise mit dem so genannten Akquisitionsgespräch zwischen Anbieter und Vermögensinhaber. Hierbei werden das Angebotsspektrum und die individuelle Vorgehensweise vorgestellt, die Beteiligten lernen sich kennen und gegebenenfalls wird auch schon über den Preis der Dienstleistung gesprochen.

Datenaufnahme

Sind Sie sich einig, folgt die so genannte Datenaufnahme. Hierzu ist es zunächst erforderlich, dass Sie sich über die eigenen Ziele Klarheit verschaffen. Es gilt das persönliche Zielsystem zu erarbeiten. Hierbei werden Sie sinnvollerweise bereits vom Finanzplaner unterstützt. Danach erfolgt das Datenaufnahmegespräch mit dem Finanzplaner. Es handelt sich um ein ausführliches Gespräch, in dessen Verlauf der Finanzplaner alle relevanten Informationen erfragt und sich gegebenenfalls Notizen macht oder zur Dokumentation Unterlagen einsieht und kopiert. Die Datenaufnahme wird nach dem eigentlichen Gespräch mit Ihnen noch durch die Beschaffung zusätzlicher relevanter Informationen aus dritten Quellen, wie von Ihrem Rechtsanwalt oder Steuerberater, aber auch von Ihren Versicherungs- und Fondsgesellschaften und Hausverwaltungen ergänzt.

Finanzplanerstellung und Strategiegespräch

Danach beginnt der Finanzplaner mit der Analyse des Status quo Ihres Vermögens und der Erarbeitung einer Konzeption, mit der die private Finanzsituation optimiert wird. Ergebnis dieses Arbeitsschrittes ist die schriftliche Dokumentation des Finanzplanes. Diese Dokumentation wird dann im Rahmen eines so genannten Strategiegespräches präsentiert und diskutiert. An dessen Ende steht die Vereinbarung über die Verantwortlichkeit und den Zeitplan für die notwendigen Maßnahmen.

Umsetzung und Aktualisierung

Im Anschluss daran beginnt die Umsetzung der Finanzplanung. Da es sich aber nicht um einen statischen Vorgang handelt und wir es mit sich ständig verändernden Rahmenbedingungen im persönlichen, wirtschaftlichen und rechtlichen Umfeld zu tun haben, ist eine regelmäßige Überprüfung der Planung erforderlich, die zu so genannten Aktualisierungen (updates) des Finanzplanes führen. Aus unser Sicht ist so ein update jährlich sinnvoll, mindestens aber alle zwei Jahre erforderlich.

Eine derartige Aktualisierung erfolgt wie die Neuerstellung der Finanzplanung, wenngleich diese im Wesentlichen im Hinterfragen möglicher Veränderungen besteht, d. h., dass der Aufwand geringer gehalten werden kann. So schließt sich der Kreislauf Finanzplanung, der, so hoffen wir, nach der Lektüre dieses Buches auch Sie zukünftig begleiten wird.

2

Zielsystem

Erarbeiten Sie sich Ihr persönliches Zielsystem!

1. Wozu sind finanzielle Ziele gut?

Beweggründe

Die Erarbeitung des Zielsystems dient dazu, sich die Beweggründe für Entscheidungen im Finanzbereich zu verdeutlichen und eine Grundlage für eine vollständige Konzeption zu legen. Nur wenn einem Finanzplaner die Ziele des Vermögensinhabers klar sind, wird er eine Strategie erarbeiten können, die zu einer Steigerung der Zufriedenheit seines Auftraggebers führt.

Ereignis-orientierung

Klassische finanzielle Ziele, das haben wir schon eingangs beschrieben, sind ereignisorientiert. Es wird dabei nicht ein langfristiges übergeordnetes Ziel oder roter Faden festgelegt, sondern es werden kurzfristige Ziele für die gerade anstehende Entscheidung formuliert, zum Beispiel: „Ich habe gerade einen Geldbetrag x, den ich anlegen will, und suche dafür die beste Anlageform."

Formulierung der Ziele

Wie werden diese Ziele umschrieben? Begriffe wie Liquidität, Risikomentalität, Rentabilität, Rendite, Performance, kurz-, mittel- oder langfristiger Anlagehorizont sind da im Spiel. Es wird von Ihnen erwartet, dass Sie Ihre Wünsche in der Sprache der Experten umschreiben. Und dabei ist es schon nicht einfach, die Wünsche in der eigenen Sprache so zu beschreiben, dass ein anderer sie auch genau so versteht, wie man es selbst gemeint hat.

Ein erstes Problem bei der Beschreibung finanzieller Ziele stellt also das Verständigungsproblem zwischen Ihnen als Kunden und dem Spezialisten dar. Warum verlangt man eigentlich überhaupt von Ihnen, dass Sie eine fachlich korrekte Soll-Beschreibung abgeben? Reicht es nicht, wenn Sie Ihre Lebensziele beschreiben und der Berater dann die Formulierung der finanziellen Zielsetzung übernimmt?

2. Motivationen für finanzielle Ziele

Das bringt uns zur Frage, welche Motivationen für finanzielle Ziele überhaupt bestehen. Das Ziel zum Beispiel, einen Geldbetrag x am Beginn des Ruhestandes auf dem Konto zu haben, entsteht ja nicht aus sich selbst heraus. Geld hat an sich keinen Nutzen, wenn man es nicht gegen Nutzen stiftende Güter und Dienstleistungen eintauscht. Dieser Wunsch zum Eintauschen muss es also sein, der den Beweggrund für den Aufbau von Vermögen darstellt. Und Eintauschen muss nicht bedeuten, dass auch wirklich jeder Euro eingetauscht wird. Allein das Gefühl, es jederzeit zu können, ist schon erstrebenswert.

> Finanzielle Ziele leiten sich aus etwas Übergeordnetem ab. Lebensvisionen, Lebensträume und Lebensziele sind es, die Auswirkungen auf unsere finanziellen Ziele haben und diese bestimmen.

Lebensvision und persönliches Leitbild

„Nur wer eine klare Vision, ein (...) persönliches Leitbild oder ein Lebensziel hat, ist in der Lage, seinem Leben einen Sinn zu geben." Diese Ausführungen belegt Prof. Lothar Seiwert in seinem Buch „Wenn Du es eilig hast, gehe langsam" durch die Ergebnisse einer Langzeitstudie der Harvard-Universität über den Werdegang von Studienabgängern über einen Zeitraum von zehn Jahren. Das Ergebnis zeigt, dass 83 % der Studenten am Ende ihres Studiums keine Zielsetzung für ihre Karriere hatten. 14 % der Studenten hatten eine klare Zielsetzung, diese aber nicht schriftlich fixiert. Diese Studenten verdienten im Schnitt dreimal so viel Geld wie die ohne Zieldefinition. 3 % der Studenten hatten ihre klare Zieldefinition schriftlich formuliert. Diese verdienten im Schnitt zehnmal so viel wie die Studenten ohne Zieldefinition. Seiwert kommentiert diese Statistik mit der Aussage: „Ob Sie im Leben Ihre Ziele und Wünsche erreichen, hängt neben Ihrer Einstellung und Ihrem Denken davon ab, welche Zukunftsvorstellungen oder Visionen Sie bewusst oder unbewusst entwickelt haben."

Lebensziel-system

Damit wird auch deutlich, warum klassische Anlage- oder Versicherungsberater die Formulierung einer Strategie für den Finanzbereich nicht ohne Ihre Vorgabe bezüglich Ihrer Lebensziele durchführen können. Sie kennen in der Regel nicht Ihr komplettes Lebenszielsystem, da Sie sie ja nur bezüglich eines Teilbereichs ansprechen. Daraus leitet sich ab, dass lediglich nach den finanziellen Zielen des Teilbereichs gefragt wird.

Erfolgs-Tipp:

Für eine Strategie, die Ihre gesamten finanziellen Belange umfasst, ist es also zunächst erforderlich, die eigenen Lebensvisionen und Lebensträume zu benennen und daraus konkrete Lebensziele abzuleiten.

Das ist die Grundlage zur Ableitung Ihrer finanziellen Ziele. Aber wie geht man hierbei sinnvollerweise vor?

Ohne ein System an Beweggründen macht eine Vielzahl von Aktivitäten keinen Sinn. Erst die Lebensvision ist es, die es ermöglicht Entscheidungen zu bewerten und zu treffen.

Erfolgs-Tipp:

Visionen

Eine Vision motiviert Sie, wenn es einmal gar nicht weiterzugehen scheint. Sie setzt Energien frei und lässt Sie auch unangenehme Dinge tun. Eine Vision gibt Ihnen die Möglichkeit, Ihre Aktivitäten an einem Fixpunkt auszurichten.

Wie komme ich zu einem persönlichen Leitbild, einer Lebensvision?

3. Der Entwurf einer persönlichen Lebensvision

Lebensvision formulieren

Natürlich gibt es kein Patentrezept dafür, wie man seine persönliche Lebensvision formuliert. Es sind lediglich Hilfestellungen, die Sie animieren können, sich mit Ihrem persönlichen Leitbild zu beschäftigen. Die folgenden vier Fragen helfen Ihnen hoffentlich, die ersten Schritte auf dem Weg zu einem persönlichen Leitbild zu gehen:

- Was will ich in meinem Leben noch erreichen?
- Was ist mir wirklich wichtig, welche persönlichen Werte schätze ich?
- Worin liegen meine Fähigkeiten und Begabungen?
- Auf was will ich am Ende meines Lebens letztlich zurückblicken?

Um Ihre persönliche Lebensvision zu formulieren, möchten wir Ihnen in Anlehnung an das bereits zitierte Buch von Seiwert folgende Hilfsmittel an die Hand geben:

Bestandsaufnahme Lebenssituation

Bestandsaufnahme

Zur Formulierung eines Leitbildes ist es zunächst sinnvoll, sich mit seiner aktuellen Lebenssituation zu beschäftigen und der Entwicklung, die dazu geführt hat. Die Vergangenheit spielt eine erhebliche Rolle für unsere Zukunft und darf daher nicht außer Acht bleiben. Die folgenden Fragen sind ein Auszug aus den von Seiwert genutzten Checklisten und sollen Ihnen einen Eindruck davon vermitteln, welche Fragen bei der Bestandsaufnahme helfen können:

- Was war mein erstes Erfolgserlebnis?
- Welche Persönlichkeiten schätze ich besonders und warum?
- Bei welchen Aufgaben fühle ich mich wohl?

- Über welche besonderen Kenntnisse verfüge ich?
- Was waren meine größten Erfolge?
- Über welche Kenntnisse, Taten, Erlebnisse von mir freue ich mich besonders?

Was Sie gerne haben möchten

Haben

Unsere Gesellschaft ist sehr stark vom „Haben" geprägt. Jeder hat eine Reihe von Dingen, die er gerne haben oder machen möchte, im Kopf. Diese Dinge sind in der Regel sehr einfach zu benennen. Stellen Sie sich doch einfach einmal eine Liste mit Dingen zusammen, die Sie haben oder erleben möchten. Das können materielle, aber auch immaterielle Dinge sein.

Was Sie gerne tun oder bewirken möchten

Bewirken

Aber materielle Dinge sind selbstverständlich nicht das Wichtigste im Leben, wenngleich sie zugegebenermaßen Freude bereiten. „Selbstverwirklichung" resultiert aber oft erst aus einem Bewirken von Dingen, d. h. aus der Wirkung für die Mitmenschen. Was würden Sie gerne tun oder bewirken, das für Ihre Mitmenschen einen Nutzen stiftet? Was würden Sie am liebsten tun, wenn Zeit und Geld keine Rolle spielte?

Wer Sie gerne sein möchten

Sein

Charaktereigenschaften sind es, nach denen wir Menschen beurteilen und selbst beurteilt werden. Insoweit ist es wichtig, sich auch mit der Frage zu beschäftigen, wer wir gerne sein wollen, d. h. welche Charaktereigenschaften uns für uns selbst wichtig erscheinen. Wenn es Ihnen schwer fällt, die für Sie wichtigen Charaktereigenschaften zu formulieren, denken Sie einfach an Menschen, die Sie schätzen. Versuchen Sie zu beschreiben, welche Charaktereigenschaften diese Menschen auszeichnen.

Leitbildentwurf verfassen

Wenn Sie die folgenden Aussagen vervollständigen, bringen Sie für Ihr persönliches Leitbild und Ihre Lebensvision die Kernaussagen nochmals auf den Punkt. Sie sollen Ihr Orientierungspunkt für zukünftige Entscheidungen sein:

Kernaussagen für Ihren Leitbildentwurf

- Bei anderen bewundere ich am meisten …
- Bestimmte Menschen, die ich kenne, sind glücklich, weil …
- Die positivste Wirkung auf andere habe ich, wenn …
- Die Dinge, die ich am besten kann, sind …
- Glück, Erfolg und Erfüllung spüre ich, wenn …
- In meinem Leben sollte ich noch unbedingt …
- Wenn Zeit und Geld keine Rolle spielten, würde ich am liebsten …
- Der Grund, warum ich das tun würde, ist …

Persönliche Lebensplanung formulieren

Ihre persönliche Lebensplanung

Eine Vision macht Sie stark und lässt Sie auch unangenehme und schwierige Aufgaben mit Bravour erledigen. Aber sie allein wird Ihnen keinen optimalen Nutzen stiften. Es ist erforderlich, aus der Vision eine persönliche Lebensplanung abzuleiten, damit Sie Aktionsfelder erhalten, auf denen es zu arbeiten gilt. Die Vision ist kein Selbstzweck, sie ist vielmehr Orientierungspunkt für alle anstehenden Aktivitäten. Roman Herzog hat es in seiner vielbeachteten Berlin-Rede im April 1997 so formuliert: „Visionen sind Strategien des Handelns, das unterscheidet sie von Utopien. Zur Vision gehören Mut und Kraft und die Bereitschaft, sie zu verwirklichen."

Als letzter Schritt ist es also erforderlich, dass Sie eine konkrete Lebensplanung formulieren. Hierzu müssen Sie die folgenden Fragen für alle geplanten Aktivitäten beantworten:

Leitfragen für die konkrete Lebensplanung
▪ Was will ich tun oder veranlassen?
▪ Bis wann soll es erledigt sein?
▪ Was will ich dadurch erreichen?

„Und nun?" werden Sie sich vielleicht jetzt fragen. Was soll der Finanzplaner damit anfangen? Will ich ihm meine persönlichsten Vorstellungen überhaupt anvertrauen?

Konkrete Lebensplanung

Es ist sicher nicht zwingend erforderlich, dem Finanzplaner alle Ihre Lebensvisionen, Lebensträume und Lebensziele anzuvertrauen, wenngleich es sich bei Ihrem Finanzplaner um einen Menschen handeln sollte, zu dem Sie so großes Vertrauen haben, dass dies ohne Probleme möglich ist. Außerdem wird es Ihrem Finanzplaner sicher leichter fallen, eine Strategie zu erarbeiten, wenn er Ihre Beweggründe kennt. Selbstverständlich können Sie aber auch Ihr System finanzieller Zielsetzungen selbst ableiten. Hierzu wollen wir im Folgenden einige Hilfestellungen anbieten.

4. Die Ableitung eines finanziellen Zielsystems

Die dominierenden Fragen bei der Ableitung von finanziellen Zielen sind die Fragen:

- Welche Mittel benötige ich?
- Wofür benötige ich diese Mittel?
- Zu welchem Zeitpunkt oder innerhalb welches Zeitraums müssen die Mittel zur Verfügung stehen?
- Inwieweit sind die Höhe oder der Zeitpunkt flexibel?

Klingt recht einfach.

Anlegermentalität und Risikobereitschaft

Sie werden jetzt möglicherweise denken, dass doch auch die Anlegermentalität und die Risikobereitschaft eine wichtige Rolle spielen. Da haben Sie natürlich Recht, aber bei diesen beiden Begriffen handelt es sich wieder um Fachbegriffe, die von unterschiedlichen Personen ganz unterschiedlich verstanden werden. Oder kennen Sie den Maßstab und die Ausprägung Ihrer Anlegermentalität und Ihrer Risikobereitschaft genau?

Wir sind überzeugt, dass sich Ihr finanzielles Zielsystem durch Aussagen über alle notwendigen Zahlungsströme der Zukunft treffend beschreiben lässt. Selbstverständlich sind Erläuterungen über das eigene Empfinden bei Wertschwankungen für Ihren Berater wichtig. Lassen Sie uns hierzu einen kleinen Exkurs unternehmen.

5. Liquidität als Beschreibung des Zielsystems

Liquiditätsbedürfnisse als Schlüssel

Welche Angst ist es, die uns bei Entscheidungen bezüglich Geldanlagen vorsichtig sein lässt? Es ist die Angst, finanzielle Mittel zu einem Zeitpunkt, an dem sie benötigt werden, nicht zur Verfügung zu haben. Dies kann zwei Ursachen haben: erstens die Angst vor fehlender Liquidität und zweitens die Angst vor hohen Wertschwankungen.

Die Sicherheit, jederzeit über die notwendigen Mittel verfügen zu können, ist es, die uns ruhig schlafen lässt. Insoweit ist das oberste Ziel eines jeden finanziellen Zielsystems, die jederzeitige Verfügbarkeit ausreichender liquider Mittel sicherzustellen. Professor Spremann von der Universität St. Gallen formuliert es wie folgt: „Jederzeit über Geld verfügen zu können bedeutet, einen großen Spielraum zu haben. Das ist Flexibilität, Freiheit und auch Macht und wird begleitet von positiven Gefühlen. Geringe Liquidität und Wertrisiken engen den Spielraum ein, beeinträchtigen die finanzielle Freiheit und lösen negative Gefühle aus."

Es gilt also, Investitionen derart zu staffeln, dass erstens ohne größeren Aufwand eine Umwandlung in Geld erfolgen und zweitens diese Umwandlung ohne größere Wertverluste realisiert werden kann.

Zukünftige Zahlungsströme

Nun gibt es bei der Formulierung von Aussagen über zukünftige Zahlungsströme und damit zukünftigen Bedarf an Geldmitteln natürlich Unsicherheiten, die zunehmen, je weiter sich der Blick in die Zukunft richtet. Hermann Abs hat einmal gesagt: „Das einzig Schwierige an Prognosen ist, dass sie die Zukunft betreffen", und dabei hatte er ein verschmitztes Lächeln im Gesicht. Natürlich hatte er damit Recht, aber wer einen Plan hat, ist auch jederzeit in der Lage, diesen bewusst zu korrigieren. Wer planlos ist, tut sich da wesentlich schwerer.

6. Die Klassifizierung von Vermögensbestandteilen

Zur Formulierung finanzieller Ziele halten wir das so genannte Schichtenmodell von Klaus Spremann für sehr interessant.

Schichtenmodell nach Klaus Spremann

In diesem Modell wird über die Formulierung von Anlagezielen gesagt, dass sie grundsätzlich sehr konkret und spezifisch sein sollten, aber es durchaus möglich ist, dass ein konkreter Zweck, die genaue Höhe, der Zeitpunkt oder Zeitraum des Mittelbedarfs noch nicht feststeht. Um dennoch ein System von Aussagen über die Anlageziele entwickeln zu können, greift Klaus Spremann auf ein Modell zurück, dass zunächst das Gesamtvermögen in das reservierte Vermögen und das freie Vermögen aufteilt. Im Anschluss daran werden den beiden Vermögensbestandteilen Anlageziele nach dem so genannten Schichtenmodell zugeordnet. Wir wollen dieses Modell nachfolgend kurz vorstellen.

Abbildung 3: Vermögensbestandteile nach dem Schichtenmodell von Spremann

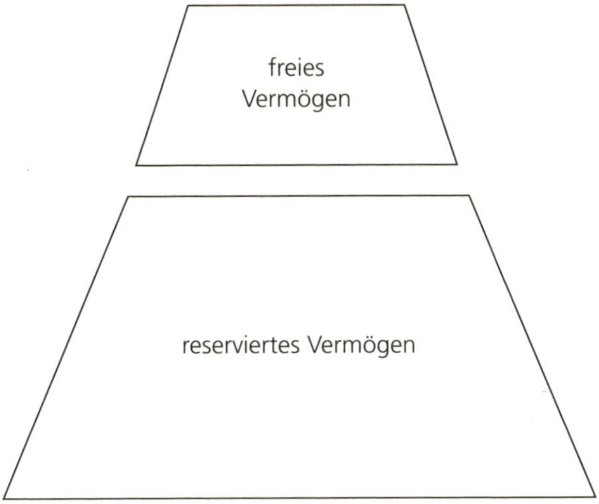

Quelle: in Anlehnung an Klaus Spremann, Vermögensverwaltung, München 1999, S. 82

Reserviertes Vermögen

Unter reserviertem Vermögen wird der Teil des Gesamtvermögens verstanden, der bereits für einen konkreten Zweck verplant ist. Das bedeutet, dass der Anleger

1. den Verwendungszweck inhaltlich konkret benennen kann,
2. ihn dem Betrag nach umschreiben kann und
3. den Zeitpunkt oder Zeitraum der späteren Verwendung kennt.

Als Beispiel für derartige konkrete Verwendungszwecke können die Ausbildung der Kinder, die Rückzahlung einer Hypothek oder die Ergänzung der späteren Renten genannt werden.

In der Lebensplanung des Anlegers bestehen für die Verwendung des reservierten Vermögens ganz konkrete Ziele, zu denen sich der Anleger quasi verpflichtet hat. Es ist daher erforderlich, das Vermögen so anzulegen, dass mit einer hohen Wahrscheinlichkeit die Verpflichtung erfüllt werden kann.

Der Anlagehorizont für die Investition des reservierten Vermögens ergibt sich zwangsläufig aus den bekannten Zeitpunkten oder Zeiträumen der Verfügung. Wichtig für die Einschätzung der vertretbaren Risiken, d. h. der möglichen Wertschwankungen, ist eine Aussage über die Flexibilität des Anlegers bei der Realisierung seiner Lebensziele. Die Rückzahlung einer Hypothek mit festem Betrag an einem bestimmten Datum duldet selbstverständlich keine Flexibilität bei der Höhe des Betrages oder dem Termin der Rückzahlung. Der Beginn des Ruhestandes ist aber möglicherweise um den einen oder anderen Monat verschiebbar, außerdem besteht möglicherweise ein gewisses Maß an Flexibilität bezüglich der Höhe der Ergänzung zur Rente. Insoweit besteht für derartige Verwendungszwecke eine höhere Flexibilität, was eine höhere Risikobereitschaft bei den Anlageformen vertretbar macht.

Freies Vermögen

Unter freiem Vermögen werden die Vermögensbestandteile verstanden, für die zum Zeitpunkt der Zielformulierung noch kein spezifischer Verwendungszweck definiert werden kann. „Spezifisch" bedeutet in diesem Zusammenhang, dass ein konkreter Verwendungszweck inhaltlich und zeitlich definiert werden kann. Selbstverständlich werden auch für das freie Vermögen zukünftig Verwendungszwecke konkret. Diese Teile können dann umgewidmet werden.

Für das freie Vermögen ist es sinnvoll, die Anlage ertragsorientiert vorzunehmen und damit auch höhere Wertschwankungsrisiken zu akzeptieren, da durch das Fehlen eines konkreten Verwendungszeitpunktes die Möglichkeit besteht, zwischenzeitliche Wertminderungen „auszusitzen". Eine vorübergehende Buchwertminderung bedeutet dann keine reale Vermögenseinbuße.

Wichtig ist, dass nicht alle freien Bestandteile des Vermögens mit dem gleichen langfristigen Anlagehorizont angelegt werden, damit auf die durch Veränderungen der Lebensumstände erforderlichen Umwidmungen von freiem in reserviertes Vermögen ohne Probleme reagiert werden kann.

Anlageziele und ihre Zuordnung

Die Zuordnung der Anlageziele zu den Vermögensbestandteilen erfolgt, indem man die Anlageziele in vier Gruppen einteilt:

- Aufbau von Liquidität als Sicherheitsreserve
- Vermögensanlage mit konkretem Verwendungszweck
- Vermögensanlage mit Verwendungsidee
- Vermögensaufbau ohne Verwendungszweck

Die folgende Grafik verdeutlicht die Zuordnung der Gruppen von Anlagezielen zu den zwei Vermögensbestandteilen:

Abbildung 4: Anlageziele in Anlehnung an das Schichtenmodell von Spremann

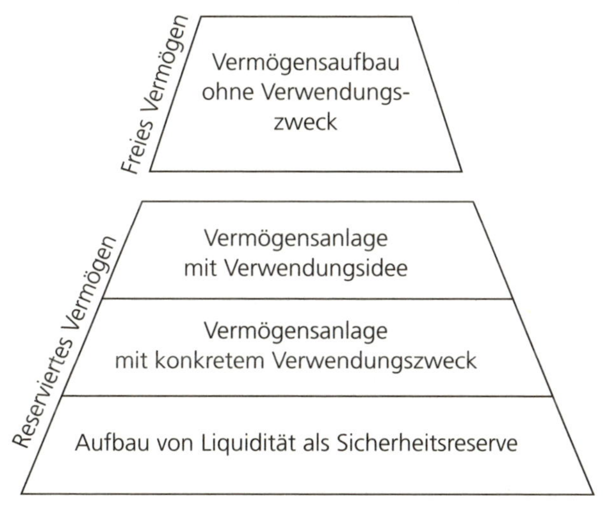

Quelle: in Anlehnung an Klaus Spremann, Vermögensverwaltung, München 1999, S. 82

7. Geeignete Anlageformen für verschiedene Vermögensbestandteile

Wie kann eine geeignete Anlageform für die einzelnen Anlageziele gefunden werden? Wir wollen Ihnen nachfolgend einige Erläuterungen geben.

Reserviertes Vermögen

Liquidität als Sicherheitsreserve

Schwankungsarm und liquide

Der Aufbau von Liquidität ergibt sich als grundsätzliches Anlageziel aus den bereits gemachten Ausführungen und stellt daher die Basis einer jeden Anlagestrategie dar. Die Liquiditätsreserve dient primär dazu, Schwankungen in den Lebenshaltungskosten und Unerwartetes abzufangen und somit eine jederzeitige Zahlungsfähigkeit sicherzustellen. Denn für uns alle ist die Vorstellung sicher schlimm, dass etwas wirklich Dringendes unterbleiben muss, weil die nötigen finanziellen Mittel nicht vorhanden oder nicht verfügbar sind.

Geeignete Anlageformen

Erfolgs-Tipp:

Für die Anlage der Liquiditätsreserve kommen selbstverständlich nur Anlageformen in Frage, die eine kurzfristige Verfügbarkeit haben und keine oder nur eine äußerst geringe Wertschwankung aufweisen. Hierzu zählen neben Termingeldern, Sparkonten, verzinsten Girokonten und Geldmarktfonds auch Bundeswertpapiere.

Für die kurzfristige Verfügbarkeit und die geringe Wertschwankung ist es im Gegenzug aber zu akzeptieren, dass eine derartige Anlage nur einen sehr geringen Ertrag abwirft. Aber machen Sie sich den eigentlichen Nutzen dieser Anlageform klar. Hierbei geht es nicht um Ertragserzielung, sondern um Liquiditätssicherung. Also erliegen Sie bitte nicht dem Irrtum, mit ein und demselben Euro-Betrag alles auf einmal erreichen zu können.

Erfolgs-Tipp:

Höhere Erträge bedeuten zwangsläufig höheres Risiko und dies gilt es bei der Liquiditätsreserve unbedingt auszuschalten.

Und wenn Sie eine gut investierte Liquiditätsreserve mit geringer Verzinsung mit der Liquiditätsreserve unter Ihrem Kopfkissen vergleichen, stellen Sie fest, dass die Investition sicherer und ertragreicher ist.

Vermögensanlagen mit konkretem Verwendungszweck

Konkreter Verwendungszweck schränkt Flexibilität ein

Die Vermögensanlage mit konkretem Verwendungszweck dient dem gezielten Vermögensaufbau: gezielt in Bezug auf den Zweck, die Höhe und den Zeitpunkt. Es sind also die schon angesprochenen Verwendungszwecke wie zum Beispiel die Ablösung einer Hypothek, die Anschaffung eines größeren Konsumgutes, eine Urlaubsreise etc., die in diese Kategorie von Anlagezielen fallen.

Erfolgs-Tipp:

Anlageziele, die der Gruppe Vermögensanlage mit konkretem Verwendungszweck angehören, dulden in der Regel nur eine sehr geringe oder gar keine Flexibilität, was die Höhe oder den Zeitpunkt der Verfügbarkeit angeht. Insofern ist durch die Anlageformen sicherzustellen, dass die Verfügbarkeit zum gewünschten Zeitpunkt gegeben ist.

Dies umschreibt den Anlagehorizont genau und erfordert, dass die Wertschwankungen überschaubar sind, um das Anlageziel nicht zu gefährden.

Geeignete Anlageformen

Rentenpapiere oder Rentenfonds mit einer entsprechenden durchschnittlichen Restlaufzeit sind hierfür geeignete Instrumente, die

die längere Investitionsdauer mit einem leichten Zinsaufschlag honorieren. Auch offene Immobilienfonds können auf Grund ihrer geringen Wertschwankung, die sie in der Vergangenheit bewiesen haben, für diese Zwecke eingesetzt werden. Wenn Sie einen sehr langfristigen konkreten Verwendungszweck verfolgen, ist es natürlich auch möglich, zunächst Anlagen mit höherem Ertrag zu wählen, wie zum Beispiel Aktien oder Aktienfonds. Die damit verbundenen kurz- bis mittelfristigen Wertschwankungen können durch den langen Anlagehorizont ausgeglichen werden. Die letzten fünf Jahre vor Ablauf der Anlagedauer sollten Sie aber auf jeden Fall in Anlagen mit geringer Wertschwankung umschichten, um die Zielerreichung nicht zu gefährden.

Vermögensanlage mit Verwendungsidee

Zeithorizont und Höhe des Betrages unbekannt

Die dritte Kategorie ist die so genannte Vermögensanlage mit Verwendungsidee, bei der zwar der Verwendungszweck inhaltlich definiert ist, wie zum Beispiel die Ergänzung der Altersbezüge aus Renten, aber sowohl der Zeithorizont, als auch die genaue Höhe des Betrages zum Zeitpunkt der Zieldefinition unbekannt sind.

Erfolgs-Tipp:

Anlageformen, die für Mittel zur Vermögensanlage mit Verwendungsidee geeignet sind, können ein höheres Wertschwankungsrisiko aufweisen, da die Flexibilität bezüglich der Höhe und des Verfügungszeitpunktes des Kapitals gegeben ist.

Je nach Anlagezeitraum ist hierfür neben den Renten- oder Mischfonds auch der Aktienfonds eine geeignete Anlageform.

Freies Vermögen

Vermögensaufbau ohne Verwendungszweck

Mit dem Anlageziel Vermögensaufbau ohne Verwendungszweck werden nur allgemeine Wünsche zum Vermögensaufbau verbunden, ohne dass es hierbei bereits einen irgendwie konkretisierten Verwendungszweck gibt.

Erfolgs-Tipp:

Die Anlage dieser Mittel kann also auf Grund der Langfristigkeit und der daraus abgeleiteten Toleranz bei kurzfristigen Wertschwankungen auch mit höherem Risiko und dafür auch mit einem attraktiveren Ertrag angelegt werden. Aktienfonds sind hierfür unter anderem eine geeignete Anlageform.

Verteilung des Gesamtvermögens

Zu klären ist also im Rahmen der Ableitung finanzieller Ziele aus den Lebenszielen, wie die Vermögensbestandteile auf die einzelnen Zielkategorien verteilt werden. Innerhalb der einzelnen Zielkategorie lässt sich dann nochmals eine Feinplanung für die unterschiedlichen Zeiträume festlegen. Das freie Vermögen mit dem Anlageziel Vermögensaufbau ohne Verwendungszweck können Sie in der Zukunft natürlich zu reserviertem Vermögen umgestalten. Ein Teil des freien Vermögens soll daher nicht auf unbestimmte Zeit angelegt werden.

8. Der Umgang mit Zielkonflikten

Konkurrierende Ziele?

An dieser Stelle wollen wir zum Thema Zieldefinition noch auf den Umgang mit möglicherweise auftretenden Zielkonflikten eingehen. Natürlich kommt es bei der von uns beschriebenen Vorgehensweise dazu, dass Sie Ziele definieren, die gegenseitig um die knappe Ressource Geld konkurrieren. In diesen Fällen ist es erforderlich, Prioritäten zu vergeben.

Prioritätensetzung

Oberste Priorität sollte in diesem Zusammenhang natürlich die Liquiditätsreserve haben. Es folgt eine Prioritätensetzung innerhalb der Kategorie Vermögensanlage mit konkretem Verwendungszweck. Fragen Sie sich hierzu, welchen Ihrer Wünsche Sie am ehesten realisieren wollen und auf welchen Sie am längsten verzichten können.

Es könnte auch sein, dass sie auf konkrete Wünsche zugunsten eines längerfristigen Ziels aus dem Bereich Vermögensanlage mit Verwendungsidee verzichten. Die geringste Priorität hat selbstverständlich der Bereich des freien Vermögens, also die Anlageziele der Kategorie Vermögensaufbau ohne Verwendungszweck.

9. Der Einfluss Ihrer persönlichen Risikomentalität

Nachdem wir erläutert haben, wie man zu einer sinnvollen Definition finanzieller Ziele gelangt, wollen wir noch kurz auf die Frage nach der persönlichen Risikomentalität eingehen.

Auch hierbei handelt es sich um eine Größe, deren Maßstab nicht einheitlich definiert ist. Prof. Spremann hat zu diesem Thema eine interessante Lösung beschrieben.

Risikotragfähigkeit und -bereitschaft

Er unterteilt die Risikomentalität in die *Risikotragfähigkeit* und die *Risikobereitschaft*. Unter Risikotragfähigkeit versteht er die objektive Kapazität des Anlegers, Wertschwankungen durch andere Vermögensbestandteile auszugleichen. Die Risikotragfähigkeit nimmt mit der Zunahme des freien Vermögens sukzessive zu, da es immer stärker möglich ist, fehlende Mittel im Bereich des reservierten Vermögens durch Rückgriff auf die freien Kapitalbestandteile auszugleichen. Objektiv kann ein Anleger mit erheblichem freien Vermögen also auch für sein reserviertes Vermögen ein höheres Wertschwankungsrisiko tragen. Ihre objektive Risikotragfähigkeit sollte Ihr Finanzplaner im Rahmen seiner Tätigkeit ermitteln und bewerten.

Von der objektiven Tragfähigkeit unterscheidet Prof. Spremann die subjektive Risikobereitschaft. Hierunter versteht er, wie stark ein Mensch auf negative Wertschwankungen reagiert, wie stark also sein Wohlbefinden von derartigen Ereignissen abhängt.

Die Beurteilung der subjektiven Risikobereitschaft ist äußerst schwierig. Anhaltspunkte zur Beurteilung ergeben sich aus bereits gemachten Erfahrungen oder vorhandenem Wissen um die Funktionsweise von Kapitalmärkten. Am Ende haben wir es aber mit einem psychologischen Phänomen zu tun, das sich einer rationalen Betrachtung entzieht.

Wenn Sie sich mit den Empfehlungen Ihres Finanzplaners also wohlfühlen wollen, ist es erforderlich, dass Sie ihm bezüglich Ihrer persönlichen Risikobereitschaft versuchen zu erklären, wie Sie sich im Falle von starken Wertminderungen fühlen, zum Beispiel, wenn Ihr Aktiendepot 40 % weniger wert wäre. Versuchen Sie, dies einfach einmal zu umschreiben. Und was das Wichtigste ist, seien Sie hierbei ehrlich, sonst kommt das böse Erwachen später.

Nachdem wir nun ausführlich an Ihrer eigenen Zieldefinition gearbeitet haben, ist es Zeit, dem Finanzplaner im Rahmen des Datenaufnahmegespräches einen Eindruck der eigenen Situation und Bedürfnisse zu vermitteln. Also nehmen Sie sich etwas Zeit für ein intensives Gespräch mit Ihrem Finanzplaner. Es rentiert sich.

3

Datenaufnahme

Das Material Ihrer Finanzplanung: Was müssen Sie Ihrem Finanzplaner liefern?

1. Welche Unterlagen benötigt Ihr Finanzplaner?

Datenbasis für die Finanzplanung

Das Datenaufnahmegespräch ist der Ursprung der gesamten Finanzplanung. Es soll dem Finanzplaner ein möglichst exaktes Bild Ihrer Situation vermitteln. Zu dieser Situation gehören aber nicht nur Fakten aus der Finanzwelt, sondern in großem Umfang auch Informationen, die es dem Finanzplaner ermöglichen, Sie als Mensch und Anleger einzuschätzen.

Erfolgs-Tipp:

Nur wenn Ihr Finanzplaner Sie verstanden hat, wird er eine Strategie entwickeln können, in der Sie sich wiederfinden und mit der Sie sich wohlfühlen.

Nachdem der Finanzplaner im Rahmen des Datenaufnahmegespräches Sie als Menschen kennen gelernt und Ihre Ziele und Motivation verstanden hat, geht es in der zweiten Phase der Datenaufnahme um die Sammlung harter Fakten.

Üblicherweise werden Datenaufnahmegespräche durch eine Liste aller notwendigen Unterlagen und gegebenenfalls durch einen Fragebogen unterstützt. Die einzelnen Unterlagen werden als Informationsquelle und als Dokumentation von Ihrem Finanzplaner benötigt.

Sie erhalten diese Liste normalerweise als Vorbereitung zum Datenaufnahmegespräch, damit Sie Gelegenheit haben, die Unterlagen im Vorfeld zusammenzustellen. Im Einzelnen werden die genannten Unterlagen zu folgendem Zweck benötigt:

Allgemeine Unterlagen

Letzte Einkommensteuererklärung und letzter Einkommensteuerbescheid

Steuererklärung

Diese Unterlagen geben Auskunft über die Höhe der verschiedenen steuerlichen Einkunftsarten und über die im Rahmen der Steuererklärung bereits genutzten steuerlichen Gestaltungsmöglichkeiten, wie zum Beispiel Abschreibungen oder Ähnliches.

Liquiditätsreserven und Wertpapiere

Wertpapierdepotauszüge

Depotauszüge

Sie enthalten alle Wertpapierbestände inklusive der so genannten Wertpapierkennnummern, mit der sich ein Wertpapier eindeutig identifizieren lässt. Anhand dieser Angaben kann der Finanzplaner alle relevanten Basisinformationen über Ihre Wertpapiere ermitteln.

Wertpapierabrechnungen

Abrechnungen

Wenn Ihr Finanzplaner eine genaue Darstellung Ihres Wertpapierbereiches vornehmen soll, ist es erforderlich, dass er auch alle Wertpapiertransaktionen verarbeitet, die zu den vorhandenen Beständen geführt haben, und alle sonstigen Transaktionen, die innerhalb des aktuellen Jahres durchgeführt wurden. Nur so ist die genaue Ermittlung der unter Umständen angefallenen Spekulationssteuer möglich.

Auszüge von Festgeldern und sonstigen Kontoguthaben

Kontoauszüge

Diese Unterlagen dokumentieren den Bestand, die Laufzeit und die Verzinsung von Kontoguthaben und werden für eine korrekte Darstellung ebenfalls benötigt.

Immobilien

Wertgutachten für Immobilien

Wertgutachten

Sofern bereits Wertgutachten zu Ihren Immobilien bestehen, kann der Finanzplaner die Vermögenswerte aus diesen Gutachten berücksichtigen. Außerdem sind hierin möglicherweise folgende Angaben enthalten:

- die Anschaffungs- und Herstellungskosten,
- der Grundstücksanteil der Anschaffungskosten,
- die Abschreibung bei vermieteten Immobilien,
- die Förderungen bei der selbstgenutzten Immobilie und
- die Wohnungsbauprämie.

Diese Angaben benötigt der Finanzplaner für seine Arbeit.

Miet- und Darlehensverträge vermieteter Immobilien

Miet- und Darlehensverträge

Diese Unterlagen sind für die Bewertung der einzelnen Immobilien und die Darstellung ihrer steuerlichen Auswirkungen wichtig. Hinzu kommen die jeweiligen Darlehens- und Tilgungspläne für Finanzierungen, die im Zusammenhang mit der Anschaffung der jeweiligen Immobilie gegebenenfalls aufgenommen wurden.

Aktive Unternehmensbeteiligungen

Jahresabschlüsse Ihrer eigenen Unternehmungen

Jahresabschlüsse

Eigene Unternehmungen werden gemeinhin als aktive unternehmerische Beteiligungen bezeichnet. Zu den Jahresabschlüssen zählen die Bilanzen und Gewinn- und Verlustrechnungen der letzten drei Jahre sowie die aktuellste betriebswirtschaftliche Auswertung. Diese Unterlagen dienen zur Abschätzung der Verkehrswerte Ihrer Unternehmungen.

Versorgungszusage des Betriebes, Geschäftsführer- und Gesellschaftervertrag sowie die Satzung

Versorgungszusage

Diese Unterlagen nutzt der Finanzplaner, um die persönliche Absicherung eines Unternehmers gegen die Risiken Krankheit, Berufsunfähigkeit oder Tod zu beurteilen. Außerdem ergeben sich aus den Unterlagen Informationen, die im Rahmen einer Konzeption für eine etwaige Übergabe der Unternehmensbeteiligung an einen Nachfolger wichtig sind.

Sonstige Vermögenswerte – Versicherungen

Versicherungspolicen einschließlich der dazu gehörenden Nachträge

Policen und Nachträge

Hieraus kann der Finanzplaner die Rahmendaten der Versicherung entnehmen. Hierzu zählen das Abschluss- und das Fälligkeitsdatum, der Versicherungsnehmer, der Begünstigte und die versicherte Person sowie die Höhe der Versicherungssumme und der Prämie. Außerdem sind Angaben über eine mögliche Dynamisierung der Versicherungssumme und der Prämien enthalten. Diese Unterlagen benötigt der Finanzplaner von allen Kapital- und Risiko-Lebensversicherungen sowie von etwaigen Unfall- und Berufsunfähigkeitsversicherungen.

Mitteilungen über Rückkaufswerte von Versicherungen

Rückkaufswerte

Anhand dieser Unterlagen kann der Finanzplaner den aktuellen Vermögenswert der jeweiligen Versicherung und die voraussichtliche Ablaufleistung inklusive der erwarteten Überschussbeteiligung entnehmen. Üblicherweise wird der Finanzplaner eine aktuelle Mitteilung über die Rückkaufswerte von der Versicherungsgesellschaft anfordern, wenn Sie es wünschen.

Sonstige Versicherungsunterlagen

Hierzu zählen neben den Versicherungen rund um Ihre Immobilien auch alle sonstigen Versicherungen wie die Krankenversicherung, die private Haftpflichtversicherung usw. Bei diesen Unterlagen geht es im Wesentlichen darum, die Kosten für diese Versicherungen zu erfassen und die Notwendigkeit dieser Versicherungen und deren Versicherungsumfang kritisch zu beurteilen.

Unterlagen über Berlin-Darlehen

Berlin-Darlehen

Diese Informationen werden durch den Finanzplaner in zweifacher Hinsicht berücksichtigt. Zum einen die eigentliche Investition des Berlin-Darlehens mit den Rahmendaten wie Laufzeit und Verzinsung und darüber hinaus die möglicherweise durch Darlehen aufgebrachte Finanzierung. Hierbei ist unter anderem ebenfalls Laufzeit und Zinssatz wichtig.

Prospekte und Jahresberichte von sonstigen Beteiligungen

Prospekte und Jahresberichte

Hierzu zählen insbesondere Beteiligungen an Immobilien-, Medien- und Venture-Capital-Fonds sowie Schiffsbeteiligungen und Beteiligungen an Flugzeugen. Der Finanzplaner benötigt diese Unterlagen, um die steuerlichen Auswirkungen der Produkte korrekt zu berücksichtigen und aus den prognostizierten und bislang eingetretenen Ertragswerten einen Vermögenswert zu berechnen und die erwarteten Zahlungsströme zu erfassen.

Sonstige Darlehensverträge und Tilgungspläne

Darlehens-verträge

Bestehen weitere Darlehensverträge, die nicht schon im Zusammenhang mit dem jeweiligen finanzierten Vermögensgegenstand zur Verfügung gestellt wurden, sind auch diese Unterlagen wichtig. Es ergeben sich hieraus wiederum Auswirkungen auf die Vermögens- wie auch auf die Aufwands- oder Ertragssituation. In diesem Zusammenhang sind auch Verträge über gewährte Privatdarlehen erwähnenswert.

Unterlagen zu sonstigen Vermögensgegenständen (z. B. Antiquitäten, Kunstgegenstände, Sammlungen etc.)

Unterlagen zu besonderen Lebenssituationen

Rentenversicherungsverlauf des gesetzlichen Rentenversicherungsträgers (BfA, LVA, Versorgungswerk etc.)

Zur Abschätzung eines zukünftigen Rentenanspruches aus der gesetzlichen Rentenversicherung wird der Rentenversicherungsverlauf benötigt, wobei es meist einige Monate braucht, um diesen vom Rentenversicherungsträger zu erhalten!

Rentenversicherungsverlauf

Testament und Erbvertrag

Anhand dieser Unterlagen kann der Finanzplaner in Zusammenarbeit mit einem Rechtsanwalt die gesamte erbrechtliche und erbschaftssteuerliche Regelung überprüfen.

Testament

Ehevertrag

Dieses Dokument ist für den Finanzplaner wichtig, um alle haftungs- und familienrechtlichen Fragestellungen sowie die steuerlichen Konsequenzen aufzeigen zu können.

Ehevertrag

2. Warum das Datenaufnahmegespräch so wichtig ist

In einigen Fällen wird der Finanzplaner einen Datenerfassungsbogen einsetzen, um alle erforderlichen Angaben zu notieren. Meistens beschränkt sich das Gespräch aber auf den mündlichen und schriftlichen Austausch von Informationen und Zusammenhängen. Die Frage „Was ist überhaupt vorhanden?" spielt hier die entscheidende Rolle. Die Details entnimmt der Finanzplaner üblicherweise den entsprechenden Unterlagen.

Sofern er zum Einsatz kommt, dient der Datenerfassungsbogen dazu, dass alle möglichen Bereiche beleuchtet werden und dass die Konzeption auf einer dokumentierten Grundlage erstellt wird. Dies ist wichtig, weil das komplexe Gebilde einer Finanzplanung nachvollziehbar bleiben muss, da es sich hierbei ja um etwas handelt, was Sie in permanent aktualisierter Form noch lange begleiten wird.

Datenaufnahmegespräch

Wichtig für die Durchführung des Datenaufnahmegespräches ist es, dass Sie und Ihr Finanzplaner sich ausreichend Zeit nehmen, um alle relevanten Sachverhalte auszutauschen. Während des Gespräches achten Sie darauf, dass Ihr Finanzplaner sehr aufmerksam zuhört und nicht bloß in seinen Notizen verhaftet ist. Er wird andernfalls später entweder eine Fülle von Nachfragen an Sie richten müssen oder zu falschen Schlüssen kommen. Aus unserer Sicht erscheint es sinnvoll, dass bei einem Datenaufnahmegespräch möglichst zwei Finanzplaner anwesend sind, damit sich der eine auf die Gesprächsführung mit Ihnen und der andere auf die Dokumentation konzentrieren kann. Eine derartige Vorgehensweise erscheint uns zumindest aus Ihrer Sicht effizient zu sein.

Umfang der Datenbasis

Sie werden sich möglicherweise im Rahmen der Datenaufnahme immer wieder die Frage stellen, warum Ihr Finanzplaner diese oder jene Information benötigt. Seien Sie versichert, dass die Qualität der Finanzplanung mit dem Umfang der Datenbasis steigt. Aber wenn es Sie interessiert, fragen Sie Ihren Finanzplaner ruhig, zu welchem Zweck er die eine oder andere Information benötigt. Sie werden erstaunt sein, was alles im Rahmen einer qualifizierten Finanzplanung berücksichtigt wird.

Umfassende Informationen des Finanzplaners

Möglicherweise werden Sie während des Gespräches auch Fragen hören, die Ihnen vielleicht unangenehm sind. Wenn dies der Fall ist, versichern Sie sich, wofür der Finanzplaner diese Information benötigt. Auf der Basis seiner Erläuterung können Sie dann entscheiden, ob Sie die Frage beantworten wollen. Bedenken Sie aber bitte, dass eine zurückgehaltene oder falsche Information die Ergebnisse der Planung beeinflussen kann.

Nach Abschluss des Datenaufnahmegespräches mit Ihnen wird der Finanzplaner in der Regel nicht alle Informationen haben, die er benötigt. Hierzu sind eine Analyse der zur Verfügung gestellten Unterlagen, aber auch die Abforderung von Unterlagen der unterschiedlichen Produktanbieter notwendig. Auch Gespräche mit Ihrem Steuerberater und/oder Rechtsanwalt sind in den meisten Fällen sinnvoll. Erstens zur Klärung von Sachverhalten und zweitens, um auch diese Berater mit „ins Boot" zu holen. Für die Einholung von Informationen Ihrer weiteren Berater und Produktanbieter ist es sinnvoll, dass Sie dem Finanzplaner eine Vollmacht zur Informationseinholung erteilen. Der Umfang der Vollmacht erstreckt sich lediglich darauf, Auskünfte erteilt zu bekommen. Der Finanzplaner kann dadurch keinesfalls Maßnahmen in Ihrem Namen einleiten. Wenn Ihnen dies unangenehm ist, können Sie natürlich auch selbst die notwendigen Auskünfte zusammentragen. Fordern Sie in diesem Fall aber unbedingt von Ihrem Finanzplaner Musterschreiben ab, die Sie nur noch unterschreiben müssen. Das erleichtert Ihnen die Arbeit.

Erfolgs-Tipp:

Wenn Sie ein intensives Verhältnis zu einzelnen Beratern in Ihrem Umfeld haben, ist es sinnvoll, dass Sie diese Berater über Ihren Schritt, eine Finanzplanung durchführen zu lassen, informieren. Ihre Berater fühlen sich sonst sehr schnell hintergangen. Eine uneingeschränkte Kooperation der Fachberater während der Erstellung der Finanzplanung vereinfacht sowohl den Planungsvorgang als auch die spätere Umsetzung.

Dokumentation und Gegenkontrolle der Datenaufnahme

Nach Abschluss der gesamten Informationsbeschaffung durch den Finanzplaner wird Ihnen als Vermögensinhaber teilweise eine Zusammenfassung oder Dokumentation zur Verfügung gestellt, die Sie kritisch durchsehen sollten. Es handelt sich hierbei um die vollständige Datenbasis Ihrer Finanzplanung. Missverständnisse können an diesem Punkt noch sehr leicht behoben werden. Spätere Änderungen haben meist umfangreiche Auswirkungen auf die gesamte Finanzplanung und sind daher nur mit erheblichem Mehraufwand zu berücksichtigen.

Konzept und Realisierung: Wie der Finanzplaner Ihren individuellen Finanzplan erstellt

4

Konzept und Realisierung

1. Die Erstellung Ihres Finanzplanes

Nachdem die Informationsphase des Finanzplaners abgeschlossen ist, beginnt für den Finanzplaner die Analyse- und Konzeptionsphase.

Analyse und Konzeption

Wie ein privater Finanzplan aussieht, dazu haben wir in diesem Buch den Teil II reserviert. An dieser Stelle wollen wir Ihnen kurz aufzeigen, welche Arbeitsschritte der Finanzplaner bei der Erstellung einer Konzeption für Sie erledigen muss. Dies ist für Sie wichtig, um einschätzen zu können, warum die Erstellung einige Zeit in Anspruch nimmt.

Status quo

Nach der Datenaufnahme erfolgt zunächst die Dokumentation aller Vermögenswerte, Ertrags- und Aufwandspositionen, Risikoabsicherungen und der aktuellen Erbfolgeregelung. Im Anschluss daran erfolgt die Bewertung der einzelnen Vermögenspositionen. Bereits aus diesen beiden Informationsbereichen lassen sich interessante Rückschlüsse ziehen. Dieses Stadium erlaubt beispielsweise die Berechnung der aktuellen Rentabilität Ihres Gesamtvermögens und eine Darstellung, aus der hervorgeht, mit welchen Vermögensanteilen welche Ertragsanteile erwirtschaftet werden. Sie werden über die Ergebnisse erstaunt sein. Die Abbildung auf Seite 53 zeigt beispielhaft eine entsprechende Grafik.

Prognose-zeitraum

Im Anschluss an die Darstellung des Status quo erfolgt die Projektion dieser Ist-Situation in die Zukunft. Hierzu werden alle zukünftigen Zahlungsströme erfasst und darüber hinaus wirtschaftliche Effekte wie Inflation, Wertentwicklungen, Steuern etc. im Rahmen einer modellhaften Kalkulation in die Prognoserechnung eingebracht. Es ergibt sich eine Vermögens- und Ertragsentwicklung über den Prognosezeitraum. Zum Prognosezeitraum sei an dieser Stelle noch kurz erwähnt, dass sich die Gelehrten über den zeitlichen Umfang der Prognose trefflich streiten. Es ist schlicht unmöglich, die genauen Zahlungsströme über einen Zeitraum von zehn Jahren und mehr betragsgenau darzustellen. Auf der anderen Seite erscheint es uns wenig hilfreich, strategische, d. h. langfristig wirkende Maßnahmen in

Abbildung 5: Vermögens- und Ertragsstruktur

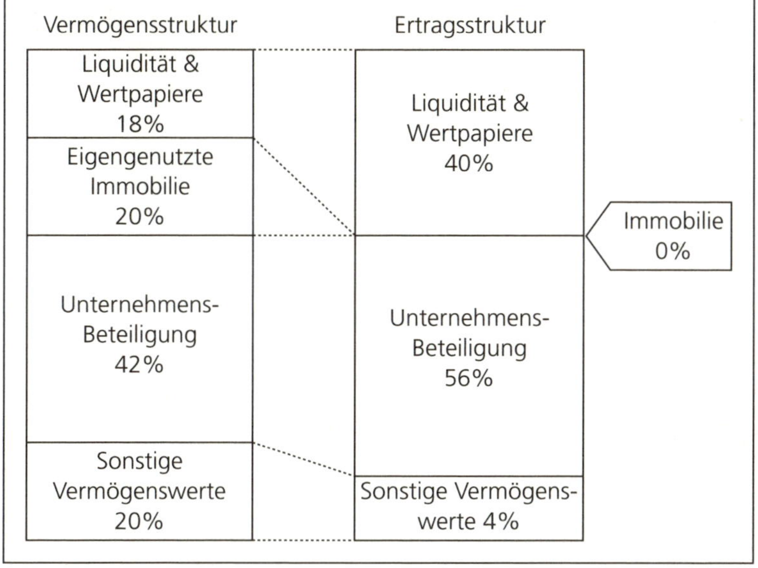

ihren Auswirkungen nur kurzfristig darzustellen. Einige der wichtigsten Maßnahmen werden in ihren Auswirkungen erst nach sieben bis zehn Jahren, dann aber nachhaltig, sichtbar. Wir halten es insofern für richtig, einen Prognosezeitraum von zehn Jahren abzubilden und hierbei zu betonen, dass alle Zahlen, die vom Planungszeitpunkt an gerechnet jenseits des zweiten Jahres liegen, nur Tendenzen verdeutlichen können und als solche verstanden werden müssen.

Detaillierungsgrad von Modellrechnungen

Erfolgs-Tipp:

Machen Sie sich immer deutlich, dass eine Modellrechnung die Realität auch nur so deutlich darstellen kann wie ein Stadtplan die reale Umgebung. Aber wer würde schon gerne mit einem Stadtplan im Maßstab 1:1 arbeiten? Und darüber hinaus, wer würde ohne einen Stadtplan versuchen durch eine fremde Großstadt zu fahren?

Stärken- und Schwächenanalyse

Anhand der Daten des Status quo erfolgt nun die Stärken- und Schwächenanalyse in Bezug auf das von Ihnen definierte Zielsystem. Hierbei wird zunächst untersucht, ob die von Ihnen als Anlageziele definierten zukünftigen Zahlungsströme in der prognostizierten Entwicklung des Status quo darstellbar sind. Wichtig ist hierbei auch die Darstellung der veränderten Situation im Falle einer langen Krankheit, einer Berufsunfähigkeit oder des Todes des Hauptverdieners. Die finanziellen Auswirkungen dieser oft tragischen Ereignisse gilt es zu beleuchten.

Danach erfolgt die Überprüfung aller Risikopositionen und deren Absicherung im Rahmen eines so genannten Risikodeckungskonzeptes, das alle Risiken auf ihren Gehalt und ihre Absicherung hin untersucht.

Abschließend erfolgt eine Überprüfung der Erbfolgesituation bezogen auf Ihr Zielsystem.

Gegebenenfalls werden darüber hinaus weitere individuelle Fragestellungen, bezogen auf Stärken und Schwächen des Status quo, überprüft.

Erstellung einer Konzeption

Nach Abschluss der Dokumentation der Stärken und Schwächen der aktuellen Vermögens- und Ertragsstruktur bezogen auf Ihr Zielsystem erfolgt die Arbeit an einer Konzeption, einer Soll-Situation also, die Ihre im Zielsystem festgehaltenen Wünsche optimaler verwirklichen hilft. Hierbei geht es darum, die Stärken auszubauen und die Schwächen durch intelligente Maßnahmen zu eliminieren.

Hierzu wird zunächst eine Darstellung der Vermögensstruktur unabhängig von konkreten Vermögenswerten vorgenommen. Danach kann eine detaillierte Darstellung der einzelnen Vermögensbereiche erfolgen, die die jeweiligen Vermögenswerte und die entsprechenden Erträge darstellt und deren Entwicklung in die Zukunft projiziert. Selbstverständlich darf auch eine Darstellung der Stärken und Schwächen der Konzeption in Bezug auf das Zielsystem und die Vorteile gegenüber der bisherigen Situation nicht fehlen.

Diese detaillierte Darstellung mündet in einer Übersicht der Vermögens- und Ertragsentwicklung auf der Basis der Konzeption. Diese Vermögens- und Ertragsentwicklung muss gegenüber der entsprechenden Prognose der vorhandenen Situation selbstverständlich offensichtliche Vorteile aufweisen, sofern die Analyse der aktuellen Situation Schwächen ergeben hatte.

Ableitung von Maßnahmen

Aus der Gegenüberstellung von Konzeption und aktueller Situation müssen zum Abschluss der Finanzplanung noch die zur Umsetzung der Konzeption erforderlichen Maßnahmen abgeleitet werden. Zusätzlich kann eine Darstellung der wirtschaftlichen Effekte Ihrer persönlichen Finanzplanung interessant sein.

Detaillierte Informationen zum Aufbau und Inhalt eines Finanzplanes erhalten Sie in Teil II (Kapitel 5 und 6) dieses Buches. Wir wollen an dieser Stelle den Prozess der Finanzplanung weiter beleuchten und setzen die Darstellung mit dem nach Abschluss der Planung stattfindenden Strategiegespräch mit Ihrem Finanzplaner fort.

2. Das Strategiegespräch: Startschuss für die Umsetzung Ihres Finanzplanes

Strategiegespräch

Das Strategiegespräch dient der Präsentation der vom Finanzplaner erarbeiteten Konzeption und der Vereinbarung von Maßnahmen zur Umsetzung der Strategie. Vor dem Hintergrund der Komplexität eines Finanzplanes erscheint es wenig sinnvoll, alle Details der Planung im Rahmen des Strategiegespräches auszuführen. Wichtig ist die verständliche Präsentation des roten Fadens.

Zur Vorbereitung des Gespräches kann es sinnvoll sein, Ihnen als Vermögensinhaber die schriftliche Dokumentation der Finanzplanung vorab zur Verfügung zu stellen. Je nach eigenen Wünschen haben Sie so die Möglichkeit, sich vorab mit den Ausführungen zu beschäftigen, und sind dementsprechend im Rahmen der Präsentation in der Lage, gezielt einzelne Dinge zu hinterfragen. Bereits der schriftliche Teil muss so verständlich ausgearbeitet sein, dass auch Sie als Kunde diesen verstehen können. Möglicherweise erhalten Sie auch nur eine Kurzzusammenfassung als Einstimmung, was grundsätzlich ausreichend ist. Selbstverständlich ist die Vorbereitung des Gespräches durch Sie aber keine zwingende Voraussetzung.

Einbindung von Lebenspartnern, Kindern und Fachberatern

Es bietet sich außerdem an, dass Ihre Lebenspartnerin oder Ihr Lebenspartner an der Präsentation teilnimmt. Üblicherweise werden Entscheidungen im Finanzbereich im Haushalt diskutiert und insofern ist es eine gute Situation, um die Lebenspartner in die komplexe Welt der privaten Finanzen einzubeziehen. In einigen Fällen kann es sinnvoll sein, auch erwachsene Kinder einzubeziehen, insbesondere wenn es darum geht, dass die Kinder auf die Weiterführung der Vermögensstrategie nach dem Übergang in die nächste Generation vorbereitet werden sollen. Aber auch als Absicherung gegen die Folgen eines plötzlichen Ablebens des Vermögensinhabers erscheint es sinnvoll, andere Familienmitglieder intensiv in die persönlichen Finanzen einzubeziehen. Natürlich ist es jedoch nicht erforderlich, andere Personen im Rahmen der Präsentation einzubinden, wenn Sie es nicht wünschen.

Weiterhin sollten natürlich Ihr Steuerberater und gegebenenfalls Ihr Rechtsanwalt der Präsentation beiwohnen. Beiden kommt im Rahmen der Umsetzung eine tragende Rolle zu und das Strategiegespräch ist eine gute Möglichkeit, eventuelle Bedenken auch bei diesen Beratern abzubauen. Findet dies nicht an dieser Stelle statt, müssen die Bedenken durch Sie in Einzelgesprächen mit Ihren Fachberatern ausgeräumt werden, d. h. Sie müssen möglicherweise für Ihre eigene Finanzplanung „kämpfen". Ein unnötiger Aufwand.

Erfolgs-Tipp:

Ziel des Strategiegespräches ist es, Ihnen als Vermögensinhaber zunächst einen Überblick über Ihren finanziellen Status zu geben. Außerdem ist es sinnvoll, nochmals Ihre persönlichen Zielsetzungen und die daraus abgeleiteten finanziellen Ziele zu dokumentieren. Es ist extrem wichtig, dass Sie sich an diesem Punkt der Finanzplanung wiedererkennen. Ist dies nicht der Fall, sind auch die Ergebnisse der Planung fragwürdig. Es ist insoweit für einen Finanzplaner sinnvoll, noch vor Beginn der Planungsarbeit mit Ihnen die persönliche Zielsetzung und die daraus abgeleiteten finanziellen Ziele abzustimmen.

Basis ist das finanzielle Zielsystem

Grafische Darstellung

Danach werden die Stärken und Schwächen Ihrer Vermögens- und Ertragssituation in Bezug auf die von Ihnen definierten persönlichen Ziele erläutert. Dies ist die Grundlage für die Ausführungen über eine optimierte Struktur Ihrer Vermögenswerte und Erträge. Wichtig bei diesem Schritt ist, dass die einzelnen Themen visualisiert werden. Bei einer Finanzplanung handelt es sich um ein mächtiges Zahlenwerk, das aber im Normalfall nur von einem Finanzplaner auf Anhieb zu überschauen ist. Daher ist besonders in diesem Schritt, in dem Sie über Ihre bisherige Situation hinausdenken müssen, wichtig, die Zusammenhänge grafisch zu unterstützen.

Erfolgs-Tipp:

Sollten Sie an irgendeinem Punkt des Strategiegespräches Zweifel haben oder Zusammenhänge nicht nachvollziehen können, ist es absolut erforderlich, dass Sie dies sofort hinterfragen. Wir sprechen an dieser Stelle über den Plan für Ihre finanzielle Zukunft, der Sie die nächsten Jahre begleiten wird.

Unklarheiten sofort hinterfragen

Es ist aus unserer Sicht selbstverständlich, dass Sie ein Recht, aber sicher auch die Pflicht haben, Ihren Finanzplan zu verinnerlichen, da es anderenfalls nicht gelingen kann, dass Sie – auch nicht mit Hilfe von Beratern – diesen Plan umsetzen. Wichtig ist, dass Sie am Ende dieses Teils des Strategiegespräches ein hohes Vertrauen darin haben, dass Sie durch die vorgestellte Finanzplanung Ihre Lebensziele wirklich erreichen können. Am Besten wäre es, wenn Sie an dieser Stelle darauf brennen, endlich mit der Umsetzung zu beginnen. Nur dann werden Sie bereit sein, Ihren Finanzplaner mit der Koordination der Umsetzung zu beauftragen.

Zu manchen Themen kann es sich anbieten, die Fachspezialisten, die am Finanzplan mitgewirkt haben, zur Erläuterung von Details einzubinden. Dies ist insbesondere in speziellen Themen wie der Erbfolgeplanung oder der Unternehmensnachfolge sinnvoll. Grundsätzlich ist es aber empfehlenswert, im Rahmen des Strategiegespräches auf „großer Flughöhe" zu bleiben, um nicht vor lauter Details die Übersicht zu verlieren.

Festlegung von Zuständigkeiten

Nach der Beschreibung der Soll-Situation können die notwendigen Maßnahmen abgeleitet werden. Hierbei ist vor allem wichtig, sofort festzulegen, wer was bis wann erledigt. Es ist Ihr großer Vorteil, dass es Ihre Berater sind, die die Umsetzung durchführen sollten. Insofern ist die Anwesenheit der relevanten Berater auch zur sofortigen Festlegung der Zuständigkeiten sinnvoll. Optimal wäre es, wenn Sie Ihren Finanzplaner mit der Koordination der Umsetzung beauftragen. Er steckt am weitesten in den Details Ihrer komplexen Vermögenssituation und hat die meiste Routine in diesem Thema. Betrachten Sie den Finanzplaner ruhig als Ihren Coach und Ihren Projektleiter, der dafür sorgt, dass Sie und Ihre Fachberater all die Dinge tun, auf die Sie sich verständigt haben. Selbstverständlich wird der Finanzplaner auch in Teilen die Umsetzung von Maßnahmen durchführen, aber im Wesentlichen ist seine Aufgabe die Koordination der Umsetzung.

Finanzplaner als Projektleiter

Damit er dieser Aufgabe in Ihrem Namen gerecht werden kann, ist es an dieser Stelle noch einmal erforderlich, die – eventuell nicht anwesenden – Fachberater über den Auftrag des Finanzplaners zu informieren und sie zur Kooperation anzuhalten.

Nach Abschluss des Strategiegespräches ist es wichtig, das Beschlossene kurz in einer Liste der vereinbarten Maßnahmen zusammenzufassen. Das ist selbstverständlich Aufgabe des Finanzplaners.

Damit ist die Initialzündung für einen planvollen Umgang mit den persönlichen Finanzen gegeben. Der Prozess der Umsetzung kann beginnen.

3. Ihr Finanzplaner als Projektmanager: Die Koordination der einzelnen Maßnahmen

Sofortige Umsetzung

Der Beginn der Umsetzung der aus dem Finanzplanungsprozess abgeleiteten Einzelmaßnahmen beginnt möglichst sofort nach dem Strategiegespräch. Jeder Tag, der ins Land zieht, bedeutet einen weiteren Tag Verlust bei der Erreichung der Lebensvision, denn Zeit ist unwiederbringlich. Außerdem gibt es einfach keinen Grund zu warten, wenn man sich entschieden hat, einige grundlegende Dinge im persönlichen Finanzumfeld zu verändern.

Koordination aller Einzelmaßnahmen wichtig für den Erfolg

Erfolgs-Tipp:

Entscheidend für den Erfolg ist es, dass erstens eine Person die Koordination aller Aktivitäten übernimmt. Dies ist sinnvollerweise der Finanzplaner. Zweitens müssen Sie als Vermögensinhaber stets über alle Schritte informiert sein und in alle relevanten Entscheidungen eingebunden werden. Und drittens ist es erforderlich, dass Ihre Fachberater uneingeschränkt kooperieren und sich der Konzeption unterordnen und an deren Realisierung mitwirken.

Als Vehikel, um alle Beteiligten stets „in der Spur zu halten", bietet es sich an, alle Handelnden mit einer Kurzzusammenfassung der Strategie zu versorgen. Analog dem bereits angesprochenen Stadtplan zeigt diese Kurzzusammenfassung das Ziel und den Weg dorthin in einem deutlich verminderten Detaillierungsgrad und richtet damit den Blick auf das Wesentliche. Außerdem sollte eine regelmäßig aktualisierte Agenda der nächsten Schritte inklusive der notwendigen Aussagen über Termine und Verantwortlichkeiten vom Finanzplaner bereitgestellt werden. Der Finanzplaner ist der Projektmanager und das Projekt heißt „Ihre privaten Finanzen".

Als Projektmanager oder Coach hat der Finanzplaner natürlich das Recht und die Pflicht, auch von Ihnen als seinem Auftraggeber die Erledigung der Aktivitäten einzufordern, die Sie übernommen haben. Das ist sein Auftrag und dem muss er gerecht werden. Jeder Sportler wird im Rahmen des Trainings seinen Trainer immer wieder für diese Unnachgiebigkeit verfluchen. Aber im Moment des Sieges sind die meisten Sportler gerade ihrem Trainer dankbar.

Möglichst viel delegieren

Erfolgs-Tipp:

Wenn es Ihnen nicht sympathisch ist, von Ihrem Finanzplaner gefordert zu werden, sollten Sie darüber nachdenken, möglichst viele Aktivitäten zu delegieren. Achten Sie hierbei aber auf die Unabhängigkeit derer, die Sie beauftragen, und zahlen Sie hierfür lieber ein Honorar, anstatt eine nicht optimale Leistung zu akzeptieren.

Zeitbudget einplanen

Gerade in der ersten Zeit der Umsetzung wird eine Reihe von Terminen erforderlich sein, um die notwendigen Maßnahmen einzuleiten. Entsprechend ist es wichtig, dass die Beteiligten sich in dieser Phase ein gewisses Zeitbudget für diese Thematik reservieren. Außerdem werden in dieser ersten Umsetzungsphase eine Reihe von Baustellen geöffnet. Lassen Sie sich durch die daraus entstehende Unordnung nicht aus der Ruhe bringen. Jede Baustelle sieht zunächst schlimm aus und wird dann später zusehends schöner.

Produktentscheidungen objektiv treffen

Im Rahmen der Umsetzung wird es immer wieder erforderlich sein, Produktentscheidungen zu treffen. Aus unserer Sicht ist es wichtig, dass bei den Produktentscheidungen eine Auswahl aus einem möglichst großen Marktuniversum getroffen werden kann. Das ausschließliche Angebot der Produkte aus dem Unternehmen oder Konzern des Finanzplaners halten wir nicht für optimal. Sicher wird es in den meisten Konzernen sehr gute Produkte geben, aber niemand ist in allen Bereichen gleich gut und daher erscheint im Sinne des Kunden auch der Einsatz von Fremdprodukten angebracht. Sollte Ihr Finanzplaner Ihnen eigene Produkte zur Umsetzung anbieten, hinterfragen Sie dies bitte besonders kritisch. Es sollte kein Kaufgrund sein, dass das Produkt aus dem Hause des Finanzplaners besonders günstig zu haben ist. Entscheidend ist, dass es sich um ein Produkt handelt, das Ihre Belange bestmöglich erfüllt.

Worauf Sie bei der Umsetzung in den einzelnen Bereichen achten müssen, werden wir in Teil II dieses Buches (Kapitel 5 und 6) näher beleuchten. An dieser Stelle wollen wir das Thema Umsetzung der Maßnahmen abschließen und das letzte Glied des Prozesses betrachten, der die Finanzplanung zu einem geschlossenen System werden lässt: Die regelmäßige Aktualisierung (update) der Planung.

4. Die regelmäßige Aktualisierung der Planung

Regelmäßiges Planungs-Update

Unter der regelmäßigen Aktualisierung der Planung werden von verschiedenen Finanzplanern ganz unterschiedliche Vorgehensweisen verstanden.

Eine Gruppe betrachtet ihre Arbeit nach Abschluss einer umfassenden Finanzplanung und der Umsetzung der „Erstmaßnahmen" für beendet. Diese Vorgehensweise resultiert daraus, dass für ihre dauerhafte Weiterbetreuung kein Honorar erzielt werden kann und auch kein weiteres provisionsträchtiges Geschäft in Aussicht steht. Ihre Betreuung wird also wieder an den ehemaligen Kundenbetreuer abgegeben, bis nach ein bis zwei Jahren ein Angebot für ein Planungsupdate erfolgt. Der Aufwand für ein derartiges Planungsupdate steht dem eines vollständigen Finanzplanes nur in wenigen Punkten nach. Der Finanzplaner, der sich jetzt zwei Jahre lang nicht mit dem jeweiligen Vermögen beschäftigt hat, wird einige Zeit benötigen, um sich wieder in Ihre Situation hineinzufinden. Wir halten eine derartige Vorgehensweise nicht für optimal.

Ein zentraler Ansprechpartner

Wir erachten es für günstiger, dass die Person, die Sie auch schon während der Finanzplanung betreut hat, Ihr Ansprechpartner bleibt. Dies ist also entweder der Finanzplaner selbst oder einer seiner Kollegen, der ein sehr hohes Verständnis für Finanzplanung besitzt, selbst Finanzplaner ist oder zumindest war.

Die intensive Betreuung von Ihnen als Vermögensinhaber kann nur auf einem hohen Niveau erfolgen, wenn ein Honorar hierfür berechnet wird. Auf die Honorarhöhe werden wir in Teil III dieses Buches (Kapitel 7 bis 9) noch näher eingehen. An dieser Stelle sei nur erwähnt, dass entscheidend für die Honorarhöhe auch die Transparenz der Einkommensquellen des Finanzplaners ist. Anderenfalls können versteckte Erträge des Finanzplaners ein scheinbar geringes Honorar für Sie als Vermögensinhaber letztendlich teurer ausfallen lassen.

So weit unsere Ausführungen zum Prozess der privaten Finanzplanung. Wir hoffen, wir konnten Ihnen deutlich machen, welch großes Potenzial auch für Sie in einer planvollen Vorgehensweise steckt. Nutzen Sie die Angebote Privater Finanzplanung am Markt, um Ihren Lebenszielen jeden Tag ein Stück näher zu kommen. Sie werden erleben, wie sich Dinge, die Sie für unmöglich hielten, bewältigen lassen.

Musterfinanzpläne

Um Ihnen eine Hilfestellung bei der Auswahl des richtigen Finanzplaners zu geben, wollen wir in Teil II des Buches (Kapitel 5 und 6) über die möglichen Inhalte und Darstellungsformen eines Finanzplanes berichten. Dies soll Ihnen die Möglichkeit geben, Angebote verschiedener Finanzplaner zu prüfen. Sie erhalten hierdurch die Möglichkeit, die Vollständigkeit und die Verständlichkeit von Musterfinanzplänen zu beurteilen. Diese Musterfinanzpläne erhalten Sie von den meisten Anbietern vorab. Fordern Sie diese unbedingt an, denn eine Finanzplanung kostet Ihre Zeit und Ihr Geld. Deshalb sollten Sie bei der Auswahl des Finanzplaners unbedingt darauf achten, dass das zu erwartende Ergebnis Ihren Anforderungen gerecht wird. In Teil III (Kapitel 7 bis 9) finden Sie übrigens auch eine Checkliste für die Auswahl des geeigneten Finanzplaners und Sie werden dort über die aktuellen Anbieter von privater Finanzplanung informiert.

Teil II

Aufbau und Inhalt: Der Finanzplan als Wegbeschreibung

Planungsgrundsätze

Finanzieller Status quo

Optimierte Vermögensstruktur

Maßnahmenkatalog

Dokumentation

II

Teil II

Ich belaste mein Gedächtnis nie mit Dingen,
die ich irgendwo nachschlagen kann.

Albert Einstein

Nachdem wir uns in Teil I des Buches mit dem Ablauf einer privaten Finanzplanung beschäftigt haben, wollen wir in diesem Teil II des Buches den Aufbau eines Finanzplanes beschreiben.

Persönliche Vermögenssituation prüfen

Ziel von Teil II ist es, Ihnen die Möglichkeit der Prüfung zu geben, ob in Ihrer persönlichen Vermögenssituation möglicherweise eine Reihe von Fragen ungeklärt sind. Hierbei können wir aber selbstverständlich keine abschließende Auflistung aller unter Umständen relevanten Fragen bieten. Die von uns aufgeführten Fragen ermöglichen Ihnen aber auf jeden Fall eine grundsätzliche Prüfung.

Finanzplanungsangebote prüfen

Darüber hinaus soll Sie Teil II des Buches in die Lage versetzen, die unterschiedlichen Angebote von Finanzplanern am Markt zu überprüfen. Anhand der von Beratern üblicherweise zur Verfügung gestellten Musterfinanzpläne können Sie den Umfang und die Verständlichkeit der einzelnen Dienstleistungen beurteilen und sich ein Bild über das Preis-Leistungs-Verhältnis machen.

Bei dem Finanzplan handelt es sich um die schriftliche Dokumentation der gesamten Planung: die Darstellung des Status quo, die Analyse der Stärken und Schwächen und die Konzeption für die Zukunft inklusive der daraus abgeleiteten notwendigen Maßnahmen.

Selbstverständlich erheben wir nicht den Anspruch, die einzig richtige Darstellung eines Finanzplanes zu präsentieren. Es geht vielmehr darum, Ihnen als potenziellem Finanzplanungs-Kunden einen praktischen Eindruck von Umfang und Darstellung einer Privaten Finanzplanung zu geben. Dies hat im Wesentlichen zwei Gründe:

Inhalte einschätzen können

- Sie sollen einschätzen können, was eine Finanzplanung enthalten kann, damit Sie die Angebote verschiedener Berater vergleichen und beurteilen können. Die Dienstleistung ist in Deutschland noch sehr jung und die Qualität sehr unterschiedlich. Anhand der folgenden Ausführungen können

Sie die Musterfinanzpläne von Beratern, die Sie in die nähere Auswahl ziehen, auf deren Qualität hin untersuchen.

Zusammenhänge und Darstellungsweisen kennen

- Auf Grund des Umfangs einer Finanzplanung ist es nicht einfach, alle Inhalte zu verstehen, auch wenn die Finanzplaner bestrebt sind, für ihre Kunden verständlich zu formulieren. Dennoch kann es aus unserer Sicht hilfreich sein, Zusammenhänge und Darstellungsweisen zu erläutern, um die Lesbarkeit von Finanzplänen zu erhöhen.

Wie ist nun eine Finanzplanung üblicherweise aufgebaut?

Abbildung 6: Mustergliederung Finanzplanung

1. Grundlagen Ihrer Finanzplanung
2. Darstellung und Analyse des Status quo
   - Vermögenswerte und deren Finanzierung
   - Erträge und Aufwendungen
   - aktuelle Vermögens- und Ertragsstruktur
   - Entwicklung der Vermögens- und Ertragsstruktur
   - Stärken und Schwächen der aktuellen Vermögensstruktur
3. Konzeption einer optimierten Vermögensstruktur
   - Vermögens- und Ertragsstruktur
   - Erträge und Aufwendungen
   - Entwicklung der Vermögens- und Ertragsstruktur
   - Stärken der optimierten Vermögenssituation
4. Ableitung von Handlungsvorschlägen
   - Vermögenswerte und die jeweiligen Maßnahmen
5. Detaillierte Darstellung einzelner Vermögenswerte
   - Liquidität und Wertpapiere
   - Immobilien
   - Aktive unternehmerische Beteiligungen
   - Sonstige Vermögenswerte
   - Besondere Lebenssituation

In der Praxis hat sich gezeigt, dass eine gute Gliederung die Lesbarkeit des Finanzplans deutlich erhöht.

Aufteilung der Finanzplanung

Es bietet sich an, die Ausführungen im Sinne der Lesbarkeit in zwei Teile aufzuteilen. Einen ersten Teil, in dem kurz gefasst die wesentlichen Aussagen zur Vermögensstruktur und den einzelnen besonderen Lebenssituationen zusammengefasst sind (Abschnitte 1 bis 4 der Gliederung in Abbildung 6 bzw. Kapitel 5 des Buches). Daneben erfolgt eine Stärken- und Schwächenanalyse, die Konzeption einer optimierten Vermögensstruktur und die Übersicht der durchzuführenden Maßnahmen.

Dieser erste Teil dient dazu, Auskunft über alle Fragen im Zusammenhang mit der Finanzplanung zu geben. Allein der erste Teil des Finanzplanes wird in Abhängigkeit der Größe und der Komplexität des Vermögens schnell 30 bis 40 Seiten stark sein.

In einem zweiten Teil wird als Dokumentation der Aussagen und der Vorgehensweise des Finanzplaners eine detaillierte Übersicht jedes einzelnen Vermögensgegenstandes, sortiert nach Vermögenskategorien, erstellt (Abschnitt 5 der Gliederung in Abbildung 6 bzw. Kapitel 6 dieses Buches). Derart detaillierte Aussagen gehören aus unserer Sicht nicht in den ersten Teil, da sie den Blick für das Wesentliche und die Zusammenhänge verdecken.

Auf den folgenden Seiten werden wir Ihnen anhand unserer beispielhaften Gliederung eines Finanzplans erläutern, was in den einzelnen Teilen eines Finanzplans wichtig ist. Zu den einzelnen Vermögenskategorien erhalten Sie im Kapitel 5 Aussagen zu folgenden vier Themen:

- Eine kurze Beschreibung der jeweiligen Vermögenskategorie und Ihrer Bedeutung;
- Erläuterungen zur üblichen Darstellungsform des Themas in Finanzplänen;
- die Bewertung von Vermögensgegenständen;
- die im jeweiligen Teil des Finanzplans zu beantwortenden relevanten Fragestellungen.

5

Finanzplan

Die Darstellung der neuen Finanzstrategie: Ihr Zielsystem und Status quo als Leitbild und Basis

1. Grundlagen Ihrer Finanzplanung

In diesem ersten Abschnitt werden die Grundlagen der Finanzplanung behandelt. Hierzu zählen zum einen die fachlichen Grundlagen, die für Sie als Leser wichtig sind, um die Aussagen des Finanzplans zu beurteilen. Zum anderen nehmen Ihre persönlichen Daten einen erheblichen Raum ein. Hieran erkennen Sie die Individualität der Planung.

Planungsgrundsätze

Planungsgrundsätze als Dokumentation der Prämissen

Zu den Planungsgrundsätzen zählen alle Annahmen, die der Finanzplanung zu Grunde liegen. Dies sind beispielsweise Angaben über den Stand des zu Grunde liegenden Rechts, was insbesondere in Zeiten anstehender Gesetzesänderungen wichtig ist. Außerdem handelt es sich um Angaben über die Parameter, die bei den Prognoserechnungen verwendet werden. Hierbei werden meist Angaben über folgende Werte gemacht:

Wertentwicklungen und Erträge

Die Prognose der zukünftigen Entwicklung Ihres Vermögens ist ganz wesentlich von den erwarteten Wertentwicklungen und Erträgen der verschiedenen Vermögenskategorien abhängig. So sind zum Beispiel die Wertentwicklungen und Erträge von Aktien im Durchschnitt anders als die von Immobilien. Wichtig ist, dass zu Prognosezwecken langfristige Durchschnittswerte herangezogen werden. Dies verhindert, dass Aussagen durch kurzfristige Prognosewerte verfälscht werden. Kleine Fehler bei der Festlegung der Prämissen können über Prognosezeiträume von zehn Jahren zu nachhaltigen Verminderungen der Aussagefähigkeit führen.

Die Dokumentation der Prämissen ist insofern wichtig, damit Sie als Leser des Finanzplans – und vor allem als Betroffener – Vertrauen in die Prognosewerte aufbauen können. Insofern sollen die Planungsprämissen detailliert dokumentiert werden. Dies kann selbstverständlich im Anhang des Finanzplans erfolgen.

Inflation

Inflation konsequent berücksichtigen

Wichtig für das Thema Inflation ist nicht, ob sie grundsätzlich berücksichtigt wird oder nicht. Es ist sowohl eine Darstellung mit oder ohne die Berücksichtigung von Inflation möglich. Wichtig ist, dass die Entscheidung für oder gegen eine inflationsbereinigte Darstellung konsequent umgesetzt wird. Das bedeutet, dass alle Erträge und Kosten konsequent inflationsbereinigt oder eben nicht inflationsbereinigt dargestellt werden müssen.

Prognosezeitraum

Prognosezeiträume differenzieren

Über das Thema Prognosezeitraum gibt es ganz unterschiedliche Ansichten. Die einen sagen, dass man die Zukunft nicht vorhersagen kann und daher Prognosen nichts als Spielerei seien. Die anderen vertreten die Ansicht, dass durch genaue Planung ein realistisches Bild der zukünftigen Entwicklungen gezeichnet werden kann.

Wir meinen, dass eine Aussage über Prognosezeiträume differenziert werden muss. Zweifellos ist es nicht möglich, die Zahlungsströme für die nächsten zehn Jahre genau vorherzusagen. Aber darum geht es bei einer Prognose auch nicht. Eine genaue Darstellung ist für die nächsten ein bis zwei Jahre möglich. Für diesen Zeitraum sollte sie erfolgen.

Zehn Jahre Prognosezeitraum sinnvoll

Bei unserer Lebensplanung reden wir aber nicht nur über zwei Jahre, sondern über die nächsten zehn bis 30 Jahre, vielleicht sogar mehr. Und eine Reihe von Maßnahmen hat erst über den langen Betrachtungshorizont sichtbare Auswirkungen. Diese gilt es darzustellen. Daher halten wir einen Prognosezeitraum von zehn Jahren für sinnvoll. Dieser soll dann keine exakte Vorschau auf die Zahlungsströme, sondern vielmehr die Auswirkungen der Vermögensstruktur auf die Realisierung Ihres persönlichen Zielsystems aufzeigen. Es wird also für die Zeit jenseits des zweiten Jahres keine Punktlandung angestrebt, es soll vielmehr das Gesamtbild stimmen. Mehr nicht, aber auch nicht weniger. Derartige Prognosen sollen auf der Basis des Status quo und der optimierten Vermögensstruktur erfolgen.

Aufbau des Finanzplans

Der Aufbau Ihres individuellen Finanzplanes soll am Beginn des Finanzplanes kurz erläutert werden. Selbstverständlich werden nicht alle Finanzpläne dem Gliederungsvorschlag dieses Buches folgen. Wichtig ist nur, dass Ihnen der Aufbau des Planes verdeutlicht wird, damit der Überblick jederzeit erhalten bleibt und Sie sich nicht in den Details der Finanzplanung verlieren.

Ihre persönlichen Lebensumstände

Unter dieser Überschrift werden die „harten Fakten" aus Ihrem persönlichen Umfeld zusammengefasst. Die „weichen Faktoren" folgen dann im nächsten Kapitel.

Bei diesen persönlichen Lebensumständen handelt es sich zum Beispiel um:

Persönliche Lebensumstände

- das Geburtsdatum und das daraus abgeleitete Alter.
- Geplanter Ruhestandsbeginn. Er ist ein wichtiges Datum für die Planung der Erträge und Aufwendungen und hat daher insbesondere eine Bedeutung, wenn Ihr geplanter Ruhestandsbeginn innerhalb des gewählten Prognosezeitraums liegt.
- Familienstand und gegebenenfalls Güterstand. Sie sind für die Steuerberechnung und die gesamte Erbfolgeplanung ganz wesentliche Angaben. Hierzu zählen auch die Informationen über leibliche und uneheliche Kinder sowie Le-

benspartner. Im Rahmen der Erbfolgeplanung kommen eventuell auch Angaben über Eltern und Geschwister eine Bedeutung zu.

- Aussagen über die Funktion des Hauptverdieners innerhalb der Planung. Dies sind wichtige Angaben für die Risikosituationen Krankheit, Berufsunfähigkeit und Tod. Hierbei ist es entscheidend, ob Ihnen als Auftraggeber die Hauptverdienerstellung allein oder gemeinsam mit Ihrem Lebenspartner zukommt.

Ihre persönlichen Ziele

Ihr persönliches Zielsystem

Dieses Thema ist ein sehr wichtiger Bereich einer privaten Finanzplanung. Ihre Ziele und Ihre Lebensträume sind es, die die Rahmenanforderungen an den Finanzplaner darstellen. An Ihrem persönlichen Zielsystem muss sich die gesamte Planung ausrichten. Gleichzeitig muss dabei Ihrer Mentalität als Anleger Rechnung getragen werden.

Es scheint banal, die Ziele und Mentalität des Vermögensinhabers zu dokumentieren. Es ist jedoch wichtig, dass Sie sich als Auftraggeber in dieser Darstellung vollständig wiederfinden. Ist dies nicht der Fall, liegt die Vermutung nahe, dass der Finanzplaner bei seiner Ausarbeitung von falschen Voraussetzungen ausgegangen ist. Es besteht dann die Gefahr, dass die Konzeption und die daraus abgeleiteten Maßnahmen nicht dazu führen, dass Sie Ihre Lebensträume und -ziele erreichen werden.

Dokumentation der persönlichen Ziele

Insofern ist es äußerst wichtig, dass dieser Abschnitt detailliert die von Ihnen gemachten Aussagen dokumentiert und Ihr persönliches Zielsystem widerspiegelt. Sonst werden womöglich Ziele verfolgt, die Ihnen persönlich gar nicht wichtig sind.

Zuordnung der finanziellen Ziele

Neben der Darstellung Ihrer persönlichen Ziele und Ihrer Mentalität gehört in diesen Abschnitt der Finanzplanung auch die jeweilige Umsetzung Ihres persönlichen Zielsystems in der Form messbarer finanzieller Ziele. Hierbei kann es vorkommen, dass eines Ihrer persönlichen Ziele die Formulierung mehrerer finanzieller Ziele erfordert. Es kommt – wenn auch selten – vor, dass ein persönliches Ziel keinerlei finanzielle Ziele auslöst.

Es bietet sich an, nach der übersichtsartigen Darstellung der persönlichen Ziele die finanziellen Ziele dem jeweiligen persönlichen Ziel zuzuordnen. Die Ableitung der finanziellen Ziele durch den Finanzplaner wird dadurch leichter nachvollziehbar.

Eingebundene Spezialisten

Vorstellung eingebundener Spezialisten

Ein Finanzplaner ist nicht der Superberater, der in allen Detailthemen Experte ist. Er ist vielmehr der Generalist, unter dessen Koordination die Fachleute zum Gelingen des Ganzen, d. h. zur Erstellung einer guten Finanzplanung, beitragen. Es ist aus unserer Sicht wichtig, dass die eingebundenen Spezialisten aus den Bereichen Recht, Steuern, Immobilien, Unternehmensberatung, Versicherungen, Wertpapiere etc. an dieser Stelle genannt werden.

Haftungsgrundsätze

Haftungsgrundsätze

Ein Berater kann nie die Verantwortung für die Zukunft übernehmen, sondern lediglich dafür, dass er seine Aufgabe ordnungsgemäß erfüllt hat. Insofern ist es üblich, dass ein Finanzplan auch Ausführungen über die Haftungsgrundsätze beinhaltet, aus denen klar hervorgeht, wofür der Berater im Ernstfall haftet. In diesem Zusammenhang lohnt es sich zu klären, ob der Berater über eine ausreichend dimensionierte Vermögensschaden-Haftpflichtversicherung verfügt, da anderenfalls Ihr Haftungsanspruch gegenüber dem Berater unter Umständen wertlos sein könnte. Näheres hierzu finden Sie in Teil III dieses Buches.

2. Die Darstellung und Analyse Ihres Status quo

Bestandsaufnahme

Im großen Abschnitt zum Status quo Ihrer Finanzplanung erhalten Sie eine vollständige Darstellung Ihrer finanziellen Situation, die alle Vermögenskategorien, die steuerliche und erbrechtliche Situation sowie die Versicherungssituation umfasst. Dieser Abschnitt enthält auch die Darstellung der Stärken und Schwächen Ihrer aktuellen Situation in Hinblick auf das von Ihnen formulierte Zielsystem.

Der Aufbau dieses Abschnitts orientiert sich gängigerweise an den einzelnen Vermögenskategorien und fasst die besonderen Lebenssituationen, wie Krankheit, Berufsunfähigkeit, Tod (inklusive der Erbfolge) sowie die verschiedenen Formen der Haftpflicht in einem eigenen Punkt zusammen.

Überblick gewinnen

Bevor die Analyse der einzelnen Vermögensbestandteile und der besonderen Lebenssituationen erfolgt, sollte jedoch ein Überblick über die einzelnen Vermögenswerte und deren Finanzierung, die derzeitigen Ertragsquellen und Erträge (inklusive ihrer steuerlichen Behandlung), die derzeitigen Aufwendungen und die aktuelle Vermögens- und Ertragsstruktur erstellt werden. Danach sollte die Prognose der Entwicklung der Vermögens- und Ertragsstruktur über den Prognosezeitraum erfolgen.

Zur jeweils geeigneten Darstellungsweise wollen wir Ihnen im Folgenden einige Hinweise geben.

Vermögenswerte und deren Finanzierung

Mittelherkunft und -verwendung

Die Darstellung der Vermögenswerte und deren Finanzierung erfolgt üblicherweise als so genannte Privatbilanz, die in Anlehnung an eine Betriebsbilanz erstellt wird. Hierbei werden die Vermögenswerte auf der linken Seite der Bilanz (Aktivseite) als Übersicht über die Mittelverwendung dargestellt. Die Finanzierungen durch

Eigen- und Fremdkapital werden auf der rechten Seite (Passivseite) der Bilanz als Übersicht über die Mittelherkunft gegenübergestellt. Diese Übersicht gibt Ihnen einen ersten schnellen Überblick über das Gesamtvermögen und die Verteilung des Eigen- und Fremdkapitals. Wir haben eine solche Privatbilanz in der folgenden Abbildung beispielhaft dargestellt.

Aktiva			Passiva		
1. Liquidität und Wertpapiere			**1. Eigenkapital**	**2 678 000**	**64,2 %**
Giroguthaben	20 000				
Termingeldguthaben	100 000		**2. Fremdkapital**	**1 500 000**	**35,8 %**
Sparguthaben	12 000				
Aktien	500 000				
	632 000	**15,1 %**			
2. Immobilien					
Betriebsimmobilie	500 000				
Selbstgenutzte ETW	800 000				
Ferienhaus	350 000				
Mehrfamilienhaus	800 000				
	2 450 000	**58,5 %**			
3. Beteiligungen					
Eigenes Unternehmen	1 000 000				
Schiffsfonds	20 000				
Medienfonds	30 000				
	1 050 000	**25,1 %**			
4. Sonstige Vermögenswerte					
Schmuck	55 000				
	55 000	**1,3 %**			
Summe der Aktiva	**4 187 000**		**Summe der Passiva**	**4 187 000**	

Die Darstellung der Erträge und Aufwendungen

Private GuV

Die Darstellung der Erträge und Aufwendungen erfolgt üblicherweise anhand einer privaten Gewinn- und Verlustrechnung, wie sie in der folgenden Abbildung beispielhaft dargestellt ist. Auch diese Darstellung ist angelehnt an die betriebliche Gewinn- und Verlustrechnung (GuV).

Private Gewinn- und Verlustrechnung	Vermögenswert	Erträge/ Aufwendungen
Liquidität und Wertpapiere		
Liquidität (inkl. Geldmarktfonds)	50 000	500
Festverzinsliche Wertpapiere	100 000	5 000
Aktien	100 000	10 000
Investmentfonds	200 000	16 000
Sonstige Liquide Anlagen	10 000	4 000
Summe Liquidität	**460 000**	**35 500**
Immobilien		
Eigengenutzte Immobilie	850 000	–24 500
Vermietete Immobilie	360 000	16 000
Offene Immobilienfonds	50 000	2 000
Geschlossene Immobilienfonds	20 000	1 200
Summe Immobilien	**1 280 000**	**–5 300**
Unternehmensbeteiligungen		
Aktive unternehmerische Beteiligung	850 000	170 000
Summe Unternehmensbeteiligungen	**850 000**	**170 000**
Sonstige Kapitalanlagen		
Kapitallebensversicherungen	100 000	–7 000
Passive unternehmerische Beteiligungen	40 000	2 800
Privatdarlehen	0	0
Sonstige Vermögenswerte	50 000	0
Summe Sonstige Kapitalanlagen	**190 000**	**–4 200**
Arbeitseinkommen		**240 000**
Summe Einkünfte Gesamt	**2 780 000**	**436 000**
Lebenshaltungskosten		–160 000
Sonstige Aufwendungen		–30 000
Zinsaufwendungen		–50 000
Steuern		–160 000
Überschuss nach Steuern		**36 000**

Ertragsbestandteile

Hierbei werden die Erträge aus den Vermögenswerten, d.h. die liquiden Erträge in Form von Zins-, Dividenden- oder Mietzahlungen sowie Gewinnausschüttungen, aber auch die Wertentwicklungen aufgeführt. Darüber hinaus gehört selbstverständlich auch das Arbeitseinkommen dazu.

Zuordnung zu unterschiedlichen Kategorien

Im Rechenwerk eines Finanzplaners erfolgt eine Aufteilung der Erträge in *Gesamtertrag, davon steuerpflichtig* und *davon liquiditätswirksam*. Dies dient dazu, die Auswirkungen auf Ihre Steuerhöhe und die für Sie verfügbaren Mittel darstellen zu können.

Aus der Summe der steuerpflichtigen Erträge und unter Berücksichtigung von Freibeträgen und steuerlich abzugsfähigen Aufwendungen ergibt sich auf der Basis der Steuergesetzgebung die Summe der zu zahlenden Steuer, die von den liquiden Erträgen abzuziehen ist. Es verbleibt der Ertrag nach Steuern, von dem die Lebenshaltungskosten noch abzuziehen sind. Aus der Differenz ergibt sich das frei verfügbare Einkommen, das gegebenenfalls für Investitionen zur Verfügung steht.

Einige Anbieter stellen an dieser Stelle bereits dar, wie sich die private Gewinn- und Verlustrechnung in den Fällen Krankheit, Berufsunfähigkeit oder Tod des Hauptverdieners ändern würde. Wir werden hierauf im Kapitel 6 unter „Besondere Lebenssituationen" eingehen.

Die aktuelle Vermögens- und Ertragsstruktur

Vermögenswerte und ihre Erträge

Die Darstellung der Vermögens- und Ertragsstruktur soll die Rolle der Vermögenswerte als Ertragsquellen verdeutlichen. Hierzu findet eine verbindende Darstellung der Vermögensanteile mit den Ertragsanteilen statt. Die folgende Abbildung zeigt eine solche Darstellung beispielhaft.

Abbildung 9: Aktuelle Vermögens- und Ertragsstruktur

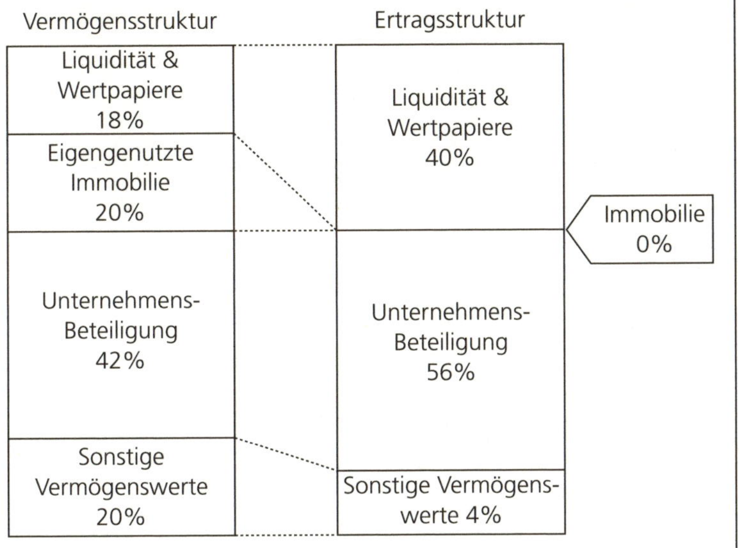

Ungleichgewichte und Konzentrationen

Wichtig für die Beurteilung von Stärken und Schwächen Ihrer Vermögensstruktur ist zum Beispiel, ob es größere Vermögensbestandteile gibt, die nur in geringem Umfang zu den Gesamterträgen beitragen. Eine solche Situation wäre dann unproblematisch, wenn das verfügbare Einkommen zur Deckung aller Ziele ausreicht. Kommt es hierbei jedoch zu Unterdeckungen, ist die Vermögensstruktur unbedingt einer kritischen Überprüfung zu unterziehen.

Eine weitere Fragestellung besteht darin, wie die Abhängigkeit von den einzelnen Ertragskomponenten des Gesamtvermögens ist. Überwiegt eine Ertragsart, wie zum Beispiel das Arbeitseinkommen, muss sichergestellt werden, dass diese Erträge abgesichert werden. Im Beispiel des Arbeitseinkommens möglicherweise durch eine Berufsunfähigkeitsversicherung. In jedem Fall sollte aber erreicht werden, dass die Ertragsquellen gut gestreut sind, um die Risikosituation für die Erträge zu vermindern.

Die Entwicklung der Vermögens- und Ertragsstruktur

Prognose zeigt langfristige Wirkungen

Bei der Darstellung der Entwicklung der Vermögens- und Ertragsstruktur handelt es sich um die bereits kommentierte Projektion des Status quo in die Zukunft. Nachdem sich die bisherigen Darstellungen jeweils nur auf den Status quo oder gegebenenfalls auf das folgende Jahr bezogen haben und einen hohen Detaillierungsgrad aufweisen, handelt es sich bei dieser Darstellung lediglich um eine Übersicht der Veränderungen der Anteile der Vermögenswerte am Gesamtvermögen und der Ertragswerte am Gesamtertrag. Die folgenden Abbildungen zeigen derartige Darstellungen beispielhaft:

Abbildung 10: Prognose der aktuellen Vermögensstruktur

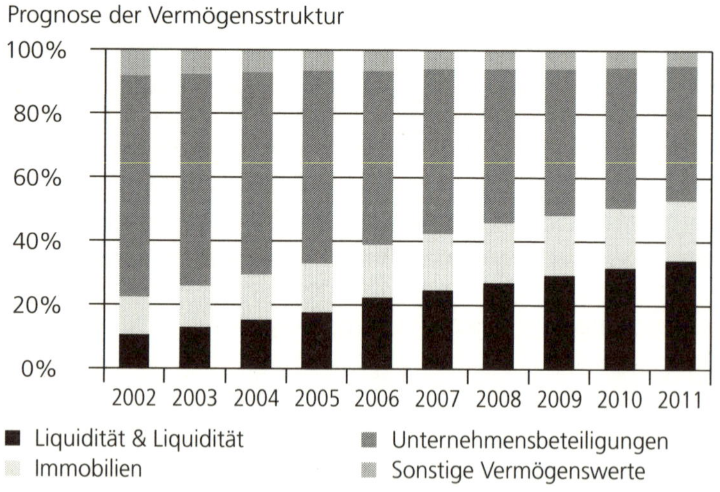

Abbildung 11: Prognose der aktuellen Ertragsstruktur

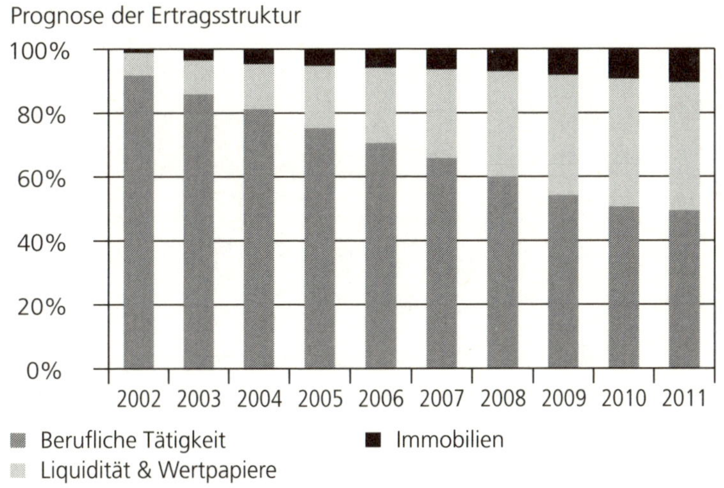

Diese Darstellungen der Prognose ermöglichen es, die Stärken und Schwächen, die die vorhandene Struktur vor dem Hintergrund Ihres Zielsystems aufweist, herauszuarbeiten. Erst durch diese Darstellung werden die langfristigen Auswirkungen Ihrer aktuellen Vermögenssituation deutlich. Sie dient später als Vergleich für die Prognosedarstellung im Rahmen der neuen Konzeption.

Dokumentation von Strukturschwächen

In den beiden Beispielen sehen Sie, dass sowohl die Vermögens- als auch die Ertragsstruktur zunächst von jeweils einem Vermögensgegenstand oder einer Ertragsquelle dominiert wird. Dies ändert sich jedoch im Verlauf der Zeit. Es kommt zu einer stärkeren Streuung der Vermögensanlagen und der daraus resultierenden Erträge. Streuung bewirkt regelmäßig auch eine Reduzierung des Risikos. Ein Beispiel, in dem die Schwächen der vorhandenen Vermögensstruktur über die Zeit nicht behoben werden, zeigt die folgende Darstellung:

Abbildung 12: Vermögensstruktur mit Schwächen

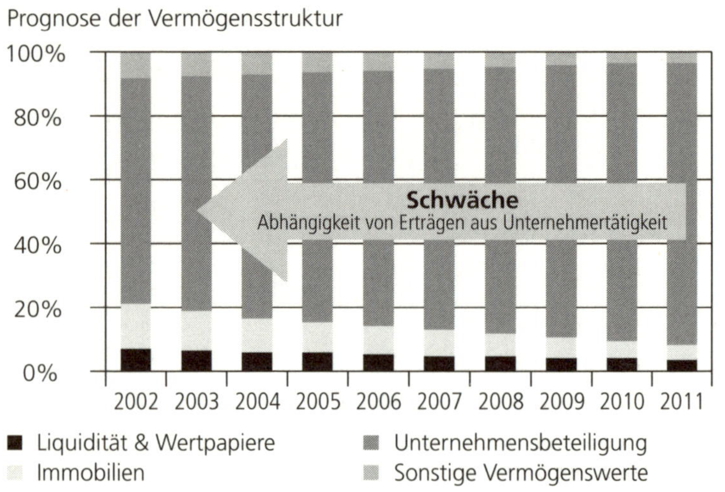

Stärken und Schwächen der aktuellen Vermögenssituation

Bei der Überprüfung der Stärken und Schwächen der vorhandenen Vermögensstruktur ist es erforderlich, zu prüfen, ob die einzelnen finanziellen Ziele mit der vorhandenen Vermögensstruktur erreicht werden können. Diese Ziele leiteten sich direkt aus Ihren persönlichen Lebenszielen ab und wurden Ihnen im ersten Teil des Finanzplans bereits dokumentiert.

Entsprechen die Anlagezeiträume den Liquiditätsbedürfnissen?

Insbesondere ist es wichtig zu prüfen, ob die Anlagezeiträume mit Ihren Bedürfnissen nach Liquidität übereinstimmen und ob die Risiken, die durch die Investitionen eingegangen wurden, Ihrer objektiven und subjektiven Risikotragfähigkeit entsprechen. Nähere Erläuterungen zu diesen Begriffen finden Sie in Teil I dieses Buches.

Aus unserer Sicht sollte hierzu jedes einzelne Ziel noch einmal separat aufgeführt werden. In einem erläuternden Text wird dann die Erfüllung oder Nichterfüllung des Ziels beschrieben und erläutert. Hierbei soll auf die vorher gemachten Ausführungen und Darstellungen Bezug genommen werden. Das ermöglicht es Ihnen als Leser, später sehr leicht die Erfüllung der Ziele zu überprüfen, wenn Sie die Konzeption für eine optimierte Vermögensstruktur betrachten. Denn die Konzeption wird wiederum identisch dargestellt und kann daher einfach verglichen werden.

Beispiel:

Als Beispiel könnte das persönliche Lebensziel, mit 55 in den Ruhestand zu gehen, durch folgende finanzielle Ziele umschrieben werden:

- Bis zum 50. Lebensjahr durch Investitionen in ertragreiche Anlageformen ein Vermögen von mindestens x € aufbauen.
- Das aufgebaute Vermögen bis zum Rentenbeginn mit 55 durch Anlage in wertschwankungsarme Anlageformen absichern.
- Auf das aufgebaute Vermögen ab dem Rentenbeginn durch monatliche Entnahmen in Höhe von x € zurückgreifen.

Als ein weiteres Beispiel kann die Absicherung der Familie genannt werden. Hierzu könnten als Beschreibungen der finanziellen Ziele je nach aktueller Situation folgende Formulierungen dienen:

- Sicherung eines Mindesteinkommens für die Familie in Höhe von x € auch bei Verlust der Erträge aus dem Arbeitseinkommen durch Berufsunfähigkeit oder Tod des Hauptverdieners.
- Umstrukturierung des Vermögens zur Sicherung des Familieneinkommens aus anderen Einkunftsquellen als der Berufstätigkeit.
- Sicherstellung der Schuldentilgung für das selbstgenutzte Einfamilienhaus für den Todesfall des Hauptverdieners.

Neben den Stärken und Schwächen bezogen auf die Vermögensstruktur gehören zur kompletten Vermögenssituation auch die Fragen der Risikoabsicherung der einzelnen Vermögensgegenstände. Dazu wird im Rahmen der Stärken- und Schwächenanalyse geklärt, ob die vorhandenen Vermögensgegenstände so weit wie möglich und sinnvoll gegen Verlust abgesichert wurden.

Außerdem gehören hierzu auch die Stärken und Schwächen bezogen auf die besonderen Lebenssituationen, insbesondere die Berufsunfähigkeit des Hauptverdieners, seines Todesfalls und die verschiedenen Formen der Haftpflicht.

3. Das Konzept einer optimierten Vermögensstruktur

Darstellung analog zum Status quo

Die Konzeption einer optimierten Vermögensstruktur besteht im Wesentlichen aus den Abbildungen und Darstellungen, die bereits beim Status quo verwendet wurden. Selbstverständlich unterscheiden sie sich inhaltlich.

Neben den Darstellungen

- Optimierte Vermögens- und Ertragsstruktur
- Prognose der optimierten Vermögensstruktur
- Prognose der optimierten Ertragsstruktur
- Vermögenswerte und deren Finanzierung
- Erträge und Aufwendungen
- Stärken und Schwächen der optimierten Vermögensstruktur

sind die jeweiligen Erläuterungen zu den veränderten Bestandteilen sinnvoll. Diese sollen Ihnen die Effekte der Änderungen verdeutlichen. Hierzu ist es hilfreich, neben der eigentlichen Veränderung auch stets die Auswirkungen dieser Veränderungen auf die Vermögens- und Ertragssituation zu erklären. Hierbei werden natürlich die steuerlichen Effekte mit berücksichtigt.

4. Der Maßnahmenkatalog

Erst die Umsetzung bringt einen realen Effekt

Im Vorgriff auf Ihre Zustimmung zur dargestellten Konzeption einer optimierten Vermögensstruktur werden im Rahmen eines Finanzplans immer auch die erforderlichen Maßnahmen zusammengefasst, die zur Umsetzung der Planung erforderlich wären. Dies ist besonders wichtig, da die Finanzplanung erst durch ihre Umsetzung die Effekte erzielen kann, die für Sie wichtig sind. Zur Bedeutung der Umsetzung und der Möglichkeiten, diese Umsetzung sicherzustellen, haben wir uns in Teil I des Buches bereits geäußert.

Vermögensorientierter Maßnahmenplan sorgt für Vollständigkeit

Die Darstellung der Maßnahmen kann grundsätzlich als zeitorientierte oder vermögenswertorientierte Darstellung erfolgen. Beide Formen haben Vor- und Nachteile. Die beste Variante besteht darin, in einem Finanzplan zunächst eine vermögenswertorientierte Darstellung zu wählen, um in der Logik der übrigen Darstellungen zu bleiben.

Als Anlage kann nach Abschluss des Strategiegespräches eine Umsetzung dieser Maßnahmenliste in einen zeitorientierten Aktionsplan erfolgen. Selbstverständlich enthalten beide Aktionspläne auch jeweils eine Aussage, wer für die einzelne Aktivität verantwortlich ist.

Innerhalb einer Maßnahmenübersicht werden zum Beispiel folgende Themen behandelt:

Beispiele für Maßnahmen im Rahmen einer privaten Finanzplanung

Maßnahmen zur Umsetzung des Finanzplans

- Veräußerungen von Vermögensgegenständen oder von Teilen (z. B. Immobilien, Unternehmensbestandteile etc.)
- Investition freier Mittel in neue Vermögensgegenstände
- Investition freier Mittel zur Optimierung vorhandener Vermögensgegenstände (zum Beispiel zur Modernisierung von Immobilien oder Nachinvestitionen im Wertpapierbereich)
- Überprüfung der vorhandenen Versicherungen auf Optimierungspotenziale
- Abschluss wichtiger neuer Versicherungsverträge (zum Beispiel einer speziellen Haftpflicht- oder einer Berufsunfähigkeitsversicherung)
- Überarbeitung der Erbfolgeregelung durch Formulierung eines entsprechenden Testaments und/oder entsprechender Verträge
- Übertragung von Vermögensgegenständen auf Partner oder Kinder zur Optimierung der späteren Erbschaftssteuerbelastung (Unternehmensanteile, Immobilien, Wertpapiere etc.)
- Optimierung von Fremdfinanzierungen im Hinblick auf Zinsniveau, Tilgungsanteile und gegebenenfalls Kreditablösungen

Umsetzung von Einzelmaßnahmen ist gefährlich

Wichtig bei der späteren Umsetzung ist es, dass es nicht dazu kommt, nur jeweils einzelne Teile des Maßnahmenplans umzusetzen. Sie gefährden dadurch nicht nur den Gesamterfolg der Planung, sondern bewirken dadurch möglicherweise sogar einen erheblichen Schaden. Sie sollten immer bedenken, dass die privaten Finanzen ein Geflecht aus verschiedensten Themen sind, die auf vielfältige Weise miteinander verknüpft sind. Es gibt nur wenige Fragestellungen im Zusammenhang mit den privaten Finanzen, die losgelöst entschieden werden können.

Klares Bild der Zukunftsperspektiven

So weit die Erläuterung der wesentlichen Teile der Finanzplanung. Wenn Sie Ihren Finanzplan bis hierher intensiv studiert haben, sollten Sie einen ausreichenden Überblick über die Stärken und Schwächen Ihrer aktuellen Vermögensstrategie haben. Außerdem konnten Sie sich ein klares Bild über die Zukunftsperspektiven der optimierten Vermögensstruktur verschaffen und wissen, welche Maßnahmen erforderlich sind, um diese optimierte Struktur zu erreichen.

Musterfinanzpläne kritisch prüfen

Finanzpläne, die die hier beschriebenen Informationen nicht beinhalten, sollten Sie kritisch betrachten. Oft werden derartige Ausarbeitungen zu sehr geringen Honoraren oder kostenfrei angeboten. Das kommt dann leider auch ihrem Wert nahe. Wir raten dringend davon ab, eine private Finanzplanung mit zu wenig Inhalt durchzuführen. Sie können sich nicht sicher sein, dass wirklich alle relevanten Aspekte Ihrer privaten Finanzsituation beleuchtet wurden.

Separate Dokumentation der Detailanalysen

Wenn Sie neben der zusammenfassenden Darstellung auch daran interessiert sind, welche Detailfragen Ihr Finanzplaner im Zusammenhang mit Ihren einzelnen Vermögensgegenständen bearbeitet hat, wird Ihnen das folgende Kapitel einige Erläuterungen hierzu geben. Einige Anbieter bringen diese Detailinformationen bereits bei der Darstellung und Erläuterung der Vermögens- und Ertragsstruktur unter. Wir meinen, dass dies die Übersichtlichkeit behindert, und empfehlen, diesen Detailinformationen ein eigenes Kapitel zu widmen.

6

Dokumentation

Die Dokumentation der einzelnen Vermögenskategorien

1. Welchem Zweck dient die detaillierte Analyse Ihrer Vermögenswerte?

Relevante Fragestellungen

Die detaillierte Darstellung und Analyse jedes einzelnen Vermögenswertes erfolgt sortiert nach Vermögenskategorien. Wir wollen im Folgenden auf die einzelnen Vermögenskategorien eingehen, ohne hierbei alle möglichen Details ansprechen zu können. Zu jeder Vermögenskategorie finden Sie Aussagen über deren Bedeutung, die Bewertung derartiger Vermögenswerte, die gängige Darstellung innerhalb einer Finanzplanung und die für die jeweilige Vermögenskategorie relevanten Fragestellungen. Den letzten Punkt können wir leider nur beispielhaft behandeln, ohne einem Anspruch auf Vollständigkeit gerecht zu werden. Abschließend ergeben sich die relevanten Fragestellungen selbstverständlich aus Ihrer persönlichen Situation. Die von uns genannten Fragen stellen einen Basis-Fragenkatalog dar und geben Ihnen zwei Möglichkeiten:

- Die Möglichkeit zur Prüfung, ob diese Fragestellungen für Sie bereits beantwortet sind oder Sie möglicherweise konkreten Klärungsbedarf haben.
- Die Möglichkeit zur Beurteilung der Qualität der von Ihnen in die engere Wahl gezogenen Musterfinanzpläne unterschiedlicher Anbieter.

Kommen wir nun zu den einzelnen Vermögenskategorien.

2. Liquidität und Wertpapiere

Liquidität: Basisbedürfnis aller Finanzplanungen

Die Bedeutung der Liquidität haben wir schon in Teil I des Buches ausgiebig gewürdigt. Sie stellt aus unserer Überzeugung das Basisbedürfnis bei allen Fragen rund um die Finanzen dar. Es geht eben darum, Geld immer verfügbar zu haben, wenn man es benötigt.

Liquidität und Wertpapiere werden üblicherweise zusammengefasst, weil es bei Wertpapieren praktisch täglich möglich ist, sie in Geld umzuwandeln, d. h. sie beispielsweise an der jeweiligen Börse zu veräußern. Doch hierbei ist Vorsicht geboten, muss man doch zwischen der technischen Möglichkeit und der wirtschaftlichen Sinnhaftigkeit der Veräußerung unterscheiden. Es ist eben fraglich, ob es Sinn macht, eine Aktie zu verkaufen, wenn man gerade 40 % des Kurses durch einen Kurssturz an den Börsen verloren hat. Unterliegen Sie also bitte bei der jederzeitigen Verfügbarkeit von Wertpapieren nicht dem Irrtum, dass dies auch bedeutet, jederzeit ohne Wertverluste über die Wertpapiere verfügen zu können.

Unterschiedlichste Anlageformen

In der Vermögenskategorie Liquidität und Wertpapiere haben wir es wie in kaum einer anderen Vermögenskategorie mit sehr unterschiedlichen Anlageformen zu tun, wenn man die Anlageformen nach dem Risiko und der Ertragskraft vergleicht. Die Spanne reicht von Kontoguthaben, die man als mehr oder minder ertraglos, aber sicher umschreiben kann, bis hin zu Aktien oder gar Optionsscheinen, die gemeinhin als ertragsstark, aber risikoreich umschrieben werden. Aber so einfach ist es natürlich nicht.

Liquidität: Kontoguthaben und Investmentfonds

Kontoguthaben: ertragsschwach, aber sicher und liquide

Kontoguthaben, da sind sich alle Gelehrten einig, können als sicher bezeichnet werden. Auch im Falle von Bankinsolvenzen können die Kontoinhaber davon ausgehen, aus dem so genannten Einlagensicherungsfonds zumindest ihre Einlagen zurückzuerhalten. Bei den Erträgen kann heute schon nicht mehr so einfach gesagt werden, dass diese bei null liegen. Je nach Marktsituation und Verhandlungsgeschick erhalten Sie auch auf Kontoguthaben der unterschiedlichen Kategorien (Giro-, Tagesgeld-, Festgeld- oder Sparkonten) einen Zinsertrag. Diesen Zins bezeichnet man üblicherweise als risikolosen Zins, der eine Basisgröße für alle risikobehafteten Zinssätze darstellt. Den Kontoguthaben kommt insbesondere bei der Anlage der Liquiditätsreserve eine große Bedeutung zu. Hierbei zählt nämlich nicht der Ertrag, sondern die schwankungsfreie Werthaltigkeit sowie die jederzeitige Verfügbarkeit. Und die ist bei Kontoguthaben gegeben.

Im Zusammenhang mit den Kontoguthaben sollten Sie auch das Thema Investmentfonds in Betracht ziehen. Sie sind eine spezielle Form von Wertpapier, die sich seit Jahren einer zunehmenden Beliebtheit erfreut. Es gibt eine Vielzahl unterschiedlicher Investmentfonds-Typen.

Geldmarktfonds

Zunächst wollen wir den so genannten Geldmarktfonds beschreiben. Die im Geldmarktfonds eingezahlten Mittel werden in fest- und variabel verzinsliche Wertpapiere mit sehr kurzer Restlaufzeit investiert. Hierdurch weisen diese Anlagen kaum Wertschwankungen auf, zumindest in ihrer jeweiligen Auflagewährung. Die durchschnittliche Verzinsung der im Fonds vorhandenen Anlagen liegt aber regelmäßig über der von Kontoguthaben. Wichtig bei der Anlage in Geldmarktfonds ist es, darauf zu achten, dass für den Kauf der Fondsanteile kein Ausgabeaufschlag verlangt wird. Dieser würde das Ergebnis des Fonds sonst angesichts der relativ niedrigen Erträge zu stark belasten, insbesondere bei sehr kurzer Anlagedauer.

Festverzinsliche Wertpapiere und Aktien

Wertpapiere werden grundsätzlich in zwei große Gruppen unterteilt: festverzinsliche Wertpapiere und Aktien. Diese beiden Grundformen sind es auch, in die die meisten Investmentfonds investieren, außer Geldmarktfonds. Wir wollen an dieser Stelle kurz auf die beiden Grundformen von Wertpapieren und die Investmentfonds eingehen. Daneben gibt es natürlich noch eine Vielzahl von Spezialitäten wie Optionen, Optionsscheine, Genussscheine und vieles mehr.

Festverzinsliche Wertpapiere

Festverzinsliche Wertpapiere galten jahrzehntelang als sichere Kapitalanlage mit festem Zins und garantierter Rückzahlung. Das gilt, wenn man in Anleihen bester Bonität investiert, grundsätzlich auch heute noch. Man muss nur bedenken, dass die Höhe der Rückzahlung eben nur für das Ende der Laufzeit feststeht. Innerhalb der Laufzeit kommt es bei Rentenpapieren zu Kursschwankungen. Müssen Sie also während der Laufzeit einer Anleihe über das investierte Kapital verfügen, kann es auch bei der „sicheren" Anlage Rentenpapier zu Wertverlusten kommen, wie im Jahr 1994, als Rentenfonds zum Teil zweistellige Verluste hinnehmen mussten. Diese Wertverluste lassen sich natürlich durch eine Streuung vermindern. Hierbei kommt es darauf an, Anleihen mit unterschiedlichen Nominalzinssätzen und unterschiedlichen Restlaufzeiten zu kombinieren, um einen wirksamen Schutz gegen Schwankungen zu erzielen. Die Preise von Anleihen schwanken mit der Zinsentwicklung.

Aktien

Aktien galten lange Zeit als risikoreiche Anlage, die nur etwas für Profis ist. In den „Goldrauschjahren" des späten letzten Jahrhunderts, also vor gar nicht einmal fünf Jahren, galt dann als langweilig, wer keine Aktien hatte. Es gab nur noch steigende Kurse und eine Ende war nicht abzusehen. Einige von denen, die damals zu gierig wurden, lecken sich noch immer ihre Wunden. Aktien sind eine risikobehaftete Anlage, besonders für den, der keine Zeit hat. Ein Risikomaß für Wertpapiere ist die Intensität kurzfristiger Wertschwankungen. Diese ist bei Aktien im Vergleich zu festverzinslichen Wertpapieren oder gar offenen Immobilienfonds besonders hoch. Betrachtet man aber langfristige Zeiträume von fünf, zehn oder gar 20 Jahren, dann zeichnet sich die Aktie durch attraktive Erträge bei vergleichsweise geringem Risiko aus. Es kommt also darauf an, für welchen Zeitraum die von Ihnen investierten Mittel in der jeweiligen Anlageform verweilen können. Haben Sie genügend Zeit für eine Aktienanlage, handelt es sich um eine gute Anlageform. Allerdings nur, wenn Sie eine subjektive Risikotragfähigkeit haben, die Sie auch dann ruhig schlafen lässt, wenn Ihr Aktiendepot auf Grund kurzfristiger Schwankungen einmal zeitweise 40 % seines Wertes verloren hat.

Checkliste: Wertpapieranlagen
■ Anlagezeitraum, der zu Ihren Zielen passt ■ Wertpapierrisiko, das Ihrer subjektiven Risikotragfähigkeit entspricht ■ Gute Streuung zur Risikominimierung und Ertragsoptimierung ■ Professionelles Management der Wertpapierdepots

Investmentfonds

In den meisten Fällen bieten sich für Anlagen in festverzinsliche Wertpapiere oder Aktien vor dem Hintergrund der genannten vier Kriterien Investmentfonds an. Ein professionelles Fondsmanagement kümmert sich um Ihre Anlagen in genau der gleichen Weise wie um die viele hundert Millionen € große Anlage institutioneller Investoren, denn alle Anlagen zusammen ergeben das Fondsvermögen. Auf Grund der Größe des Fondsvolumens kann eine gute Streuung in eine Vielzahl von Wertpapieren erfolgen. Wichtig für Sie ist, dass Ihr Finanzplaner die für Sie geeigneten Fonds auswählt. Hierbei tut er gut daran, nicht nur einen Fonds auszuwählen, sondern auch bei der Auswahl der Fonds eine optimale Streuung zu realisieren.

Transparente Bewertung

Im Zusammenhang mit der Bewertung von Liquidität und Wertpapieren gibt es einen entscheidenden Vorteil gegenüber den meisten anderen Vermögenswerten. Die Vermögensbestandteile sind normalerweise auf Konten verbucht und können zu täglich veröffentlichten Kursen bewertet werden.

Erfolgs-Tipp:

Die Bewertung der unterschiedlichen Kontoguthaben erfolgt einheitlich in der Planungswährung (meist €). Wertpapiere werden mit dem jeweiligen Kurswert des Papiers bewertet. Wichtig ist, dass die Bewertung zu einem einheitlichen Stichtag erfolgt.

Darstellung in Form von Depots

Die übliche Darstellungsform des Bereiches Liquidität und Wertpapiere ist eine tabellarische Übersicht über alle Wertpapierdepots mit den jeweiligen Wertpapieren. Diese entspricht der Darstellung eines Depotauszuges, wie Sie ihn von Ihrer Hausbank kennen. Einige Anbieter gliedern diese Übersicht auch unabhängig vom jeweiligen Depot ausschließlich nach Wertpapiergattungen.

Strukturen als Tortendiagramme

Außerdem werden die Aussagen über die Struktur des Bereiches meist durch entsprechende Grafiken verdeutlicht. Da es sich stets um die Darstellung prozentualer Anteile am Gesamtbetrag handelt, werden hierfür „Tortendiagramme" gewählt. Hierzu zählen zum Beispiel Grafiken über die Verteilung nach Wertpapiergattungen, wie Aktien, Rentenpapiere, etc. Außerdem werden Grafiken zur Verteilung nach Branchen, Ländern oder Währungen gezeigt.

Diese Diagramme sind sicher interessant, sollten aber aus unserer Sicht nicht von den eigentlich wesentlichen Fragen ablenken.

Checkliste: Liquidität und Wertpapiere

- Ist das liquide Vermögen ausreichend dimensioniert?
- Werden Ihre Liquiditätsziele durch die wirtschaftlich sinnvolle Liquidierbarkeit dieser Vermögenskategorie unterstützt?
- Entsprechen die Risiken aus dieser Vermögenskategorie Ihrer objektiven und subjektiven Risikotragfähigkeit?
- Sind die liquiden Mittel so angelegt, dass sie entsprechend Ihrem Liquiditätsbedarf und Ihrer subjektiven Risikotragfähigkeit die höchstmöglichen Erträge erwirtschaften?
- Wurden die Möglichkeiten der Risikostreuung bei der Anlage der liquiden Mittel zum Beispiel durch Anlagen in Investmentfonds genutzt?

3. Immobilien

Die meisten größeren Vermögen sind mit einem erheblichen Immobilienanteil am Gesamtvermögen versehen. In den meisten Fällen sind diese Immobilien zu Teilen fremdfinanziert.

Verschiedenste Immobilientypen

Neben den Einzelimmobilien, zu denen Eigentumswohnungen, Einfamilienhäuser, aber auch Immobilien mit mehreren Mietparteien zählen, gehören auch offene und geschlossene Immobilienfonds in diese Vermögenskategorie. Die offenen Immobilienfonds werden von einigen Finanzplanern in die Kategorie Liquidität und Wertpapiere eingeordnet, weil sie nahezu täglich verfügbar sind und ein Teil des Fondsvermögens regelmäßig in Rentenpapiere investiert ist. Beide Varianten sind denkbar.

Portfolioanalyse wichtig

Auch innerhalb der Vermögenskategorie Immobilien ist es erforderlich, die einzelnen Vermögensgegenstände, d. h. die einzelnen Objekte oder Fonds und das gesamte „Immobilienportfolio" zu betrachten. Beginnen wir aber mit den Einzelobjekten.

Eigengenutzte Immobilien

Eigengenutzte Immobilien

Meist wird zunächst zwischen den eigengenutzten und den vermieteten Immobilien unterschieden. Dies hat den Hintergrund, dass die eigengenutzten Immobilien in der Regel keine oder nur geringe Erträge aufweisen, so zum Beispiel im Falle von vermieteten Einliegerwohnungen.

Innerhalb der Vermögens- und Ertragsstruktur fallen eigengenutzten Immobilien dadurch auf, dass sie zwar in der Vermögensstruktur auftauchen, in der Ertragsstruktur jedoch nicht.

Zunächst gilt es natürlich, die eigengenutzten Immobilien zu bewerten und die Kosten sowie gegebenenfalls die Erträge festzustellen.

Bei der Bewertung können mehrere Bewertungsverfahren zum Einsatz kommen. Ein Bewertungsverfahren, das auf den Erträgen aufbaut – ein so genanntes Ertragswertverfahren – scheidet meist bei eigengenutzten Immobilien aus. Es bieten sich daher das so genannte Substanzwertverfahren oder das Vergleichswertverfahren an.

- Substanzwertverfahren

  Beim Substanzwert wird der Wert des Grundstücks und des Baukörpers ermittelt. Hierbei handelt es sich um ein eher technisches Verfahren, das eine gehobene Ausstattung oft nur schlecht berücksichtigt.

- Vergleichswertverfahren

  Das Vergleichswertverfahren versucht, eine Bewertung durch Preise vergleichbarer Objekte zu ermitteln. Dieses Verfahren ist aus unserer Sicht bei eigengenutzten Objekten sinnvoll.

Kosten und eventueller Investitionsbedarf wichtig

Meist bleibt es bei eigengenutzten Objekten jedoch bei einer Abschätzung des Verkehrswertes. Das ist, solange an eine Veräußerung nicht gedacht ist, auch vollkommen unproblematisch, hat doch der eigentliche Wert der eigengenutzten Immobilie für die Finanzplanungsstrategie nur eine geringe Bedeutung. Die Kosten, etwaige Erträge oder ein eventueller Investitionsbedarf sind hingegen wichtigere Parameter und lassen sich sehr genau ermitteln.

Die Darstellung der einzelnen Immobilien erfolgt in der Regel durch eine Übersicht, die die folgende Abbildung beispielhaft verdeutlicht.

Standardisierte Darstellung für alle Immobilientypen

Abbildung 13: Daten der eigengenutzten Immobilie Einfamilienhaus

		2002	2003
1.	**Steuerrechnung**		
	Mieterträge	0	0
	– nicht umlagefähige Betriebskosten	0	0
	– AfA (gem. Steuerberater)	0	0
	– Fremdkapitalzinsen	0	0
	= steuerpfl. Einkünfte aus Vermietung	**0**	**0**
	= Steuerlast/-gutschrift	**0**	**0**
2.	**Liquiditätsrechnung**		
	Mieterträge	0	0
	– Unterhaltskosten	–24 500	–24 500
	– Fremdkapitalzinsen	–6 000	–6 000
	– Tilgung	–6 000	–6 000
	– Steuerlast/-gutschrift	0	0
	= Liquidität	**–36 000**	**–36 000**
3.	**Rentabilitätsrechnung**		
	Mieterträge	0	0
	+ Wertsteigerung	0	0
	– Unterhaltskosten	–24 500	–24 500
	– Fremdkapitalzinsen	–6 000	–6 000
	– Steuerlast/-gutschrift	0	0
	= Gesamtertrag	**–30 500**	**–30 500**
	derzeit gebundenes Eigenkapital	750 000	750 000
	derzeitiges Kreditvolumen	100 000	100 000
	= Gesamtkapital	**850 000**	**850 000**
	Rentabilität auf das Eigenkapital	**–4,07 %**	**–4,07 %**
	Rentabilität auf das Gesamtkapital	**–2,88 %**	**–2,88 %**

Diese Darstellung enthält drei Aussagen zur jeweiligen Immobilie:

Steuerrechnung

- Eine Steuerrechnung, die die steuerpflichtigen Einkünfte nach Abzug der steuermindernden Aufwendungen ermittelt. Auf dieser Grundlage kann die Steuerzahlung oder Steuererstattung ermittelt werden. Der Finanzplaner berechnet dies selbstverständlich auf der Basis Ihres persönlichen Steuersatzes, der sich aus der privaten Gewinn- und Verlustrechnung ergeben hat. Dieser Teil der Darstellung ist für die eigengenutzte Immobilie nur relevant, wenn es, zum Beispiel durch eine Einliegerwohnung, zu Mieterträgen kommt. Wir nutzten die gleiche Darstellung aber auch für vermietete Immobilien.

Liquiditätsrechnung

- Die Liquiditätsrechnung dokumentiert, ob Sie aus dem jeweiligen Objekt Liquiditätszuflüsse erwarten können oder ob Sie für das Objekt liquide Mittel aus anderen Einkunftsquellen bereitstellen müssen. Bei der eigengenutzten Immobilie ergibt sich regelmäßig eine Unterdeckung bei der Liquidität. Sie müssen hierbei aber bedenken, dass Sie im Gegenzug Mietzahlung einsparen.

Rentabilitätsrechnung

- Bei der Rentabilitätsrechnung geht es um das Verhältnis der Gesamterträge zum eingesetzten Kapital. Es werden hierbei daher auch die jährlichen Wertsteigerungen berücksichtigt, die natürlich nur kalkulatorisch sind. Bei den prozentualen Werten wird für die Rentabilität auf das Eigenkapital der Gesamtertrag mit dem Eigenkapital ins Verhältnis gesetzt. Die Gesamtkapitalrentabilität ergibt sich aus der Summe von Gesamtertrag und Fremdkapitalzins, die ins Verhältnis zum Gesamtkapital gesetzt wird. Auch diese dritte Betrachtung ist – zumindest was die prozentualen Angaben angeht – bei der eigengenutzten Immobilie nur bedingt aussagefähig.

Weitergehende Darstellungen bezüglich der Aufteilung des eigengenutzten Immobilienportfolios wie die regionale Streuung halten wir für überflüssig. Wichtiger erscheinen uns die Fragen, die im Zusammenhang mit eigengenutzten Immobilien gestellt werden sollen.

Checkliste: eigengenutzte Immobilien

- Gefährdet der Vermögensanteil, der in eigengenutzten Immobilien gebunden ist, die Erreichung anderer wichtiger Ziele?
- Wären einzelne eigengenutzte Immobilien zum Zwecke der Strukturoptimierung veräußerlich, um die Erreichung der eigenen Ziele zu unterstützen?
- Besteht bei den eigengenutzten Immobilien in absehbarer Zeit Investitionsbedarf?
- Sind alle Risiken aus der Stellung als Gebäudehalter abgesichert (zum Beispiel Gebäudehalterhaftpflicht oder Gewässerschadenhaftpflicht)?
- Wie ist über die eigengenutzten Immobilien im Zusammenhang mit einer Erbfolgeplanung zu disponieren?
- Können durch eine Refinanzierung gegebenenfalls die Gesamtaufwendungen für die eigengenutzte Immobilie vermindert werden?
- Kann durch eine Verlagerung der Finanzierung auf ein Vermögensobjekt mit steuerlich relevanten Einkünften erreicht werden, dass die Zinsen steuerlich abzugsfähig werden?
- Kann durch eine Streckung der Laufzeit und damit Verminderung der Tilgungsbelastung die dadurch verfügbare jährliche Liquidität zum Aufbau anderer Vermögenswerte genutzt werden?
- Kann durch eine externe Immobilienverwaltung der persönliche Aufwand im Umgang mit der eigenen Immobilie reduziert werden?

Vermietete Immobilien

Verkehrswerte und Erträge wichtig

Bei den vermieteten Immobilien steht die Ertragserzielung im Vordergrund. Daher ist bei diesen Objekten eine genaue Betrachtung der Aufwendungen und Erträge unter Berücksichtigung der steuerlichen Belange vorzunehmen, weil sie direkte Auswirkungen auf den Verkehrswert des Objekts haben. Diese Werte sind ins Verhältnis zum Marktwert, dem so genannten Verkehrswert, zu setzen.

Bei den vermieteten Immobilien kann es sich um ganz unterschiedliche Immobilientypen handeln:

- Wohnimmobilien
- Gewerbeimmobilien
- Mischformen
- unbebaute Grundstücke
- Ferienimmobilien
- Erbbaurechte

etc.

Ertragswertverfahren oder Vervielfältigermethode

Die Bewertung vermieteter Immobilien erfolgt üblicherweise anhand des Ertragswertverfahrens. Dieses Verfahren leitet aus den erzielbaren Mieterträgen einen Verkehrswert ab. Hierbei wird prinzipiell folgende Frage gestellt: „Welche Anlagesumme würde bei einer Anlage mit ähnlichem Risiko benötigt, um einen gleich hohen Ertrag zu erzielen?" Zur Kalkulation zieht man den Zins einer im Risiko und dem Anlagehorizont vergleichbaren Anlageform heran. Dieses Verfahren verbirgt sich auch hinter der so genannten Vervielfältiger-Methode, bei der der jährliche Mietertrag mit einem Vervielfältiger multipliziert wird. Mathematisch sind beide Verfahren identisch.

Eine solche Form der Bewertung zeigt die folgende Abbildung beispielhaft:

Standardisierte Ertragswertermittlung

Abbildung 14: Wertermittlung für die vermietete Immobilie
Ertragswertermittlung Eigentumswohnung

1.	**Bodenwert**				
1.1.	Richtwert bzw. Vergleichswert	800,00	€/m²		
1.2.	Zuschlag/Abschlag wegen:	0,00	€/m²		
1.3.	Maßgeblicher Bodenwert bei	75,00	m²	60 000	€
2.	**Ertragswert der baulichen Anlagen**				
2.1.	Nachhaltig erzielbare Mieterträge (brutto-kalt) aus				
	– Wohnfläche	143,54	m²	11,00	€/mtl.
	– Bürofläche		m²		€/mtl.
	– Ladenfläche		m²		€/mtl.
	– Lagerfläche		m²		€/mtl.
	– Garagenplätze		Stück		€/mtl.
	– Abstellplätze		Stück		€/mtl.
	– Sonstige Erträge				€/mtl.
	Monatliche Bruttomiete			1 579	€/mtl.
	Jährliche Bruttomiete			18 947	€
2.2.	Bewirtschaftungskosten (ohne AfA)	5,00	%	947	€
2.3.	Netto-Kaltmiete p. a.			18 000	€
2.4.	Bodenwertverzinsung	5,00	%	3 000	€
2.5.	nicht umlagefähige BK und lfd. Instandhaltung (geschätzt)			2 000	€
2.6.	Jahresrohertrag			13 000	€
2.7.	Restnutzungsdauer		Jahre		
	Zinssatz	5,00	%		
	Vervielfältiger	**20,00**			
2.8.	Gebäudeertragswert			260 000	€
2.9.	Bodenwert			60 000	€
3.	**Ertragswert**			**320 000**	**€**
	Zuschlag/Abschlag für Lage	12,50	%	40 000	€
	Ertragswert gesamt			**360 000**	**€**

Für die vollständige Darstellung einzelner Objekte wird meist die folgende Darstellung verwendet, die auch die Finanzierung und die steuerlichen Belange integriert und die wir auch schon im Zusammenhang mit der eigengenutzten Immobilie verwendet und erläutert haben:

Abbildung 15: Daten der vermieteten Immobilie Eigentumswohnung		
	2002	**2003**
1. Steuerrechnung		
Mieterträge	18 000	18 000
– nicht umlagefähige Betriebskosten	–2 000	–2 000
– AfA (gem. Steuerberater)	–1 000	–1 000
– Fremdkapitalzinsen	–6 000	–6 000
= steuerpfl. Einkünfte aus Vermietung	**9 000**	**9 000**
= Steuerlast/-gutschrift	**–4 500**	**–4 500**
2. Liquiditätsrechnung		
Mieterträge	18 000	18 000
– Unterhaltskosten	–2 000	–2 000
– Fremdkapitalzinsen	–6 000	–6 000
– Tilgung	–6 000	–6 000
– Steuerlast/-gutschrift	–4 500	–4 500
= Liquidität	**–500**	**–500**
3. Rentabilitätsrechnung		
Mieterträge	18 000	18 000
+ Wertsteigerung	0	0
– Unterhaltskosten	–2 000	–2 000
– Fremdkapitalzinsen	–6 000	–6 000
– Steuerlast/-gutschrift	–4 500	–4 500
= Gesamtertrag	**5 500**	**5 500**
derzeit gebundenes Eigenkapital	260 000	260 000
derzeitiges Kreditvolumen	100 000	100 000
= Gesamtkapital	**360 000**	**360 000**
Rentabilität auf das Eigenkapital	**2,12 %**	**2,12 %**
Rentabilität auf das Gesamtkapital	**3,19 %**	**3,19 %**

Da bei den vermieteten Immobilien die Ertragserzielung im Vordergrund steht, ist auch die Gefährdung des Ertragspotenzials durch eine fehlende Risikostreuung zu untersuchen. Risikostreuung kann bei Immobilien zum Beispiel durch die Wahl verschiedener Standorte oder Immobilientypen erfolgen. Natürlich sind auch weitere

Segmentierungskriterien denkbar. Eine Analyse des gesamten Portfolios vermieteter Immobilien macht aus unserer Sicht Sinn. Hierzu eignen sich insbesondere Tortendiagramme, die die Verteilung auf die unterschiedlichen Kategorien verdeutlichen.

Portfolio-Analyse

Abbildung 16: Aufteilung vermieteter Immobilien nach Lage und Nutzungsart

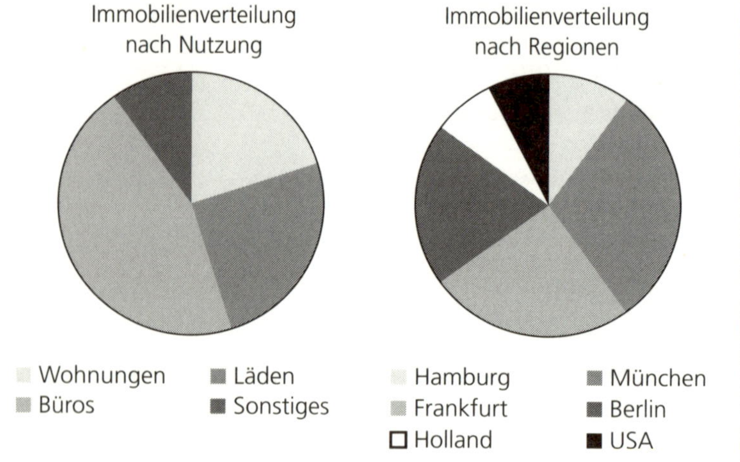

Risikostreuung wichtig

Selbstverständlich können Sie eine hervorragende Risikostreuung auch durch Immobilieninvestitionen über Immobilienfonds erreichen, insbesondere durch offene Immobilienfonds. Hierzu gleich mehr.

Im Zusammenhang mit den vermieteten Immobilien halten wir grundsätzlich ähnliche Fragestellungen wie bei den selbstgenutzten Immobilien für relevant. Oft wird jedoch zumindest die Frage nach der Disponibilität unterschiedlich beantwortet, weil die emotionale Bindung zum selbstgenutzten Eigenheim deutlich höher ist als zu einem vermieteten Objekt. Zusätzlich besteht die Frage der ungenutzten Ertragspotenziale, die bei den ertragsorientierten Immobilien wichtig sind.

Checkliste: vermietete Immobilien

- Gefährdet der Vermögensanteil, der in vermieteten Immobilien gebunden ist, die Erreichung anderer wichtiger Ziele?
- Wären einzelne vermietete Objekte zum Zwecke der Strukturoptimierung veräußerlich, um die Erreichung der eigenen Ziele zu unterstützen?
- Besteht bei den vermieteten Immobilien in absehbarer Zeit Investitionsbedarf?
- Sind alle Risiken aus der Stellung als Gebäudehalter abgesichert (zum Beispiel Gebäudehalterhaftpflicht oder Gewässerschadenhaftpflicht)?
- Sind die eigengenutzten Immobilien im Zusammenhang mit einer möglichen Erbfolgeplanung zu disponieren?
- Welche ungenutzten Ertragspotenziale bestehen bei den vermieteten Immobilien?
- Kann durch eine Refinanzierung gegebenenfalls der Nachsteuerertrag des Objekts erhöht werden?
- Kann durch eine Streckung der Laufzeit und damit Verminderung der Tilgungsbelastung die dadurch verfügbare jährliche Liquidität zum Aufbau anderer Vermögenswerte genutzt werden?
- Kann durch die Wahl einer geeigneten Immobilienverwaltung der eigene zeitliche und finanzielle Aufwand reduziert werden?
- Ist das Immobilienvermögen ausreichend gestreut und so gegen die Risiken eines Wertverlustes so weit wie möglich abgesichert?
- Können Sonderabschreibungen noch genutzt werden und eventuell später für Sondertilgungen bzw. zur Rücklagen- oder Vermögensbildung eingesetzt werden?

Offene Immobilienfonds

Risikostreuung durch Fondskonstruktionen

Eine Immobilieninvestition über offene Immobilienfonds birgt den Vorteil, dass auch bei kleineren Beträgen bereits eine Risikostreuung in unterschiedliche Standorte, Immobilientypen und Immobiliengrößen stattfindet. Außerdem werden die Immobilien von einem Fondsmanagement aktiv betreut, um die Ertragspotenziale voll auszuschöpfen. Anteile an offenen Immobilienfonds sind schlechtestenfalls innerhalb von 14 Tagen verfügbar und weisen eine so geringe Wertschwankung auf, dass über sie auch wirtschaftlich jederzeit sinnvoll verfügt werden kann. Zu beachten ist bei derartigen Investitionen jedoch, dass sich die Ankaufsspesen, der so genannte Ausgabeaufschlag, auf Grund der moderaten Wertentwicklung nur langsam amortisiert.

Immobilieninvestitionen als Wertpapier

Die Darstellung von Anteilen an offenen Immobilienfonds erfolgt analog zur Darstellung sonstiger Wertpapiere. Hinsichtlich der steuerlichen Einkunftsart und der Spekulationsfristen handelt es sich bei offenen Immobilienfonds nämlich auch um Wertpapiere. Im Hinblick auf die Investitionen der Immobilienfonds ordnen wir den offenen Immobilienfonds aber dem Immobilienvermögen zu. Die Bewertung der offenen Immobilienfonds erfolgt anhand des von der jeweiligen Fondsgesellschaft veröffentlichten Rücknahmepreises.

Die relevante Fragestellung im Zusammenhang mit offenen Immobilienfonds ist:

Gefährdet der Vermögensanteil, der in offenen Immobilienfonds gebunden ist, die Erreichung anderer wichtiger Ziele?

Einfache Handhabung und Flexibilität

Alle anderen Belange, die im Zusammenhang mit Einzelimmobilien wichtig sind, haben bei Anteilen an offenen Immobilienfonds keine Bedeutung. Das verdeutlicht deren einfache Handhabung und deren Flexibilität.

Geschlossene Immobilienfonds

Steuerspar-anlage

Bei dieser Art der Immobilieninvestition denken viele Menschen zunächst nur an die steuersparende Kapitalanlage, die in den neunziger Jahren so begehrt war. Dies lag im Wesentlichen an der zu nutzenden Sonderabschreibung für Immobilieninvestitionen. Diese Produkte erzielten ihre Erträge zu großen Teilen aus der Steuerersparnis. Die Bedeutung dieser Produkte für Neuinvestitionen ist stark zurückgegangen. Sie sind aber bei den meisten wohlhabenden Menschen Bestandteil des Vermögens und sollen daher hier kurz betrachtet werden.

Ertrags-orientierte Fonds sind im Kommen

Daneben gibt es seit einigen Jahren auch die ertragsorientierten geschlossenen Immobilienfonds, die ihre Erträge nicht zum überwiegenden Teil aus Steuereffekten auf Grund von Abschreibungen erzielen, sondern aus Mieterträgen und der Nutzung von Steuervorteilen auf Grund von niedrigen Steuern auf Immobilienerträge im Ausland (zum Beispiel in Holland und in den USA) in Verbindung mit so genannten Doppelbesteuerungsabkommen zwischen Deutschland und diesen Ländern.

Individuelle Darstellung erforderlich

Lassen Sie uns zunächst auf die steuerorientierten geschlossenen Immobilienfonds eingehen. Bei der Darstellung dieser Fondsprodukte muss unbedingt auf die Individualität der einzelnen Fondskonstruktionen und der wirtschaftlichen und steuerlichen Situation von Ihnen als Investor Rücksicht genommen werden. Eine zusammenfassende Darstellung erscheint uns im Rahmen eines Finanzplanes daher nicht angebracht.

Steuerorientierte Fonds

Zur Darstellung eines steuerorientierten geschlossenen Fonds gehören insbesondere:

- Investitionssumme
- Genutzte steuerliche Verluste
- Erzielte Steuererstattungen

- Mieterträge
- Derzeit gebundenes Kapital
- Derzeitiger Verkehrswert, soweit ermittelbar
- Nachschusspflicht

Zu den beiden zuletzt genannten Punkten möchten wir noch kurz einige Erläuterungen hinzufügen. Die Veräußerbarkeit von Anteilen an steuerorientierten geschlossenen Immobilienfonds hängt im Wesentlichen von zwei Kriterien ab. Erstens, ob es steuerunschädlich möglich ist, die Anteile zu veräußern. Zweitens, ob es einen Markt für „gebrauchte" Fondsanteile gibt.

Steuerliche Problematik

Die mögliche Steuerschädlichkeit resultiert aus dem Verbot der Liebhaberei. Diese Liebhaberei liegt vor, wenn für das Finanzamt hinter einer Investition keinerlei Gewinnerzielungsabsicht zu erkennen ist. Im Fall eines geschlossenen Immobilienfonds wird das angenommen, wenn bislang im Wesentlichen Verluste steuerlich geltend gemacht wurden und auch durch den Veräußerungserlös kein steuerlicher Totalgewinn erzielt wird. In diesem Fall würden die steuerlichen Vorteile nachträglich aberkannt.

Veräußerung „gebrauchter" Anteile

Die Frage nach dem Markt für „gebrauchte" Fondsanteile ergibt sich aus der vorher dargestellten steuerlichen Problematik. Der Erwerb eines Fondsanteils, dem die steuerlichen Komponenten fehlen, ist nur dann interessant, wenn er zu einem äußerst günstigen Preis erfolgen kann. Da aber bei einem geringen Veräußerungserlös für den Verkäufer die steuerliche Problematik der Liebhaberei konkret wird, ist der praktische Bedarf für Zweitmärkte eher gering.

Zusammengefasst können wir festhalten, dass es sich bei steuerorientierten geschlossenen Immobilienfonds in der Regel um Vermögensbestandteile handelt, die lediglich in der Vermögens- und Ertragsübersicht erscheinen, für die aber nur sehr geringe Gestaltungsspielräume bestehen.

Ertragsorientierte Fonds

Die ertragsorientierten geschlossenen Immobilienfonds sind aus wirtschaftlicher Sicht eher mit Einzelobjekten zu vergleichen. Es handelt sich meist um unternehmerische Beteiligungen, bei der Sie als Investor ein Verlustrisiko tragen. Verluste aus diesen Fondskonstruktionen sind in der Regel steuerlich absetzbar, sie stehen jedoch nicht im Vordergrund. Viel wichtiger sind hier die nachhaltig erzielbaren Mieterträge und die steuerlichen Effekte, die sich aus der Besteuerung von Investitionen im Ausland ergeben. Meist handelt es sich bei diesen Immobilienfonds um Investitionen in Holland oder den USA.

Mieterträge stehen im Vordergrund

Für die Darstellung ertragsorientierter geschlossener Immobilienfonds ziehen wir auch eine individuelle Darstellung der zusammenfassenden Übersicht vor. Die rechtlichen und wirtschaftlichen Details sind zu vielfältig und zugleich zu wichtig, um in einer Übersicht dargestellt werden zu können. Im Einzelnen gehören hierzu, wie schon bei den steuerorientierten geschlossenen Immobilienfonds:

Individuelle Darstellung erforderlich

- Investitionssumme
- Genutzte steuerliche Verluste
- Erzielte Steuererstattungen
- Steuerliche Besonderheiten auf Grund der Besteuerung von Erträgen im Ausland
- Mieterträge
- Derzeit gebundenes Kapital
- Derzeitiger Verkehrswert, soweit ermittelbar
- Nachschusspflicht

Checkliste: geschlossene Immobilienfonds
■ Handelt es sich um einen bekannten Initiator, der die Qualität seiner Produkte in einer Leistungsbilanz dokumentiert hat? ■ Fließen die angekündigten Ausschüttungen planmäßig? ■ Sind die steuerlichen Ergebnisse erwartungsgemäß eingetreten? ■ Wie entwickelt sich das konkrete Fondsobjekt (wie ist zum Beispiel die Vermietungssituation)? ■ Besteht eine konkrete Nachschusspflicht für einzelne Fondsbeteiligungen oder ist für einzelne Beteiligungen eine konkrete Gefahr absehbar? ■ Wäre eine Veräußerung der Beteiligung zum aktuellen Zeitpunkt steuerunschädlich möglich? ■ Erscheint eine Veräußerung aus anderen Gründen auch bei Steuerschädlichkeit angebracht? ■ Gibt es Möglichkeiten der Veräußerung über einen Zweitmarkt?

4. Aktive Unternehmensbeteiligungen

Bedeutende Vermögenskategorie

Unter diesem Begriff verstehen wir Beteiligungen, bei denen Sie sich aktiv in die Geschäftsführung einbringen. Damit ist also die klassische Unternehmertätigkeit gemeint.

Ist ein Unternehmen Bestandteil Ihres Vermögens, so nimmt dieses aus verständlichen Gründen fast immer eine zentrale Rolle ein. Große Teile des Einkommens werden aus dem Unternehmen erzielt, weil in der Regel große Teile des Vermögens im eigenen Unternehmen gebunden sind. Auch emotional kommt dem eigenen Betrieb die größte Bedeutung zu, hat man es doch meist in jahrelanger Arbeit zu dem gemacht, was es heute ist.

Auch aus einer anderen Sicht betrachtet kommt dem eigenen Unternehmen eine große Bedeutung zu: nämlich aus Sicht der Erbfolgeplanung.

Insgesamt stellen wir fest, dass der Vermögensgegenstand und die Ertragsquelle „eigenes Unternehmen" in der Mehrzahl der Fälle sehr emotional besetzt ist, was im Rahmen der Finanzplanung unbedingt berücksichtigt werden muss.

Individuelle Darstellung

Für die Darstellung Ihres eigenen Unternehmens können hier keine allgemeinen Aussagen getroffen werden, dafür sind die einzelnen Unternehmen viel zu unterschiedlich. Auf jeden Fall sollen folgende Informationen enthalten sein:

Einbindung von Spezialisten für Unternehmensbewertung und -nachfolge

Darstellung des eigenen Unternehmens

- Angaben über den Unternehmenswert auf Grund von Unternehmenswertermittlung
- Darstellung der Eigentümerverhältnisse
- Darstellung der Erträge (Gehälter und Gewinne), die aus der Unternehmensbeteiligung für alle Familienmitglieder resultieren
- Aussagen zu geplanten Unternehmensverkäufen (auch Teilverkäufen)
- Aussagen darüber, ob das Unternehmen oder Unternehmensteile überhaupt veräußerbar wären
- Angaben über eine etwaige Unternehmensnachfolge wie den Eintritt der Kinder in die Geschäftsführung
- Informationen über eventuelle Betriebsimmobilien, die gegebenenfalls vom eigentlichen Betriebsvermögen getrennt werden könnten
- Möglicherweise vorhandene Darlehen der Gesellschafter an das Unternehmen

Bei der Bewertung der aktiven Unternehmensbeteiligung wird vielfach der Fehler gemacht, die Wertangabe des Unternehmers ungeprüft in die Finanzplanung zu übernehmen. Eine solche Vorgehensweise hat vielfältige Auswirkungen.

Wertangaben des Unternehmens überprüfen

Wir haben schon darauf hingewiesen, dass die Vermögens- und Ertragsstruktur eine wesentliche Grundlage für die Stärken- und Schwächenanalyse ist. Verschiebungen auf Grund falscher Annahmen können die Aussagen zur Vermögensstruktur und damit die daraus abgeleitete Strategie wertlos machen.

Außerdem hat der Unternehmenswert eine große Bedeutung bei der Erbfolgeplanung. Auch hier führen falsche Annahmen möglicherweise zu einer vollkommen falschen Strategie.

Es ist daher aus unserer Sicht wichtig, im Rahmen der Finanzplanung eine dezidierte Unternehmensbewertung durch einen Spezialisten erstellen zu lassen, auch wenn damit möglicherweise Kosten verbunden sind. Hierbei kommen als standardisierte Bewertungsverfahren Ertragswert- oder das so genannte Stuttgarter Verfahren zum Einsatz. Eine derartige Bewertung kann unterbleiben, wenn für das Unternehmen eine zeitnahe Bewertung durch einen Sachverständigen vorliegt.

Ertragssituation für das Privatvermögen

Wichtig für die Finanzplanung ist selbstverständlich die gesamte Ertragssituation, die sich für Ihr Privatvermögen aus der Unternehmensbeteiligung ergibt. Hierzu zählen neben Gehältern auch die Gewinnausschüttungen oder Zinsen aus Darlehen der Gesellschafter an das Unternehmen.

Die im Zusammenhang mit dem eigenen Unternehmen für die private Finanzplanung relevanten Fragestellungen sind nicht abschließend aufzählbar. Dafür ist ein eigenes Unternehmen viel zu individuell. Wir möchten Ihnen jedoch mit der folgenden Liste einen Eindruck vermitteln, welche wesentlichen Fragen in den meisten Fällen eine Rolle spielen.

Checkliste: eigenes Unternehmen

- Wie stark ist die Abhängigkeit von den Erträgen aus dem eigenen Unternehmen, d.h. wie groß ist der Anteil der Gesamterträge aus dem Unternehmen im Verhältnis zu den Gesamteinkünften aus allen Vermögensgegenständen?
- Bestehen Möglichkeiten, ein etwaiges Ungleichgewicht durch Entnahmen aus dem Unternehmen und den Aufbau von Vermögensgegenständen außerhalb des Betriebsvermögens zu beheben?
- Inwieweit kann der teilweise oder vollständige Verkauf des Unternehmens zum Zwecke der Optimierung der privaten Finanzen beitragen?
- Welche Gestaltungsmöglichkeiten gibt es im Zusammenhang mit der Unternehmensnachfolge?

Dominanz der Unternehmensbeteiligung?

5. Sonstige Vermögenswerte

Unter diesem Begriff fassen wir die folgenden Vermögensgegenstände zusammen:

- Kapital bildende Versicherungen
- Passive unternehmerische Beteiligungen
- Darlehen an Dritte
- Kunst, Schmuck, Sammlungen, Antiquitäten
- Alle übrigen Vermögensgegenstände

Zu den einzelnen Vermögenskategorien wollen wir nachfolgend ebenfalls aufzeigen, welche Bedeutung die jeweilige Vermögenskategorie hat, wie die Darstellung innerhalb des Finanzplanes üblicherweise erfolgt, wie die Bewertung der Vermögensgegenstände vorgenommen wird und welche relevanten Fragestellungen im Zusammenhang mit der jeweiligen Vermögenskategorie im Rahmen eines Finanzplans zu beantworten sind.

Kapital bildende Versicherungen

Kombination aus Risikoabsicherung und Vermögensaufbau

Die Kapital bildenden Versicherungen haben in Deutschland eine große Bedeutung im Vermögensaufbau. Kapital bildende Versicherungen sind ein Kombinationsprodukt aus vermögensaufbauendem Sparplan und Risikoversicherung für den Todesfall der versicherten Person. Insofern muss die Bedeutung dieser Vermögenskategorie auch differenziert betrachtet werden.

Der vermögensaufbauende Sparplan

Steuerfreiheit für die Erträge nach zwölf Jahren

Lassen Sie uns zunächst einen Blick auf den vermögensaufbauenden Sparplan werfen. Hierbei handelt es sich in der Regel um Sparverträge mit festen oder steigenden Raten, die meist eine Laufzeit von mehr als zwölf Jahren aufweisen. Diese Grenze ist wichtig, ermöglicht sie doch bislang, dass die Erträge eines Versicherungsvertrages, die nach Ablauf einer Mindestlaufzeit von zwölf Jahren ausgezahlt werden, steuerfrei zufließen – ein erheblicher Vorteil für den Nachsteuerertrag.

Fondsgebundene Versicherung als Sonderform

Der Vollständigkeit halber sei erwähnt, dass es im Zusammenhang mit dem Vermögensaufbau zwei Formen der Kapital-Lebensversicherung gibt. Bei der klassischen Form wird der Vermögensaufbau im so genannten Deckungsstock der Versicherungsgesellschaft angelegt. Die Versicherungsnehmer profitieren von dessen Wertentwicklung. Die Verwaltung des Deckungsstocks übernimmt die Versicherungsgesellschaft nach strengen gesetzlichen Vorgaben, die eine recht konservative Handhabung vorschreiben. Bei der so genannten fondsgebundenen Lebensversicherung wird der Vermögensaufbau durch Investitionen in Investmentfonds erreicht. Dies führt für Sie als Versicherungsnehmer zu einer höheren Flexibilität, aber auch zu einem höheren Risiko. Sie können nämlich bei der fondsgebundenen Lebensversicherung die Anlage Ihres Deckungskapitals Ihrer persönlichen Risikotragfähigkeit anpassen. Sie können darüber hinaus während der Laufzeit auch Umschichtungen in andere Investmentfonds vornehmen.

Dynamisierung zum Ende der Laufzeit aussetzen

Die Steigerung der Beiträge wird Dynamisierung genannt und soll die Effekte der Inflation ausgleichen. Dies führt zu einem inflationsangepassten Auszahlungsbetrag am Ende der Laufzeit. Die Dynamisierung wirkt sich zum Ende der Laufzeit nur noch gering auf die Ablaufleistung der Versicherung aus. Sie sollte daher etwa fünf Jahre vor Ende der Laufzeit beendet werden, was für die verbleibenden fünf Jahre zu konstanten Beiträgen führt.

Wertschwankungen abhängig von Versicherungstyp

Die Wertschwankungen, die ein Versicherungsvertrag über die Laufzeit erlebt, sind in der klassischen Form äußerst gering, insbesondere, weil keine tägliche Wertermittlung für den Auszahlungsanspruch durchgeführt wird. Dies wäre auch nicht sinnvoll, da es keinen täglichen Rückzahlungsanspruch gibt.

Bei der fondsgebundenen Lebensversicherung können die Wertschwankungen in Abhängigkeit der gewählten Investmentfonds deutlich höher sein. Hier ist lediglich die Todesfallleistung garantiert. Die Summe, die am Ende im Erlebensfall ausgezahlt wird, hängt vom Verlauf der Wertpapiere im Investmentfonds ab. Der Versicherungsnehmer trägt das volle Anlagerisiko, profitiert aber andererseits auch stärker von den Chancen der Wertpapiermärkte.

Risiko der rückläufigen Ablaufleistungen

Wichtig im Zusammenhang mit der Bewertung von Kapital-Lebensversicherungen ist jedoch, die Risiken auf Grund des Rückgangs der prognostizierten Ablaufleistungen/Rentenleistungen zu berücksichtigen. Es ist zur Zeit davon auszugehen, dass die über die garantierten Ablaufleistungen hinausgehenden Überschussbeteiligungen zukünftig geringer ausfallen werden als bei den bisher ausgezahlten Verträgen.

Risikoabsicherung für Hinterbliebene

Neben dem Kapitalaufbau beinhaltet die Lebensversicherung auch einen Teil, der das finanzielle Risiko der Hinterbliebenen im Falle des Todes der versicherten Person vermindern soll. Dieser Sachverhalt ist besonders wichtig, da es zunächst zu klären gilt, welches finanzielle Risiko überhaupt besteht.

Bei einem Single, der keine Hinterbliebenen zu versorgen hat, besteht das finanzielle Risiko möglicherweise lediglich in der Höhe der Bestattungskosten.

Relevanz des Todesrisikos prüfen

Aber auch, wenn es Hinterbliebene gibt, kann der Abschluss einer Lebensversicherung unnötig sein, wenn zum Beispiel das vorhandene Vermögen bereits eine ausreichend hohe Absicherung der Hinterbliebenen darstellt.

Anders sieht die Lage zum Beispiel bei einer jungen Familie aus, bei der nur die Berufstätigkeit eines Partners das Einkommen sichert. In diesem Fall besteht ein erhebliches Risiko für den Fall, dass der Hauptverdiener verstirbt.

Kapital-Lebensversicherung nur wenn beide Aspekte nötig sind

Bei allen Risikoabsicherungen gilt es zunächst zu ermitteln, ob überhaupt ein wirklich relevantes Risiko besteht, das es abzusichern gilt. Insofern macht die Kombination aus Sparplan zum Vermögensaufbau und Risikoabsicherung für den Todesfall, wie sie die Kapital bildende Lebensversicherung anbietet, nur Sinn, wenn beide Aspekte benötigt und gewollt sind. In diesem Fall handelt es sich bei der kapitalbildenden Lebensversicherung insbesondere auf Grund der angesprochenen Steuerfreiheit der Erträge nach der Mindestlaufzeit von zwölf Jahren um eine attraktive Anlageform mit einem Zusatznutzen durch die Risikoabsicherung.

Wenn Sie aber nur jeweils einen Teil der Kombination benötigen, können Sie auch auf einen Investmentsparplan oder eine reine Risiko-Lebensversicherung zurückgreifen.

Der vorzeitige Rückgriff auf das angesparte Vermögen einer Kapital-Lebensversicherung

Lassen Sie uns noch auf die Möglichkeiten eingehen, vorzeitig über das angesparte Vermögen zu verfügen. Wenn Sie vorzeitig über das angesparte Vermögen einer kapitalbildenden Lebensversicherung verfügen wollen oder müssen, gibt es grundsätzlich zwei Alternativen:

- Kündigung des Versicherungsvertrages

  Kündigung des Vertrages

  Die erste Alternative besteht in der Beendigung des Versicherungsvertrages durch Kündigung, was selbstverständlich jederzeit erfolgen kann. Hierbei sind jedoch zwei wichtige Sachverhalte zu berücksichtigen:

  – Der Versicherungsvertreter, der den Abschluss der Versicherung vermittelt hat, erhält in der Regel für die Vermittlung eine Provision. Diese Provision bemisst sich anhand der Beitragssumme über die gesamte Laufzeit der Versicherung. Kündigen Sie nun eine Versicherung, erhalten Sie Ihr eingezahltes Vermögen zuzüglich der darauf entfallenden Erträge abzüglich der gesamten Vertriebsprovision (auch auf bislang nicht gezahlte Beiträge) zurück. Dies ist vor der Entscheidung über eine Kündigung zu berücksichtigen.

  Steuerfreiheit der Erträge nicht gefährden

  – Steuerfreiheit der Versicherungserträge nach der Mindestlaufzeit von zwölf Jahren: Steht Ihr Versicherungsvertrag kurz vor Überschreitung dieser Frist, wird es sich in der Regel lohnen, den Vertrag die verbleibende Zeit bestehen zu lassen, um nicht die vollen Erträge versteuern zu müssen. Ansonsten müsste die Differenz zwischen gezahlten Prämien und Auszahlungsbetrag versteuert werden, und zwar komplett im Jahr der Auflösung des Vertrages.

Beleihung als Lösungsmöglichkeit

- Beleihung des Versicherungsvertrages

  Die zweite – aus unserer Sicht meist sinnvollere – Alternative, vorzeitig über das angesparte Vermögen zu verfügen, ist die Beleihung. Diese erfolgt durch die Aufnahme eines Kredites unter Abtretung der Lebensversicherungsansprüche als Kreditsicherheit. Ein solcher Kredit kann direkt bei der Versicherungsgesellschaft oder bei einer Bank in Anspruch genommen werden. In beiden Fällen werden Zinsen fällig. Wichtig im Zusammenhang mit der Beleihung von kapitalbildenden Lebensversicherungen ist jedoch, dass es nicht zu einer Steuerschädlichkeit für die Steuerfreiheit der Erträge nach zwölf Jahren Laufzeit kommt. Die Prüfung, ob im konkreten Fall eine Gefahr besteht, ist Sache Ihres Steuerberaters.

Beitragsfreistellung möglich

Wenn Sie zwar das angesparte Vermögen nicht sofort benötigen, die Mittel zur Bedienung der Versicherung aber in eine andere Anlageform einbringen wollen, haben Sie auch die Möglichkeit, einen Lebensversicherungsvertrag ruhen zu lassen. In diesem Fall bleibt das eingezahlte Kapital verzinslich in der Versicherung und wird zum Ende der Laufzeit inklusive der gegebenenfalls steuerfreien Erträge ausgezahlt. Man nennt diese Vorgehensweise die Beitragsfreistellung der Lebensversicherung. Diese kann natürlich auch in Kombination mit der Beleihung erfolgen.

Bei der Darstellung vorhandener Lebensversicherungen im Rahmen des Finanzplanes halten wir wiederum eine Übersicht mit den relevanten Daten für angebracht.

Abbildung 17: Übersicht der Lebensversicherungs-Verträge

Versicherungsgesellschaft	Versicherungsnehmer	Versicherte Person	Begünstigter	Versicherungssumme	Versicherungssumme bei Unfalltod	Laufzeit bis	Rückkaufswert	Jahresprämie	Beleihung
Allianz	Anton Abel	Anton Abel	Anton Abel	100 000	100 000	12/2010	50 000	2 400	Nein
Allianz	Anton Abel	Anton Abel	Anton Abel	150 000	300 000	12/2015	68 000	2 000	Nein
HM	Anton Abel	Anton Abel	Antonia Abel	50 000	100 000	12/2008	30 000	1 000	Nein
Volksfürsorge	Anton Abel	Anton Abel	Antonia Abel	100 000	100 000	12/2010	50 000	2 400	Nein
				400 000	**600 000**		**198 000**	**7 800**	

Bewertung anhand des Rückkaufswertes

Die Bewertung von kapitalbildenden Lebensversicherungen erfolgt anhand des so genannten Rückkaufswertes, der in der Regel einmal pro Jahr von der Versicherungsgesellschaft mitgeteilt wird. Er ist selbstverständlich auch zwischendurch auf Anfrage erhältlich. In diesen Rückkaufswert fließen die gezahlten Beiträge und die erwirtschafteten Erträge positiv, die gezahlten Vertriebsprovisionen und sonstige Kosten des Versicherers negativ ein. In Höhe des Rückkaufswertes kann die Versicherung beliehen werden.

Gestaltungsmöglichkeiten im Rahmen der Erbfolge

Wichtig für die Bewertung von kapitalbildenden Lebensversicherungen im Zusammenhang mit der Erbschaftsteuer ist die Wahlmöglichkeit zwischen einer Bewertung anhand des Rückkaufswertes oder anhand des Betrages in Höhe von zwei Dritteln der gezahlten Beiträge. Durch die richtige Wahl kann es zu Einsparungen bei der Erbschaft- oder Schenkungsteuer kommen.

Vor dem Hintergrund der Erbfolgeregelung ist es auch wichtig, die Wahl des Begünstigten zu beachten. Ist der Begünstigte nicht der Versicherungsnehmer, sondern eine andere Person, zum Beispiel der Partner, so fällt die Versicherungsleistung nicht in den Nachlass, sondern wird direkt von der Versicherung an den Begünstigten ausgezahlt. Dies hat zwei wesentliche Vorteile. Erstens kann die Auszahlung zügig erfolgen, ohne dass es einer Testamentseröffnung und der Ausstellung eines Erbscheins bedarf, und zweitens bleibt die Versicherungsleistung bei der Berechnung der Erbteile unberücksichtigt.

Checkliste: Kapital-Lebensversicherungen

- Ist die Weiterführung einer Beitragsdynamisierung sinnvoll oder sollte diese abgestellt werden?
- Wird die Risikoabsicherung vor dem Hintergrund der Risikosituation und der aktuellen Vermögenssituation im vorhandenen Umfang benötigt?
- Unterstützt die Weiterführung der Sparpläne das vorhandene Zielsystem?

noch: Checkliste Kapital-Lebensversicherungen

- Ist gegebenenfalls eine Beitragsfreistellung, Beleihung oder Kündigung der Versicherung zur Unterstützung des eigenen Zielsystems notwendig und sinnvoll?
- Sollte im Rahmen der Erbfolgeplanung über die Übertragung von Versicherungsverträgen auf die Erben nachgedacht werden?
- Erscheint eine Veränderung der Begünstigten im Versicherungsfall vor dem Hintergrund der Nachfolgeoptimierung sinnvoll?

Passive unternehmerische Beteiligungen

Zur Vermögenskategorie der passiven unternehmerischen Beteiligungen gehören im Wesentlichen Schiffsbeteiligungen, Medienfonds, Venture Capital Fonds und Windkraftfonds. Es ist aber auf Grund der Dynamik der Wirtschaft möglich, dass auch zukünftige Innovationen über derartige Beteiligungsmodelle finanziert werden.

Vergleichbar mit geschlossenen Immobilienfonds

Von ihrer Funktionsweise sind diese Beteiligungen grundsätzlich mit den geschlossenen Immobilienfonds zu vergleichen. Wesentliche Ertragsbestandteile sind die Steuereffekte aus den so genannten Verlustzuweisungen, die durch eine Steuererstattung in den ersten Jahren der Beteiligung das gebundene Kapital deutlich reduzieren. Hierdurch kann auf der Basis geringer Erträge eine interessante Rendite dargestellt werden.

Die einzelnen Fondstypen haben neben der grundsätzlichen steuerlichen Behandlung von Verlusten aus unternehmerischen Beteiligungen möglicherweise Besonderheiten der Besteuerung innerhalb des Fonds. Diese gilt es darzustellen und im Hinblick auf ihre Auswirkungen für Ihren konkreten Fall zu untersuchen.

Steuervorteile

Wichtig bei dieser Art der Beteiligungen ist es jedoch, nicht nur auf die Steuerersparnisse zu schauen, sondern vielmehr auf die Erträge nach Steuern über die geplante Laufzeit des Fonds und auf die Risiken, die mit einer derartigen Anlage verbunden sind. Diese gilt es mit alternativen Anlageformen zu vergleichen. Steuervorteile allein sollten unseres Erachtens keine Motivation für Investitionen sein. Die Optimierung der Nachsteuererträge bezogen auf das Gesamtvermögen hingegen gehört zu jeder ordentlichen Finanzplanung.

Bewertung problematisch

Die Bewertung passiver unternehmerischer Beteiligungen in Form geschlossener Fonds ist mit den gleichen Problemen verbunden, wie wir sie bereits im Zusammenhang mit den steuerorientierten geschlossenen Immobilienfonds geschildert haben.

Checkliste: passive unternehmerische Beteiligungen

- Wie hoch ist der in diesen Produkten insgesamt gebundene Kapitalanteil?
- Wie hoch ist die derzeitige und die zu erwartende Verzinsung des Kapitals?
- Erscheint es vor dem Hintergrund der Zieldefinition sinnvoll, das in dieser Vermögenskategorie gebundene Vermögen anderweitig zu investieren?
- Ist eine Veräußerung der passiven unternehmerischen Beteiligungen steuerunschädlich möglich (Problem der Liebhaberei)?
- Gibt es einen Zweitmarkt, der die Veräußerung von Fondsanteilen ermöglicht?

Gewährte Darlehen

Der Vollständigkeit halber sind auch Darlehen, die Sie Dritten aus Ihrem Privatvermögen gewährt haben, als Vermögenswerte darzustellen.

Die Bewertung erfolgt mit dem Restwert. Als Erträge werden die vereinbarten Zinszahlungen berücksichtigt, die selbstverständlich voll steuerpflichtig sind.

Das es sich zumeist um private Gefälligkeiten handelt, ist im Rahmen der Finanzplanerstellung lediglich zu prüfen, ob das verliehene Vermögen unbedingt zur Erreichung kurzfristiger eigener Ziele benötigt wird, was in der Regel nicht der Fall sein dürfte. Darüber hinaus wäre zu klären, ob im Zusammenhang mit der Darlehensgewährung Verlustrisiken bestehen. In diesem Fall sollte der Vermögenswert entsprechend reduziert werden.

Kunst, Schmuck, Sammlungen und Antiquitäten

„Exotische" Vermögens-Kategorie

Diese letzte Vermögenskategorie kann mit Recht als Exot bezeichnet werden. Nur in sehr großen Vermögen nehmen diese Vermögensgegenstände einen Anteil an, der für die Finanzplanung Relevanz besitzt.

Eine wesentliche Bedeutung haben Kunst, Schmuck, Sammlungen und Antiquitäten im Zusammenhang mit der Bemessung des Verlustrisikos, was wiederum als Basis für die Bemessung der entsprechenden Hausratversicherung wichtig ist. Das Risiko des Verlustes solcher besonderer Vermögenswerte kann ohnehin nur bezogen auf den wirtschaftlichen Teil des Verlustes abgesichert werden. Ideelle Werte abzusichern kann leider auch eine Versicherung nicht leisten.

Da es sich bei derartigen Vermögensgegenständen üblicherweise um sehr spezielle Dinge handelt, ist für die Bewertung die Einbindung eines Sachverständigen sinnvoll, wenn es nicht bereits entsprechende Unterlagen gibt, die den Wert dokumentieren.

Sachverständigengutachten sinnvoll

Die Darstellung im Rahmen der Finanzplanung kann nur einzelfallbezogen erfolgen. Wir halten es für sinnvoll, derartige Informationen allgemein zu halten. Hier ist es ausreichend, die Ergebnisse der Bewertung durch Sachverständige zusammengefasst zu nennen und diese ins Verhältnis zur bestehenden Versicherung zu setzen.

Erträge resultieren in der Regel nicht aus derartigen Vermögensgegenständen, eventuell aber laufende Kosten für Versicherungen, Safegebühren etc.

Die relevanten Fragestellungen im Zusammenhang mit dieser sehr speziellen Vermögenskategorie beschränken sich unter anderem auf die folgenden Fragen:

Checkliste: sonstige Vermögenswerte

- Wären die Vermögensgegenstände zum Zwecke der Erreichung anderer Ziele Ihres Zielsystems disponibel?
- Gibt es einen Markt für derartige Vermögensgegenstände?
- Bestehen ausreichend dimensionierte Versicherungen, um die wirtschaftliche Verlustgefahr abzusichern?
- Können die Kosten der Verwahrung und Versicherung vermindert werden?

6. Besondere Lebenssituationen

Ruhestand, Berufsunfähigkeit und Todesfall

Nachdem wir die Behandlung einzelner Vermögenskategorien nun ausführlich dargestellt haben, wollen wir uns den besonderen Lebenssituationen widmen. Hierbei handelt es sich um Lebenssituationen, die bei ihrem Eintreten nachhaltige Auswirkungen auf Ihre finanziellen Angelegenheiten haben. Dies sind zunächst der Ruhestand und die Berufsunfähigkeit des Hauptverdieners verbunden mit dem Ausbleiben des bisherigen Arbeitseinkommens. Daneben ist auch der Todesfall zu berücksichtigen, der neben dem Ausbleiben eines etwaigen Arbeitseinkommens insbesondere mit dem komplexen Thema Erbfolge und Erbschaftsteuer verbunden ist.

Bei der Darstellung der besonderen Lebenssituationen Ruhestand, Berufsunfähigkeit und Tod des Hauptverdieners bedient sich ein Finanzplaner normalerweise der folgenden Übersicht:

Finanzielle Darstellung der Risikofälle

Abbildung 18: Analyse der Risikofälle

Risikofälle Stand 2002	Status quo	Ruhestand	Berufsunfähigkeit	Tod
Einnahmen				
Arbeitseinkommen	240 000	0	0	0
Versorgungs- und Versicherungsleistungen	0	180 000	140 000	80 000
Liquidität und Wertpapiere	35 500	35 500	35 500	50 000
Immobilien	–5 300	–5 300	–5 300	–5 300
Unternehmensbeteiligungen	170 000	170 000	80 000	80 000
Sonstige Vermögenswerte	–4 200	–4 200	–4 200	–4 200
Summe Einnahmen	**436 000**	**376 000**	**246 000**	**200 500**
Aufwendungen				
Lebenshaltung	–160 000	–160 000	–180 000	–90 000
Sonstige Aufwendungen	–30 000	–30 000	–25 000	–15 000
Zinsaufwendungen	–50 000	–50 000	–50 000	–50 000
Steuern	–160 000	–120 000	–80 000	–40 000
Summe Aufwendungen	**–400 000**	**–360 000**	**–335 000**	**–195 000**
Versorgungsüberschuss/-lücke	**36 000**	**16 000**	**–89 000**	**5 500**

Hierbei werden die Veränderungen in der Ertrags- und Aufwandssituation dargestellt. Diese resultieren zum Beispiel aus einem Wegfall des Arbeitseinkommens, der Zahlung einer Rente oder den Veränderungen in den Lebenshaltungskosten. In den folgenden Kapiteln gehen wir auf die einzelnen besonderen Lebenssituationen ein.

Ruhestand

Finanzielle Absicherung des Ruhestands

Die besondere Lebenssituation Ruhestand ist etwas, wovon viele Menschen träumen. Meist ist diese Lebenssituation aber auch mit Sorgen verbunden. Der Sorge, ob die finanziellen Verhältnisse ausreichend sein werden, und der Sorge, wie man ohne die bisherige Aufgabe aus der Berufstätigkeit auskommen wird.

Die letztgenannte Sorge kann der Finanzplaner wohl in den seltensten Fällen nehmen, wohl aber die Frage nach der finanziellen Absicherung des Ruhestandes.

Hierzu wird im Rahmen des Finanzplanes die Ertragssituation auf der Basis der prognostizierten Vermögens- und Ertragswerte zum

Zeitpunkt des Ruhestandsbeginns dargestellt. Je weiter dieser Ruhestandsbeginn vom Zeitpunkt der Planerstellung entfernt ist, desto stärker kann es sich nur um eine Abschätzung handeln. Wichtig bei einer solchen Darstellung ist es, alle Faktoren, die die Ertragssituation im Ruhestand verändern können, einzuplanen.

Einflussfaktoren

Einflussfaktoren des Ruhestands-Einkommens

- Wegfall des Arbeitseinkommens
- Beginn der gesetzlichen Rentenzahlung
- Beginn der betrieblichen Rentenzahlung
- Fälligkeit von Lebensversicherungsleistungen als Einmalzahlung oder Rentenleistung
- Wegfall der Prämienzahlungen für die fälligen Versicherungen
- Wegfall etwaiger Tilgungen für Immobilienfinanzierungen auf Grund einer planmäßigen Tilgung oder auf Grund von Sondertilgungen
- Veränderungen der Lebenshaltungskosten auf Grund der sich verändernden Lebensumstände (Mehraufwand für Reisen oder Ähnliches)

Für die Darstellung innerhalb eines Finanzplanes wird normalerweise die bereits gewählte Darstellung der Einkommens- und Aufwandssituation gewählt, die die veränderten Vermögens- und Ertragswerte widerspiegelt.

Checkliste: Ruhestand
■ Wie groß ist die Lücke zwischen dem Mittelbedarf und den Erträgen aus staatlichen, privaten und betrieblichen Versorgungsleistungen?
■ Ist die Ertragskraft des Vermögens ausreichend, um die oben genannte Lücke auszufüllen?
■ Sind Änderungen an der Vermögensstruktur erforderlich, um die Grundversorgung sicherzustellen?
■ Ist der Abschluss oder die Aufstockung der privaten Versicherung ratsam, um die oben genannte Lücke zu schließen?

Berufsunfähigkeit des Hauptverdieners

Berufsunfähigkeit als größtes Risiko

Ein zweites, jedoch unerfreuliches Thema sind die wirtschaftlichen Folgen einer Berufsunfähigkeit des Hauptverdieners. Dies ist insbesondere dann ein wichtiges Thema, wenn die Abhängigkeit von den Einkünften aus der beruflichen Tätigkeit auf Grund fehlender Einkünfte aus Vermögenswerten groß ist.

Zur Darstellung dieser besonderen Lebenssituation eignet sich ebenfalls die private Gewinn- und Verlustrechnung, die die veränderte Einkommens- und Aufwandsstruktur auf Grund der Arbeitsunfähigkeit verdeutlicht. In dieser Darstellung müssen insbesondere folgende Sachverhalte aufgenommen werden:

- Wegfall des Arbeitseinkommens
- Beginn der gesetzlichen Rentenzahlung
- Beginn der betrieblichen Rentenzahlung
- Fälligkeit von Leistungen einer privaten Berufsunfähigkeitsversicherung als Einmalzahlung oder Rentenleistung
- Wegfall der Prämienzahlungen für die fälligen Versicherungen

- Wegfall etwaiger Tilgungen für Immobilienfinanzierungen auf Grund von Sondertilgungen
- Veränderungen der Lebenshaltungskosten auf Grund der sich verändernden Lebensumstände (Mehraufwand für Betreuung oder einen etwaigen Umbau der Wohnung oder Ähnliches)

Eine beispielhafte Darstellung der veränderten Einkommenssituation im Fall der Berufsunfähigkeit zeigt die folgende Abbildung:

Darstellung der finanziellen Auswirkungen

Abbildung 19: Darstellung des Risikofalls Berufsunfähigkeit

Risikofall Berufsunfähigkeit Stand 2002	Status quo	Berufs-unfähigkeit
Einnahmen		
Arbeitseinkommen	240 000	0
Versorgungs- und Versicherungsleistungen	0	140 000
Liquidität und Wertpapiere	35 500	35 500
Immobilien	–5 300	–5 300
Unternehmensbeteiligungen	170 000	80 000
Sonstige Vermögenswerte	–4 200	–4 200
Summe Einnahmen	**436 000**	**246 000**
Aufwendungen		
Lebenshaltung	–160 000	–180 000
Sonstige Aufwendungen	–30 000	–25 000
Zinsaufwendungen	–50 000	–50 000
Steuern	–160 000	–80 000
Summe Aufwendungen	**–400 000**	**–335 000**
Versorgungsüberschuss/-lücke	**36 000**	**–89 000**

Beträchtliches Risiko

Das es sich in vielen Fällen beim Arbeitseinkommen um die Haupteinnahmequelle handelt, ist im Rahmen einer Finanzplanung die Klärung der folgenden Fragen von besonderer Bedeutung.

Checkliste: Berufsunfähigkeit

- Wie groß ist die Lücke zwischen dem Mittelbedarf und den Erträgen aus staatlichen, privaten und betrieblichen Versorgungsleistungen?
- Ist die Ertragskraft des Vermögens ausreichend, um die oben genannte Lücke auszufüllen?

noch: Checkliste Berufsunfähigkeit

- Ist der Abschluss oder die Aufstockung der privaten Versicherung ratsam, um die oben genannte Lücke zu schließen?
- Kann eine etwaige Berufsunfähigkeitsversicherung auf Grund der erreichten Unabhängigkeit vom Arbeitseinkommen beendet werden?
- Sind Änderungen an der Vermögensstruktur erforderlich, um die Grundversorgung sicherzustellen?
- Kann oder würde eventuell ein naher Angehöriger bei der Überbrückung der Versorgungslücke aushelfen?

Absicherung über Versicherung dringend geboten

Bei der Berufsunfähigkeit handelt es sich um ein Risiko, das zeitlich nicht kalkuliert werden kann. Daher ist im Falle einer bestehenden Versorgungslücke eine Versicherung der Vermögensumstrukturierung vorzuziehen, denn für dieses Risiko muss ein Schutz ab sofort bestehen. Für zeitaufwendige Umstrukturierungsmaßnahmen, die möglicherweise erst nach einigen Jahren die bestehende Versorgungslücke schließen, ist im Fall der Absicherung gegen eine Berufsunfähigkeit keine Zeit. Im Gegensatz zum Ruhestand kann der Eintritt einer Berufsunfähigkeit nicht beeinflusst werden.

Todesfall

Erbfolgeregelung als Vorsorge

Das Thema Tod gehört aus verständlichen Gründen nicht zu den Themen, mit denen wir uns gerne beschäftigen. Dennoch erscheint es auf Grund der vielen Gestaltungsmöglichkeiten im Rahmen des deutschen Erbrechts und der damit oft verbundenen nachhaltigen Konsequenzen für angebracht, sich bereits zu Lebzeiten mit der eigenen Erbfolge zu beschäftigen. Hinzu kommt, dass es auf der Basis ungeregelter Verhältnisse in vielen Fällen zu Erbstreitigkeiten der Hinterbliebenen kommt. Oft auch in Familien, in denen man es am wenigsten erwartet hätte.

Gesetzliche Erbfolge ist Grundlage

Ist keine individuelle Regelung über die Erbfolge getroffen, gelten die Regelungen der gesetzlichen Erbfolge. Diese sind abstrakt formuliert. Eine Abbildung wie die folgende sollte zunächst die Grundsystematik der gesetzlichen Erbfolge bezogen auf den konkreten Fall verdeutlichen. In diesem Beispiel handelt es sich um eine Witwe, die eine verheiratete Tochter und eine Enkeltochter hat.

Abbildung 20: Die gesetzliche Erbfolge nach Stämmen

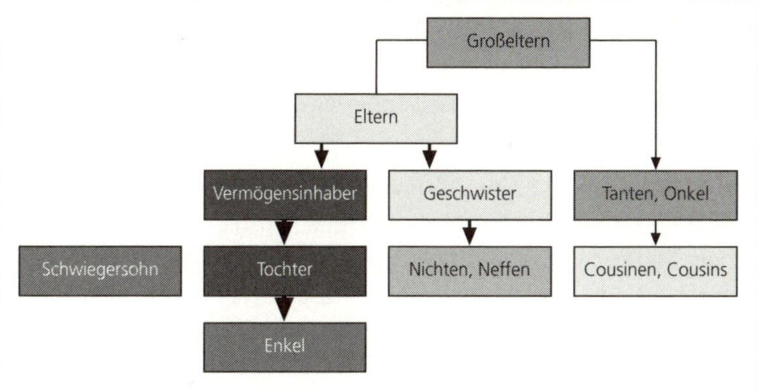

Zur Verdeutlichung dieses Beispiels wollen wir die Grundsystematik der gesetzlichen Erbfolge kurz erläutern.

Erbfolge nach Stämmen

Die gesetzliche Erbfolgeregelung sieht eine Erbfolge nach Stämmen vor. Hierbei wird erst in den folgenden Stamm verzweigt, wenn im vorherigen Stamm kein potenzieller Erbe mehr vorhanden ist. Für das Beispiel bedeutet dies:

Gesetzliche Erben sind zunächst die Erben erster Ordnung. Dies sind die Kinder und Enkelkinder, wobei immer die näher stehenden Erben Vorrang haben. Es erbt also zunächst die Tochter. Die Enkeltochter erbt erst, wenn die Tochter nicht mehr als Erbin zur Verfügung steht.

Wäre zum Zeitpunkt des Erbes kein Erbe erster Ordnung mehr vorhanden, würden die Erben zweiter Ordnung an deren Stelle treten.

Hierzu zählen die Eltern und deren Nachkommen, d. h. die Geschwister, Nichten und Neffen.

Erst wenn es auch bei den Erben zweiter Ordnung keinerlei potenzielle Erben mehr gibt, treten die Erben dritter Ordnung ein. Hierzu zählen Großeltern und deren Nachkommen, d.h. Onkel, Tanten, Cousinen und Cousins etc.

Als gesetzliche Erben kommen Personen nicht in Betracht, zu denen keine Blutsverwandtschaft besteht, wie zum Beispiel der Schwiegersohn. Er kann im Fall der gesetzlichen Erbfolge nur dann indirekt durch Erbvorgänge begünstigt werden, wenn nach einem erfolgten ersten Erbgang, beispielsweise auf die Tochter, diese verstirbt und ihrerseits vererbt.

Gesetzliche Erbfolge im Einzelfall individuell

Wir haben bewusst eine unübliche Situation als Beispiel gewählt. Sehr wahrscheinlich stimmt diese Übersicht nicht mit Ihrer persönlichen Situation überein. Die gesetzliche Erbfolge verändert sich natürlich komplett, wenn es zum Beispiel einen Ehegatten und mehrere Kinder gibt. Daraus ergibt sich, dass die gesetzliche Erbfolge nicht allgemein gültig, sondern unbedingt individuell dargestellt werden soll. Was aber auch deutlich wird, ist, dass es auch bezogen auf die Erbfolge notwendig werden kann, die vorhandenen Regelungen zu überprüfen, beispielsweise wenn der Ehegatte verstorben ist, Kinder heiraten oder Enkelkinder geboren werden und sich damit die Erbfolgesituation verändert hat.

Neben der gesetzlichen Erbfolge ist es wichtig, sich über die Rechtsgrundlagen für die Besteuerung von Erbschaften und Schenkungen zu informieren. Diese Informationen sind Grundlage für alle Gestaltungen im Zusammenhang mit der Erbfolge.

Erbschaftsteuergesetz

Rechtsgrundlage für die Besteuerung ist das Erbschaftsteuergesetz. Es erfasst die Vermögensmehrungen, die eine natürliche oder juristische Person durch Erbfolge erfährt. Erfasst wird ebenso die Bereicherung auf Grund von Schenkungen und Zweckzuwendungen. Dies beruht auf dem Gedanken, dass die Schenkung eine Art vorweggenommener Erbfolge darstellt.

Die Steuerklassen und Freibeträge sind in der folgenden Tabelle dokumentiert:

Steuerklassen und Freibeträge

Abbildung 21: Steuerklassen und Freibeträge im Erbschaftsteuerrecht

Steuerklasse I	**Freibetrag DM**	**Freibetrag €**
Ehegatten	600 000	307 000
Kinder und deren Nachkommen	400 000	205 000
Eltern und Voreltern bei Erwerb von Todes wegen	100 000	51 200
Steuerklasse II	**Freibetrag DM**	**Freibetrag €**
Eltern und Voreltern, soweit sie nicht zur Steuerklasse I gehören	20 000	10 300
Geschwister und deren Abkömmlinge ersten Grades	20 000	10 300
Stiefeltern	20 000	10 300
Schwiegerkinder	20 000	10 300
Schwiegereltern	20 000	10 300
geschiedene Ehegatten	20 000	10 300
Steuerklasse III	**Freibetrag DM**	**Freibetrag €**
übrige Erwerber	10 000	5 200

Die Steuersätze stellen sich wie folgt dar:

Abbildung 22: Steuersätze im Erbschaftsteuerrecht

Wert des steuerpflichtigen Erwerbs bis einschließlich …	**Vomhundertsatz in der Steuerklasse**		
	I	**II**	**III**
52 000 €	7	12	17
256 000 €	11	17	23
512 000 €	15	22	29
3 113 000 €	19	27	35
12 783 000 €	23	32	41
25 565 000 €	27	37	47
über 25 565 000 €	30	40	50

Diese beiden Übersichten machen deutlich, dass es große Optimierungspotenziale im Rahmen der Erbfolge gibt. Die Unterschiede bei den Steuersätzen und die optimale Nutzung der Freibeträge kann erhebliche Einsparungen im Rahmen des Erbganges bewirken.

Steuerersparnis

Das eigentliche Problem einer guten Erbfolgeregelung ist es, die einzelnen Vermögensgegenstände so auf den Partner und/oder die folgenden Generationen zu übertragen, dass keine gesetzlichen

Mindestbestimmungen verletzt werden, die Vermögensgegenstände so erhalten bleiben, wie Sie es wünschen, und die Belastung durch Erbschaftsteuer so gering wie möglich ist.

Darstellung der gesetzlichen Erbfolge wichtig

Hierfür ist es im Rahmen einer Finanzplanung aus unserer Sicht zunächst erforderlich, die gesetzlichen Rahmenbedingungen im Erbrecht und im Erbschaftsteuerrecht darzustellen, um die Grundlage für die weitergehenden Erläuterungen zu schaffen. Hierzu gehören:

- Gesetzliche Erbfolge
- Gesetzlicher Güterstand
- Erbschafts- und Schenkungssteuerrecht
- Möglichkeiten der testamentarischen Verfügung
- Pflichtteile
- Vermächtnisse

Nachdem die Grundlagen einer Erbfolgeregelung erläutert wurden, kann im Rahmen des Finanzplans auf die konkrete Konstellation eingegangen werden. Hierzu sollte zunächst zusammengefasst werden, welche Ziele im Rahmen der Erbfolgeplanung verfolgt werden.

Beispiele für Ziele der Erbfolgeplanung

- Absicherung des überlebenden Ehepartners und der Kinder
- Schutz des gesamten Vermögens vor Zersplitterung
- Übertragung einzelner Vermögensgegenstände auf konkrete Personen
- Sicherung eines bestehenden eigenen Unternehmens
- Übertragung des Vermögens zur Erfüllung gemeinnütziger Zwecke
- Minimierung der Erbschaftsteuer
- Vermeidung von Streit zwischen Familienangehörigen

Übersicht der Vermögensgegenstände mit Steuerwerten

Nachdem die Ziele dokumentiert sind, wird zunächst eine Übersicht der Vermögensgegenstände und ihrer erbschaftsteuerlichen Bewertung benötigt, aus der dann die Erbschaftsteuerbelastung für die jeweilige Konstellation abgeleitet werden kann.

Danach sollte die Konstellation bei Eintritt der gesetzlichen Erbfolge im konkreten Fall dargestellt werden. Dies kann insbesondere für den Fall wichtig sein, dass das Testament nichtig ist oder verloren geht, da im Falle des Fehlens einer testamentarischen Lösung die gesetzliche Erbfolge gilt.

Darstellung verschiedener Konstellationen und ihrer Auswirkungen

Nach der Darstellung der gesetzlichen Erbfolge inklusive ihrer Auswirkungen bezüglich der Erbschaftsteuer können kurz die Stärken und Schwächen dieser Alternative in Bezug auf die dargestellten Ziele erläutert werden. Insbesondere ist die Belastung mit Erbschaftsteuer und die Erfüllung des eigentlichen Verfügungswillens zu untersuchen.

Im Anschluss daran sollte die bestehende testamentarische Regelung in der gleichen Weise dargestellt und untersucht werden wie die gesetzliche Erbfolge. Eine gängige Alternative für individuelle Erbfolgeregelungen ist beispielsweise das so genannte Berliner Testament, bei dem im ersten Erbgang der überlebende Ehegatte das gesamte Vermögen erbt und die Nachkommen erst im zweiten Erbgang begünstigt werden. Aber auch die testamentarische Regelung von festen Erbquoten, die von der gesetzlichen Erbfolge abweichen, lässt sich mit einer Grafik leicht veranschaulichen.

Gestaltungsvarianten

Im Anschluss an die Darstellung und Untersuchung dieser beiden Alternativen wird ein Vorschlag für eine optimierte Erbfolgeplanung dargestellt. Auch hierbei kann wieder auf die bereits beschriebene Art der Abbildungen zurückgegriffen werden. Zu den Gestaltungsmöglichkeiten zählen unter anderem folgende Themen:

- Berliner Testament
- Vor- und Nacherbschaft
- Nießbrauchsvermächtnis und die Vollerbschaft
- Testamentsvollstreckung

- Auslandstestament
- Benennung von Ersatzerben
- Einsatz von Familien-Gesellschaften
- Einsatz von Stiftungen

Einbindung eines Rechtsanwalts

Selbstverständlich können wir hier nur einige Themen aufführen. Die konkreten Gestaltungsmöglichkeiten in Ihrem Fall kann Ihnen nur der Finanzplaner in Zusammenarbeit mit einem Rechtsanwalt erarbeiten, da es sich beim Thema Erbfolgeplanung um eine Rechtsberatung handelt, die in Deutschland ausschließlich von Rechtsanwälten erbracht werden darf.

Steuerbelastung minimieren

Checkliste: Erbfolgeplanung

- Gibt es eine testamentarische Erbfolgeregelung oder gilt die gesetzliche Erbfolge?
- Wie hoch ist die Erbschaftsteuerbelastung im konkreten Fall?
- Lässt sich die Erbschaftsteuerbelastung vermindern, ohne die übrigen Ziele zu gefährden?
- Gibt es im konkreten Fall eine Problematik mit Pflichtteilen?
- Ist bei Auslandsvermögen die Erstellung eines Auslandstestaments erfolgt?
- Wurde für den Fall, dass nur wenige Erben vorhanden sind, über die Benennung von Ersatzerben nachgedacht?
- Ist vor dem Hintergrund etwaiger minderjähriger Erben die Verfügung einer Testamentsvollstreckung geprüft worden?
- Wurden die Möglichkeiten einer vorweggenommenen Erbfolge durch Schenkungen an den Partner, die Kinder und Enkel geprüft?
- Welche Maßnahmen sind nötig, um eine leistungsfähige Erbfolgeregelung zu installieren?

noch: Checkliste Erbfolgeplanung

- Gefährden Regelungen der vorweggenommenen Erbfolge möglicherweise die Sicherung der Versorgung des überlebenden Ehegatten, weil auf Grund der Bestrebungen zur Steueroptimierung nur noch wenige Vermögensgegenstände in der Verfügung des überlebenden Ehegatten verbleiben?

Haftpflichtversicherungen

Haftpflicht: kleines Thema mit großer Wirkung

Als letzter besonderer Lebenssituation wollen wir uns nun kurz dem Thema der Haftpflicht widmen. Dieses Thema ist sowohl für den Wohlhabenden wie auch für den weniger Vermögenden von besonderer Bedeutung. Immerhin ist es möglich, dass Sie sich durch einen einzigen Haftpflichtfall einer erheblichen Schadensersatz- oder Schmerzensgeldforderung gegenüber sehen. Auf der anderen Seite ist die Absicherung gegen Haftpflichtschäden vergleichsweise einfach und kostengünstig sicherzustellen.

Einfache Absicherung möglich

Die wesentliche Frage, die sich im Zusammenhang mit einer etwaigen Haftpflicht stellt, ist, ob die potenziellen Haftpflichtfälle durch bestehende Haftpflichtversicherungen abgedeckt sind. Die nachfolgende Übersicht soll Ihnen verdeutlichen, welche Haftpflichtfälle unter anderem einer gesonderten Versicherung bedürfen.

Checkliste: Haftpflichtversicherungen

- Private Haftpflicht
- Einschluss der Kinder und/oder des Lebenspartners in die Privat-Haftpflicht
- Gebäudehalter-Haftpflicht für die selbstgenutzte Immobilie (gegebenenfalls als Bestandteil der Privathaftpflicht)
- Gebäudehalter-Haftpflicht für die vermietete Immobilie

noch: Checkliste Haftpflichtversicherungen

- Gewässerschadenhaftpflicht für etwaige Heizöltanks von Immobilien
- Pferdehalter-/Hundehalter-Haftpflicht
- Haftpflicht für Organe von Kapitalgesellschaften
- Betriebshaftpflicht im Rahmen der Unternehmertätigkeit

So weit die Darstellung zu den besonderen Lebenssituationen. So weit auch Teil II dieses Buches, der Ihnen einen Eindruck vom Umfang und Tiefgang einer privaten Finanzplanung vermitteln sollte. Wir wollten Ihnen damit zeigen, dass die private Finanzplanung weit über die klassische Anlageberatung und erst recht über die Finanzvermittlung hinausgeht. Insofern hat sie einen deutlich höheren Nutzen als eine einfache Anlageberatung, denn Wohlstand ist mehr als Geld.

Aus Ihrer persönlichen Situation können sich natürlich weitere Fragestellungen ergeben. Wir hoffen, dieser Teil II des Buches hat Ihnen aufgezeigt, dass es auch in Ihrer Vermögenssituation möglicherweise ungeklärte Fragen gibt, die eine Finanzplanung erfordern.

Wenn Sie nach der Lektüre des Teil I dieses Buches davon überzeugt waren, dass eine private Finanzplanung ein guter Weg des Umgangs mit den privaten Finanzen ist und Sie darüber hinaus nach der Lektüre des Teil II die Notwendigkeit der Klärung einiger wesentlicher Fragen erkannt haben, dann soll Ihnen der nun folgende Teil III des Buches eine Orientierung im Markt für Finanzplanung in Deutschland geben.

III

Teil III

Das Angebot für Finanzplanung

Finanzdienstleister – Der Markt und seine Anbieter

Financial Planning – Die richtige Wahl

Finanzplaner – Know-how und Organisation

Teil III

Geld macht nicht glücklich. Aber wenn ich traurig bin,
weine ich lieber im Taxi als in der U-Bahn.

(Marcel Reich-Ranicki)

Der aktuelle Markt für Finanzplanung

Während Sie in Teil I dieses Buches mit der Frage vertraut gemacht wurden, inwiefern ein Finanzplan überhaupt wichtig für Sie sein kann, und Sie in Teil II gelesen haben, wie ein Finanzplan im Einzelnen aussehen kann, erfahren Sie in Teil III etwas über den Finanzplanungs-Markt in der Praxis: Über die Auswahl eines geeigneten Finanzplaners, über die diversen Titel, die in der Finanzdienstleistungs-Branche geführt werden, und wie Kosten und Nutzen eines Finanzplans für Sie im Einzelnen aussehen können.

Ein junger Markt

Mit Teil III wollen wir Sie in die Lage versetzen, einen für Sie geeigneten Finanzplaner zu finden, um in den dauerhaften Prozess des planvollen Umgangs mit den eigenen Finanzen einzusteigen. Wir möchten Ihnen auch einen Überblick darüber geben, wie sich der noch relativ junge Markt der Finanzplanung derzeit entwickelt.

Der aktuelle Markt für Finanzplanung

7

Branche

1. Die Entwicklung des Privatvermögens in Deutschland

Finanzprodukte und Anlageziele

Jeder, der über einen Finanzplan nachdenkt, wird über verschiedene Vermögensgegenstände aus unterschiedlichen Kategorien verfügen. Die einzelnen Vermögenskategorien lassen sich hinsichtlich der folgenden Kriterien beurteilen:

- Wert und Wertentwicklungspotenzial
- Ertrag und Ertragsentwicklungspotenzial
- Liquidierbarkeit
- Risiken
- Steuerliche Auswirkungen auf die Gesamtsituation
- Bedeutung für die Erbfolgeplanung
- Stärken und Schwächen bezogen auf das Zielsystem
- Ableitung von Handlungsempfehlungen

Ihr Finanzplaner wird in der Datenaufnahme jeden wichtigen Vermögensgegenstand Ihres bestehenden Vermögens hinsichtlich der oben genannten Kriterien durchleuchten. Auch bei den von ihm vorgeschlagenen Investitionen wird er diese Kriterien in Bezug auf die Erreichung Ihres Zielsystems abwägen.

Globale Betrachtung privater Haushalte

Im Prinzip kann man eine Datenaufnahme, wie sie für einen Finanzplan erforderlich ist, auch für eine Volkswirtschaft durchführen. Es ist dagegen schwierig, für eine Volkswirtschaft einen Finanzplan zu erstellen, da die steuerliche und Erb-Situation der einzelnen Individuen sehr unterschiedlich ist. Außerdem ist die Erstellung eines Zielsystems bereits für ein Individuum nicht ganz einfach, für eine Volkswirtschaft ist sie wohl kaum eindeutig feststellbar.

Dennoch ist ein Blick auf die Gesamtwirtschaft vielleicht interessant, nämlich wie die deutschen Privathaushalte ihr Vermögen aufgeteilt haben.

Wachsendes Vermögen privater Haushalte

Abbildung 23: Vermögen privater Haushalte in Deutschland 1992 und 1999 (in Mrd. €)

	1992	1999
Sachvermögen	3 547,34	4 515,22
Wohnungen und Wohngrundstücke	2 925,61	3 809,12
Sonstige Anlagen[1])	621,73	706,09
Geldvermögen	2 103,97	3 450,71
Gebrauchsvermögen	678,48	887,09
= Gesamtes Bruttovermögen[2])	6 329,79	8 853,02
./. Verpflichtungen[3])	879,42	1 412,70
Wohnungsbaukredite	511,29	891,69
Sonstige Kredite[4])	368,64	521,01
= Reinvermögen der privaten Haushalte	**5 449,86**	**7 440,32**

1) Einschließlich gewerblicher Grundstücke, jedoch ohne unbebaute sowie land- oder forstwirtschaftlich genutzte Grundstücke.
2) Schätzergebnisse im Vorfeld der nach Maßgabe des ESVG'95 noch zu revidierenden Geldvermögensrechnung.
3) Schätzergebnisse im Vorfeld der nach Maßgabe des ESVG'95 noch zu revidierenden Geldvermögensrechnung.
4) Im Wesentlichen Kredite für gewerbliche und konsumtive Zwecke.
Quelle: Bundesbank, DM-Daten wurden in € umgerechnet.
(www.bundesbank.de/monatsbericht/bericht06/textteil/00/finanzstrom.pdf)

Wie sich dann das Geldvermögen aufteilt, geht aus folgender Tabelle hervor.

Aufteilung des privaten Geldvermögens

Abbildung 24: Aufteilung des Geldvermögens der privaten Haushalte in Deutschland, jeweils per Jahresende

Anlagekategorie	**1991** (in Mrd. €)	**1991** in %	**2000** (in Mrd. €)	**2000** in %
Bargeld und Einlagen	925,65	45,82	1 234,86	33,90
Geldmarktpapiere	5,78	0,29	1,34	0,04
Rentenwerte	270,40	13,39	369,08	10,13
Aktien	130,66	6,47	432,60	11,88
Sonstige Beteiligungen	79,62	3,94	135,67	3,72
Investmentzertifikate	83,63	4,14	411,21	11,29
Ansprüche gegenüber Versicherungen[5])	380,41	18,83	823,64	22,61
Ansprüche aus Pensionsrückstellungen	123,10	6,09	190,01	5,22
Sonstige Forderungen	20,76	1,03	44,01	1,21
Geldvermögen insgesamt (brutto)	**2 020,01**	**100**	**3 642,41**	**100**

5) Einschließlich Pensions- und Sterbekassen sowie berufsständische Versorgungseinrichtungen.
Quelle: Bundesbank, DM-Daten wurden in € umgerechnet.

Tendenzen zu renditeorientierten Anlagen

Interessant ist, dass in der letzten Dekade der Anteil der konservativen Anlagen wie Bargeld und Einlagen sowie Rentenwerte beträchtlich gefallen ist und die Bundesbürger ihre Anlagen in eher risikobehafteten Anlagen wie Aktien und Investmentzertifikate – mit inzwischen einem hohen Anteil an Aktienfonds – aufgestockt haben. Der Anteil der Versicherungen ist zwar auch in der letzten Dekade angestiegen, allerdings hat sich innerhalb dieser Kategorie der Anteil der schwankungsintensiveren Fondspolicen erhöht.

High Net Worth Individuals (HNWI)

Des Weiteren ist es interessant, einmal die Aufteilung des Wohlstands in Deutschland zu analysieren. Schließlich ist die Zielgruppe für Finanzplanung insbesondere bei den Wohlhabenden oder neudeutsch High Net Worth Individuals (HNWI) zu finden. Als HNWIs bezeichnet eine Studie von Merrill Lynch und Cap Gemini Ernst & Young Personen, die mehr als eine Million Euro privates Geldvermögen (Geldeinlagen bei Banken und Versicherungen, Bausparverträge, Wertpapiere [Mehrheitsbesitz bei Aktiengesellschaften eingeschlossen], Rentenpapiere) besitzen. Dieselbe Studie bezeichnet Personen, die über ein privates Geldvermögen von 30 Millionen Euro oder mehr verfügen, als Ultra High Net Worth Individuals (UHNWIs).

Wieviele HNWIs oder UHNWIs gibt es in Deutschland? Wie ist das Vermögen in Deutschland aufgeteilt? Dies hat die erwähnte Studie untersucht, deren Ergebnisse im Folgenden zitiert werden.

365 000 HNWIs in Deutschland

Informationen zur Vermögensaufteilung in Deutschland

- Es gibt in Deutschland ca. 365 000 HNWIs mit mehr als einer Million Euro privatem Geldvermögen.
- Von 1996 bis 1999 nahm die Anzahl der HNWIs um 52 000 zu (entspricht einer Wachstumsrate von 5,3 % pro Jahr).
- Das Geldvermögen der HNWIs entsprach 1999 insgesamt 2 000 Milliarden Euro.
- Das Geldvermögens-Wachstum der HNWIs von 1996 bis 1999 betrug 10 % pro Jahr.

noch: Informationen zur Vermögensaufteilung in Deutschland

- 0,5 % der erwachsenen deutschen Bevölkerung besitzen 25,7 % des gesamtdeutschen Vermögens.
- Auf die alten Bundesländer (einschließlich Berlin) entfällt 92 % des deutschen Vermögens, auf die neuen Bundesländer nur 8 %.
- Deutschland hat einen Anteil von knapp 30 % des gesamten europäischen HNWI-Vermögens.
- Es gibt in Deutschland ca. 3 700 Personen, die über ein privates Geldvermögen von 30 Millionen Euro und mehr verfügen (UHNWIs).
- Diese UHNWIs oder 0,0054 % der deutschen Bevölkerung besaßen 1999 7,9 % des deutschen Geldvermögens.
- 0,7 % des deutschen Vermögens entfällt auf UHNWIs in den neuen Bundesländern, 7,0 % entfällt auf UHNWIs in den alten Bundesländern.
- Das Geldvermögen der deutschen UHNWIs entsprach 1999 insgesamt 612 Milliarden Euro.
- 90,5 % der HNWIs und UHNWIs leben in den alten Bundesländern (einschließlich Berlin) und 9,5 % in den neuen Bundesländern.
- 30% der europäischen UHNWIs sind Deutsche.

Quelle: German Wealth Report 2000 von Merrill Lynch/Cap Gemini Ernst & Young, 2001

Wachstum der HNWIs

Gestützt wird das Wachstum der HNWIs von den folgenden Entwicklungen (German Wealth Report 2000, S. 9 f.):

- Zahlreiche Familienunternehmen werden verkauft.
- Im Jahr 1999 fanden zahlreiche Börsengänge von Technologie- und Wachstumsunternehmen am Neuen Markt statt.
- Die allgemeine Börsenentwicklung 1999 war äußerst positiv.
- HNWIs legen zunehmend renditeorientiert an.

Konzentration der UHNWIs

Die höchste Konzentration der UHNWIs liegt in den Bundesländern Hamburg, Bremen, Hessen und Bayern. Die beiden Stadtstaaten Hamburg und Bremen verdanken diesen Reichtum sicherlich ihren traditionsreichen Handelshäusern. Die größte Anzahl der UHNWIs ist dagegen in den bevölkerungsreichen Bundesländern Nordrhein-Westfalen, Bayern und Baden-Württemberg zu finden.

Abbildung 25: Anzahl und Konzentration der UHNWIs nach Bundesländern

Bundesland	Anzahl UHNWIs	Dichte der UHNWIs[1)]
Nordrhein-Westfalen	800	0,98
Bayern	650	1,19
Baden-Württemberg	560	1,18
Hessen	380	1,38
Niedersachsen	320	0,88
Hamburg	180	2,35
Rheinland-Pfalz	150	0,84
Berlin	150	0,99
Schleswig-Holstein	110	0,89
Sachsen	100	0,50
Brandenburg	70	0,57
Sachsen-Anhalt	50	0,48
Thüringen	50	0,50
Saarland	50	0,99
Bremen	50	1,50
Mecklenburg-Vorpommern	30	0,49

1) Faktor der Vermögenskonzentration (% Vermögen/% Bevölkerung).
Quelle: German Wealth Report 2000 von Merrill Lynch/Cap Gemini Ernst & Young, 2001, S. 8 und 12

Liquiditätsanteil sinkt mit Wohlstand

Auch die Vermögensaufteilung der Wohlhabenden ist interessant: Während der Bevölkerungsdurchschnitt einen Anteil an liquiden Vermögenswerten (Geldeinlagen bei Banken und Versicherungen, Bausparverträge, Wertpapiere [Mehrheitsbesitz bei Aktiengesellschaften eingeschlossen], Rentenpapiere) von ca. 60 % hat, so verringert sich dieser Anteil mit zunehmendem Wohlstand. HNWIs haben einen Anteil an liquiden Vermögenswerten von 20–50 % und UHNWIs nur noch von zehn bis 20 % ihres Gesamtvermögens (German Wealth Report 2000, S. 12). Dies liegt daran, dass der Bedarf an liquiden Mitteln von der absoluten Höhe her nicht unendlich hoch ist. Der absolute Betrag für die Liquiditätshaltung macht bei den recht großen Vermögen der HNWIs und der UHNWIs dann nur mehr einen relativ niedrigen Prozentsatz des Gesamtvermögens aus.

In der Praxis: „Bottom-Up-Approach"

Doch zurück von der Verteilung des Wohlstands zu den einzelnen Anlageformen: Hand aufs Herz, wer liest nicht gerne Anlagetipps und unterhält sich mit anderen Anlegern über die besonderen Vorzüge oder Nachteile bestimmter Anlagen? Durch diese zufällige Zusammensetzung der einzelnen Anlagen und Versicherungen kommt es in der Praxis meist zum so genannten „Bottom-Up-Approach", das heißt, es werden einzelne Aktien, Anleihen, Immobilien etc. gekauft. Erst im zweiten Schritt wird dann – wenn überhaupt – kontrolliert, welche Vermögensaufteilung mit den Einzelengagements erreicht wird.

Abwägen zwischen Risiko und Ertrag

Die folgende Darstellung zu den einzelnen Anlageformen soll die Versuchung, einen Bottom-Up-Approach zu verfolgen, nicht unterstützen. Sie soll jedoch verschiedene Anlagekategorien hinsichtlich der zwei Merkmale Ertrag und Risiko untersuchen und das Zusammenspiel dieser beiden Kriterien verdeutlichen.

Abbildung 26: Zusammenhang zwischen Risiko und erwartetem Ertrag

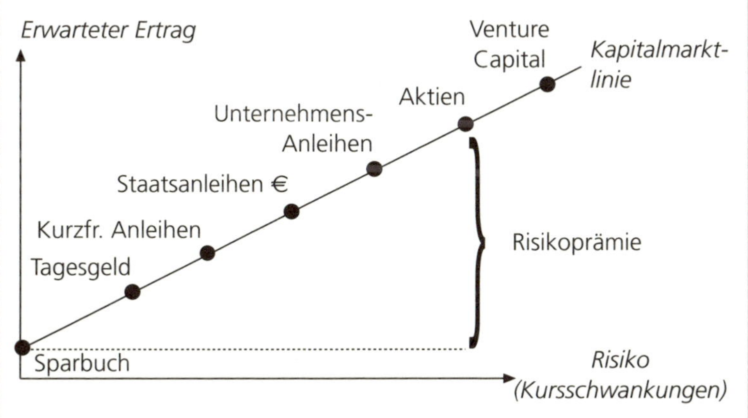

Capital Asset Pricing Modell nach Markowitz

Das langfristig bessere Abschneiden von Aktien gegenüber Rentenanlagen und Liquidität ist hinreichend bekannt. Riskantere, also schwankungsintensivere Anlagen müssen risikoärmere Anlagen übertreffen („outperformen"), denn sonst würde darin gar nicht investiert. Dieser Zusammenhang geht auf das so genannte Capital Asset Pricing Modell von Harry Markowitz, einem berühmten Wirtschaftswissenschaftler, zurück. Nach diesem Modell muss in effizient funktionierenden Märkten, wo bereits alle Informationen in die Preise eingeflossen sind, ein Mehr an Ertrag immer durch ein Mehr an Risiko erkauft werden – zumindest langfristig. In Abbildung 26 ist eine Kapitalmarktlinie dargestellt, auf der sich alle effizienten Anlageformen befinden. Links unten ist ein Sparbuch dargestellt. Durch die Sicherheit der Bank und den Einlagensicherungsfonds ist ein Sparbuch sicher, dafür wirft es auch nur geringe Zinsen ab. Kauft man dagegen eine Staatsanleihe, kann man eine höhere Verzinsung erhalten, aber hier besteht die Gefahr, dass das Papier im Preis – je nach der Entwicklung auf den Zinsmärkten – schwankt. Unternehmensanleihen verzinsen sich höher als Staatsanleihen, bergen aber auch ein höheres Risiko. Schließlich könnte das Unternehmen einmal in so starke Schwierigkeiten geraten, dass es seine Schulden aus der Anleihe nicht zurückzahlen kann. Mehr Risiko bei gleichzeitig höherer Ertragserwartung geht man dann mit Aktien ein, etc.

Vergleichbarkeit von Anlagen

Es reicht also nicht aus, lediglich eine einzige Größe – zum Beispiel den Ertrag einer Anlage – zu betrachten, ohne auch die andere Größe – nämlich das Risiko dieser Anlage – in Augenschein zu nehmen. Aber wie oft unterhalten wir uns in der Praxis über hervorragende Renditen oder Gewinne, die gemacht wurden, ohne das eingegangene Risiko zu erwähnen! Zwei Anlagen, die eine Rendite von 7 % p.a. und 9 % p.a. erwirtschaften, sind aber nur dann miteinander vergleichbar, wenn auch die entsprechenden Risikokennzahlen dazu bekannt sind. Ähnlich wie Sie im Supermarkt zwei unterschiedlich große Käsepackungen, die jeweils zwei € und drei € kosten, nur über den Kilopreis miteinander vergleichen können.

In „Asset Allocation und Zeithorizont" von Thomas Albrecht (Albrecht 1999, siehe Literaturhinweise) wird die Outperformance von Aktien gegenüber Renten und Geldwerten untersucht:

„Will man die Marktrisikoprämie durch Rückgriff auf historische Daten ermitteln, so bietet sich an, die durchschnittlichen Renditen unterschiedlicher Anlageformen über lange historische Zeiträume hinweg zu ermitteln: Je länger der untersuchte Zeitraum, desto stärker müssten die beobachteten Renditen zum Erwartungswert konvergieren."

Aktien langfristig renditeträchtiger

Albrecht kommt zu den folgenden Ergebnissen, die ein besseres Abschneiden („Outperformance") über lange Zeiträume der Aktienanlage gegenüber Renten- und Geldmarktanlagen bestätigt. Wir müssen allerdings im Hinterkopf behalten, dass dies nur durch das Eingehen höherer Risiken möglich ist.

Abbildung 27: Endergebnis verschiedener Anlageformen über einen Gesamtzeitraum von 44 Jahren (1953–1997), bei einem unterstellten Steuersatz von 0 %. Anfangs-Anlage von DM 1,00 am 31.12.1953

	Geldmarktanlage[1]	Langfristige Bundesanleihen	Aktienanlage (DAX)
Endergebnis	DM 11,70	DM 20,50	DM 143,90
Durchschnittsrendite p.a. (geometrisch)	5,4 %	7,1 %	12,0 %

1) Verwendet wurden hierfür die von Bimberg, langfristige Renditeberechnung, 1991, S. 204 ff., angegebenen Werte für Tagesgeld (1954–88). Für den anschließenden Zeitraum (1989–97) sind die entsprechenden Daten der Deutschen Bundesbank, Monatsberichte, diverse Angaben, zu Grunde gelegt, nach Albrecht (1999), S. 17 ff.

Quelle: Albrecht, Thomas: Asset Allocation und Zeithorizont; Bad Soden/Ts.: Uhlenbruch, 1999, S. 17 ff.

Risikoprämien

Nach den Ergebnissen von Albrecht ergibt sich eine historische Risikoprämie der Aktien- gegenüber der Geldmarktanlage von 6,6 %. Die Risikoprämie ist dabei der erwartete oder tatsächliche Mehr-Ertrag, den sich der Anleger durch ein höheres Risiko „erkauft". Die Aktienanlage hat gegenüber der Anlage in Anleihen eine Risikoprämie von 4,9 %.

Nach Steuern höhere Risikoprämie der Aktie

Noch deutlicher wird die langfristige Outperformance der Aktienanlage unter Einbeziehung der Steuern. Dabei geht Albrecht von einem im DAX impliziten Steuersatz von 36 % (bis 1994) bzw. von 30 % (seit 1995) aus. Dies berücksichtigt bereits, dass der Kursgewinn bei der Aktienanlage nicht zu versteuern ist. Hier beträgt die Risikoprämie der Aktienanlage gegenüber der Geldmarktanlage 7,4 % und gegenüber Anleihen 5,7 %.

Abbildung 28: Endergebnis verschiedener Anlageformen über einen Gesamtzeitraum von 44 Jahren (1953–1997), unter Berücksichtigung der Steuern. Anfangs-Anlage von DM 1,00 am 31.12.1953

	Geldmarktanlage[1])	Langfristige Bundesanleihen	Aktienanlage (DAX)
Durchschnittsrendite p.a. (geometrisch)	3,5 %	5,2 %	10,9 %

1) Verwendet wurden hierfür die von Bimberg, langfristige Renditeberechnung, 1991, S. 204 ff., angegebenen Werte für Tagesgeld (1954–88). Für den anschließenden Zeitraum (1989–97) sind die entsprechenden Daten der Deutschen Bundesbank, Monatsberichte, diverse Angaben, zu Grunde gelegt, nach Albrecht (1999), S. 17 ff.

Quelle: Albrecht, Thomas: Asset Allocation und Zeithorizont; Bad Soden/Ts.: Uhlenbruch, 1999, S. 17 ff.

1960–1992 Underperformance mit Aktien

Es lassen sich jedoch auch längere Zeiträume finden, in denen die Geldmarktanlage der Aktienanlage überlegen ist. Im Anlagezeitraum von 1960 bis 1992 – immerhin 32 Jahre – steht die Aktienanlage der Geldmarktanlage um ca. 17 % zurück. In den 21 Jahren von 1960 bis 1981 beträgt der Rückstand sogar 57 %.

„Zwar konnte die Aktienanlage in diesen Zeiträumen positive jährliche Renditen aufweisen (1960–81: 2,0 %, 1960–92: 5,7 %), diese blieben jedoch deutlich hinter der sicheren Geldmarktrendite zurück (1960–81: 6,2 %, 1960–92: 6,3 %) und stellten somit einen entsprechenden Opportunitätsverlust dar". (Albrecht 1999)

Auch für ausländische Anlagen kann empirisch nachgewiesen werden, dass die Aktienanlage der Anlage in Anleihen langfristig überlegen ist:

Risikoprämien von US-Aktien

Abbildung 29: US-Risikoprämien von Aktien im Vergleich zu langfristigen und kurzfristigen Anleihen

Zeitraum	US-Risikoprämie: Aktien im Vergleich zu langfristigen Anleihen	US-Risikoprämie: Aktien im Vergleich zu kurzfristigen Anleihen
1802–1870	1,7 %	1,6 %
1871–1925	3,9 %	4,6 %
1926–1990	7,0 %	8,2 %
1802–1990	4,2 %	4,7 %

Quelle: Thomas Albrecht: Asset Allocation und Zeithorizont, S. 29.

So weit zur unterschiedlichen Ertragsausprägung von Aktien und Anleihen. Ein weiterer – allerdings kurzfristigerer – Vergleich zeigt die unterschiedlichen Anlageergebnisse verschiedener Anlageformen von Dezember 1980 bis Dezember 2000:

Renditevergleich verschiedener Anlagen

Abbildung 30: Langfristige Anlageergebnisse im Vergleich (20 Jahre, Stand 12/2000)

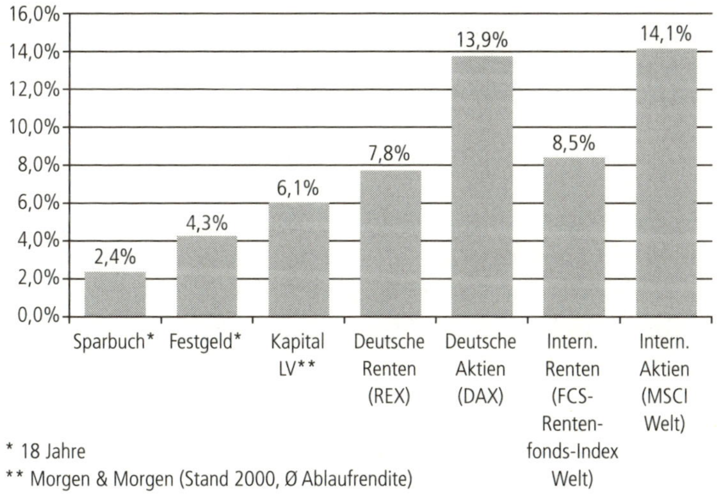

* 18 Jahre

** Morgen & Morgen (Stand 2000, Ø Ablaufrendite)

Quelle: Metzler, Datastream, FCS-Finanz Computer Service

So weit die recht allgemeine Betrachtung der Kapitalmärkte und der Aufteilung des Vermögens in Deutschland. Nun wollen wir in die Praxis der Finanzplanung einsteigen. Wir beginnen mit den zahlreichen Anbietern von Finanzdienstleistungen, die Ihnen in der Praxis möglicherweise begegnen, und was Sie darüber wissen sollten.

2. „Berater" oder Produktverkäufer in der Finanzdienstleistung – ein kritischer Überblick zu den verschiedenen Berufsbildern in der Branche

Persönlicher Finanzplan für jeden sinnvoll

In Teil I dieses Buches haben Sie gelesen, dass Financial Planning losgelöst vom reinen Produktverkauf auf die Planung und Umsetzung langfristiger Strategien im Sinne des Kundenvermögens abzielt. Im Prinzip wäre für jeden Menschen ein persönlicher Finanzplan eine sinnvolle Sache. Da jedoch die Erstellung und auch die laufende Aktualisierung eines Finanzplanes zeit- und kostenaufwändig sind, wenden sich Financial Planner in erster Linie an vermögende Kunden, darunter sicherlich auch die jüngere Erbengeneration. Schließlich müssen die Angebote auch den Wirtschaftlichkeits-Überlegungen der Anbieter standhalten.

Finanzplanung als Trojanisches Pferd

Da die Klientel „gehobene Privatkundschaft" – oder, wenn Sie wollen, im modernen Jargon „high net worth individuals" – für alle Finanzdienstleister eine attraktive Zielgruppe ist, wird fast jede Bank, Versicherungsgesellschaft und die meisten unabhängigen Finanzdienstleister von sich behaupten, Financial Planning anzubieten. Oft wird versucht, die Trennung von Beratung und Produktverkauf wegzudiskutieren. Schließlich müsse man den Kunden nicht nur beraten, sondern ihm auch bei der konkreten Implementierung des Finanzplanes helfen.

Die Problematik liegt darüber hinaus darin, dass sich der Bereich des Financial Planning hervorragend als Trojanisches Pferd eignet, nämlich dass man einen Kontakt zum Kunden bekommt. Dem Financial Planner wird von seinem Kunden offen gelegt, welche Vermögensgegenstände er hat, wie viel liquides Vermögen vorhanden ist, wann welche Erbschaft oder Lebensversicherungssumme erwartet wird und wie die sonstigen Finanzströme fließen werden. Genau dies sind wertvolle Informationen für alle, die Finanzanlagen vertreiben möchten. Daher versuchen viele Finanzdienstleister auf der Financial-Planning-Welle zu reiten, ohne tatsächlich „Financial Planning" auf gehobenem Niveau anzubieten.

Brücke zwischen Firmen- und Privatkundengeschäft

Außerdem wird von Finanzdienstleistern ein Weg gesucht, wie man durch das Anbieten von Finanzplanung eine Brücke vom Firmen- zum Privatkundengeschäft – oder umgekehrt – schlägt. Firmenkunden-Betreuer der Banken sagen sich: „Es wäre doch schön, auch die Eigner-Familie als Privatkunden betreuen zu können", und Finanzdienstleister sagen sich: „Wenn ich den Kunden xy privat betreue, vielleicht kann ich auch seine Firma bei der betrieblichen Altersvorsorge beraten".

Keine Berufszulassungsregeln für Finanzdienstleister

Sie sehen: Das Thema Financial Planning kann nie ganz losgelöst von den Marketing-Überlegungen der Finanzdienstleistungs-Branche gesehen werden. Es gilt daher, einen für die eigenen Bedürfnisse und das eigene Vermögen passenden Finanzplaner zu finden. Zu diesem Zweck ist es sinnvoll, einen Blick auf die diversen Titel und Berufsbezeichnungen zu werfen, die Finanzdienstleister führen können. Dabei soll der Begriff „Finanzdienstleister" als Oberbegriff gelten, und zwar für all diejenigen, die im Bereich der Beratung und des Vertriebs für Finanz- und Versicherungsprodukte im privaten und betrieblichen Bereich arbeiten. Viele Titel und Berufsbezeichnungen sind keinesfalls ein Indiz für eine fundierte Ausbildung oder Qualifikation. Während es in den USA scharfe Berufszulassungsregeln gibt, so fehlen diese beispielsweise in Deutschland. Zudem sind viele Berufsbezeichnungen wie zum Beispiel „Finanzplaner" in Deutschland nicht geschützt.

Abbildung 31: Liste der zahlreichen Titel, die in der Finanzdienstleistungs-Branche geführt werden können

Titel	Abkürzung	mind. Dauer	Berufs-begleitend/ Vollzeit	Mindest-Voraussetzung	Ausbildungsstätte	Bemerkung
Analyst für Investments und Finanzplanung, fee only	AIFP	unter-schiedl.	unter-schiedl.	Befähigungsnachweis + Studium o. Ä. + 2-5 Jahre Praxis	Verschiedene Möglich-keiten	
Assessor juris	Ass. Jur.	6-7 Jahre	Vollzeit	2. Staatsexamen	Gericht, Kanzlei, Behörde ö. ä.	Titel für „Anwärter" im Staatsdienst (z.B. Jura)
Bankbetriebswirt	k. A.	2 Sem.	Berufs-begleitend	Ausbildung + Abschluss Bankfachwirt	Bankakademie	Fortbildung an Wochenenden (interner Abschluss)
Bankfachwirt	k. A.	2 Jahre	Berufs-begleitend	Berufsabschluss + 3 Jahre Berufserfahrung	Bankakademie/ Fortbildungsakademien	Fortbildung + Prüfung vor IHK
Bankkaufmann /-frau	Bankkfm./kfr.	2-3 Jahre	Vollzeit	Hauptschulabschluss	Betrieb + Berufsschule	Ausbildungsberuf + Prüfung vor IHK
Betriebswirt (staatlich geprüft)	k. A.	2-3 Jahre	beides möglich	unterschiedl: mittl. Reife + Berufsausbildg. + Berufserfahrg. oder Abitur + (Fach-) Hochschulabschluss	Weiterbildungsakademie	Prüfung durch Fortbildungsakademien (staatlich anerkannte Ergänzungsschule)
Betriebswirt (VWA)	k. A.	3 Jahre	Berufs-begleitend	Abitur	Betrieb + Akademie	Verwaltungs- und Wirtschaftsakademie in Ver-bindg. mit Großunternehmen.
Bürokaufmann /-frau	Bürokfm./kfr.	2-3 Jahre	Vollzeit	Hauptschulabschluss	Betrieb + Berufsschule	Ausbildungsberuf + Prüfung vor IHK
Certified Estate Planner	CEP	Wochenend-Seminare	Berufs-begleitend	CFP, Steuerberater, Notare, und ähnliche	Fachhochschule, Fortbildungsakademie, wiss. Hochschule	Prüfung vor dem Verband VEPD
Certified Financial Planner	CFP	ca. 1 Jahr	Berufs-begleitend	Berufsakademie oder Studium + Berufserfahrung	Fachhochschule, Fortbildungsakademie, wiss. Hochschule	Prüfung vor dem Verband DEVFP
Datenverarbeitungs-kaufmann/-frau	DV-Kfm.	2-3 Jahre	Vollzeit	Hauptschulabschluss	Betrieb + Berufsschule	Ausbildungsberuf + Prüfung vor IHK
Diplom-Betriebswirt (BA)	Dipl.-Betriebsw. (BA)	3 Jahre	Vollzeit	Fachabitur o. Abitur	Betrieb + Berufsakademie	siehe Dipl.-Kfm. (FH)
Diplom-Betriebswirt (FH)	Dipl.-Betriebsw. (FH)	8 Semester	Vollzeit	Fachabitur	Fachhochschule	hier ist Dipl.-Betriebswirt als Abschluss gebräuchlich

Diplom-Ingenieur (Wirtschaftsingenieur)	Dipl.-Ing. (Wi-Ing.)	9 Sem.	Vollzeit	Fachabitur oder Abitur	Universität	auch an Fachhochschulen studierbar (8 Semester)
Diplom-Kaufmann/-frau	Dipl.-Kfm./Kfr.	9 Sem.	Vollzeit	Abitur	Universität	Hochschul-Studium
Diplom-Kaufmann/-frau (FH)	Dipl.-Kfm./Kfr. (FH)	8 Sem.	Vollzeit	Fachabitur	Fachhochschule	hier ist Dipl.-Betriebswirt als Abschluss gebräuchlich
Diplom-Ökonom	Dipl.-Oec.	9 Sem.	Vollzeit	Abitur	Universität	Hochschul-Studium
Diplom-Verwaltungswirt	Dipl.-Verwaltungsw.	3 Jahre	Vollzeit	Abitur oder Fachabitur	Fachhochschule	Ausbildung im öffentl. (gehobenen) Dienst oder an einigen Verwaltungs-Fachhochschulen
Diplom-Volkswirt	Dipl.-Vwt.	9 Sem.	Vollzeit	Abitur	Universität	Hochschul-Studium
Doktor disciplinarum politicarum	Dr. disc. pol.	2-3 Jahre	beides möglich	Univ.-Studium	Universität	Dr. der Staatswissenschaften
Doktor juris	Dr. jur.	2-3 Jahre	beides möglich	Univ.-Studium	Universität	Dr. der Rechte
Doktor oeconomiae	Dr. oec.	2-3 Jahre	beides möglich	Univ.-Studium	Universität	Dr. der Betriebswirtschaft
Doktor oeconomiae publicae	Dr. oec. publ	2-3 Jahre	beides möglich	Univ.-Studium	Universität	Dr. der Volkswirtschaft, der Staatswissenschaft
Doktor rerum oeconomicarum	Dr. rer. oec.	2-3 Jahre	beides möglich	Univ.-Studium	Universität	Dr. der Wirtschaftswissenschaften
Estate Planner (AEPD / ebs)	k. A.	Wochenend-Seminare	Berufs-begleitend	CFP, Steuerberater, Notare, und ähnliche	Fachhochschule, Forbildungsakademie, wiss. Hochschule	
Fachberater für Finanzdienst-leistungen IHK	k. A.	10 Monate	Berufs-begleitend	2 Jahre Berufspraxis oder Ausbildung und Berufspraxis	Fortbildungsakademie	Prüfung vor IHK, seit 1997
Fachwirt für Finanzdienst-leistungen	k. A.	ca. 1 Jahr	Berufs-begleitend	Fachberater für Finanzdienstleistungen + 2 Jahre Berufspraxis oder 6 Jahre Berufspraxis	Fortbildungsakademie	Prüfung vor IHK Rostock bis ca. 1997. Danach Fachwirt für Finanzberatung
Fachwirt für Finanzberatung (IHK)	k. A.	2 Jahre	Berufs-begleitend	Fachberater für Finanzdienstleistungen + 2 Jahre Berufspraxis	Fortbildungsakademie	Prüfung vor IHK, seit 1997
Financial Planner (HfB)	k. A.	ca. 1 Jahr	Berufs-begleitend	Berufsakademie oder Studium oder erfolgreiche Berufserfahrung	Fachhochschule	Hochschule für Bankwirtschaft (HfB)

Titel	Abkürzung	mind. Dauer	Berufs-- begleitend/ Vollzeit	Mindest-Voraussetzung	Ausbildungsstätte	Bemerkung
Finanzbetriebswirt	k. A.	k. A.	Berufs-begleitend	Berufsausbildung + Fortbildung	Fortbildungsakademie	
Finanzkaufmann	k. A.	Wochenend-Seminare	Berufs-begleitend	keine	Strukturvertriebe	
Finanzökonom (ebs, EAFP, LIFBA, mibeg)	k. A.	ca. 1 Jahr	beides möglich	Berufsakademie oder Studium oder erfolgreiche Berufserfahrung/-praxis	Fachhochschule, Fortbildungsakademie, wiss. Hochschule	ebs, EAFP, LIFBA, mibeg
Finanzplaner (EAFP)	k. A.	10 Monate	Berufs-begleitend	Berufsakademie oder Studium und Berufserfahrung	Fortbildungsakademie	EAFP
Finanzwirt (twi)	k. A.	18 Monate	Berufs-begleitend	Fortbildungs-Maßnahme	Fortbildungsakademie	1994 eingeführt, Ausbildung des Technisch-Wissenschaftlichen Institut Koblenz e.V. und der bbw-Akademie Berlin
Geprüfter Finanzdienstleister FIFA	k. A.	Repetitorien	Berufs-begleitend	3 Jahre Berufstätigkeit + Prüfung vor einer Kommission	Fortbildungsakademie	Akademie Finanzdienstleistungen in Verbindung mit FIFA
Geprüfter Finanz- und Anlageberater (A.F.A.)	k. A.	4 Semester	Berufs-begleitend	Abitur erwünscht + 3 Jahre Berufserfahrung	Allfinanz Akademie in Kooperation mit FernUni Hagen	Titel von der Allfinanz Akademie in Hamburg
Industriekaufmann/-frau	Industriekfm./kfr.	2-3 Jahre	Vollzeit	Hauptschulabschluss	Betrieb + Berufsschule	Ausbildungsberuf + Prüfung vor der IHK
Ingenieur, graduiert	Ing. (grad.)	8 Semester	Vollzeit	Fachabitur	Fachhochschule	wird nicht mehr verliehen. Jetzt: Ing. (FH)
Kaufmann/-frau der Grundstücks- und Wohnungswirtschaft	k. A.	2-3 Jahre	Vollzeit	Hauptschulabschluss	Betrieb + Berufsschule	Ausbildungsberuf + Prüfung vor der IHK
Magister artium	M.A.	9 Sem.	Vollzeit	Abitur	Universität	Studium vor allem der Geisteswissenschaften
Master of Financial Consulting	MFC	3 Jahre	Berufs-begleitend	Berufspraxis + Kaufmännische Ausbildung	Fortbildungsakademie	TUTOR Unternehmensberatung
Master of Financial Planning (LIFBA)	MFP	8 Monate	Berufs-begleitend	Finanzökonom oder vergleichbar	Fortbildungsakademie	
MBA für Finanzdienstleister	k. A.	4 Semester	Berufs-begleitend	Studium oder Test + Berufserfahrung + Mindestalter 25 Jahre	Allfinanz Akademie in Kooperation mit FernUni Hagen	Titel von der Allfinanz Akademie in Hamburg

Öffentlich bestellter und vereidigter Sachverständiger für Baufinanzierung	ÖBUV Sachverständiger	unter-schiedl.	unter-schiedl.	5-10 Jahre Praxis + überdurchschnittliche Befähigung	Sachkundeprüfung vor der IHK	Titel existiert seit 1998. Titel wird alle 2 Jahre aktualisiert
Öffentlich bestellter und vereidigter Sachverständiger für Kapitalanlagen und private Finanzplanung	ÖBUV Sachverständiger	unter-schiedl.	unter-schiedl.	5-10 Jahre Praxis + überdurchschnittliche Befähigung	Sachkundeprüfung vor der IHK	Titel existiert seit 1998. Titel wird alle 2 Jahre aktualisiert
Öffentlich bestellter und vereidigter Sachverständiger für Wertpapieranlagen	ÖBUV Sachverständiger	unter-schiedl.	unter-schiedl.	5-10 Jahre Praxis + überdurchschnittliche Befähigung	Sachkundeprüfung vor der IHK	Titel existiert seit 1998. Titel wird alle 2 Jahre aktualisiert
Privatdozent	PD/Priv.-Doz.	5-10 Jahre	beides möglich	Promotion	Universität	Akadem. Titel, Abschluss mit einer Habilitation
Professor	Prof.	k. A.	k. A.	Univ.-Studium Habilitation (Privatdozent) und darüber hinausgehende wissenschaftliche Tätigkeit	Universität	Ruf an eine Universität
Prozessagent (gerichtlich bestellter)	k.A.	unter-schiedl.	Berufs-begleitend	RA/Diplom-Verwaltungswirt/Praxis-erfahrung im Sozialversicherungsrecht	Prüfung und Bestellung vom Amtsgericht (siehe Rentenberater)	
Rechtsanwalt	RA	7 Sem. + 2 Jahre Vorbe-reitungsdienst (Assessor)	Vollzeit	Abitur	Universität	Prüfung vor dem jeweiligen Landesjustiz-ministerium
Referendar (Rechtsreferendar)	Ref. Jur.	4-5 Jahre	Vollzeit	Hochschulreife + 1. Staatsexamen	Universität	andere Bezeichnung für Staatsvorbereitungs-dienst (Assessor)
Rentenberater (gerichtlich bestellter)	Rb	unter-schiedl.	Berufs-begleitend	Rechtsanwalt oder Diplom-Verwaltungswirt Verwaltungswirt oder Praxiserfahrung im Sozialversicherungsrecht	Prüfung und Bestellung vom Amtsgericht	
Sparkassenbetriebswirt	Spk.-Betriebswirt	9 Monate	Vollzeit	Praxis + Lehrgang	Sparkassenakademie	
Steuerberater	Stb.	1-2 Jahre	beides möglich	Studium und/oder Berufspraxis	Fortbildungsakademie	3 Ausbildungsw. a) betriebl. Ausb. Steuerfach-gehilfe (3 J.) + Berufserfahrg. + Fortbildung (berufsbegleitend oder Vollzeit). b) Ausb. geho-bener Dienst Finanz-verw. (3 J.) + Berufserfahrg. + Fortbild. (berufsbegleitend oder Vollzeit). c) Studium BWL o. Jura (Schwerpunkt Steuern) + Prüfung

Titel	Abkürzung	mind. Dauer	Berufs-begleitend/ Vollzeit	Mindest-Voraussetzung	Ausbildungsstätte	Bemerkung
Steuerbevollmächtigter	Stbv.	1-2 Jahre	beides möglich	Studium und/oder Berufspraxis	Fortbildungsakademie	Alter Titel, der heute nicht mehr vergeben wird (→ Steuerberater)
Steuerfachangestellter	k. A.	2-3 Jahre	Vollzeit	Hauptschulabschluss	Betrieb + Berufsschule	Prüfung vor Steuerberaterkammer
Steuerfachassistent	k. A.	2 Jahre	Berufs-begleitend	Ausbildung + Berufstätigkeit	Fortbildungsakademie	Prüfung vor Steuerberaterkammer, alte Bezeichnung (→ Steuerfachwirt)
Steuerfachgehilfe	k. A.	2-3 Jahre	Vollzeit	Hauptschulabschluss	Betrieb + Berufsschule	Prüfung vor Steuerberaterkammer, alte Bezeichnung (→ Steuerfachangestellter)
Steuerfachwirt	k. A.	2 Jahre	Berufs-begleitend	Ausbildung + Berufstätigkeit	Fortbildungsakademie	Prüfung vor Steuerberaterkammer
Versicherungsberater (gerichtlich bestellter)	k. A.	unter-schiedl.	Berufs-begleitend	keine standardisierte Ausbildung	Prüfung und Bestellung vom Amtsgericht	Arbeitet ohne Provision
Versicherungsbetriebswirt	k. A.	3 Jahre	beides möglich	Studium	Universität	
Versicherungsfachmann (BWV)	k. A.	6 Monate	Berufs-begleitend	Mindestpraxiszeiten	Versicherungsgesell-schaften, Fortbildungs-akademien	Prüfung vor BWV e.V. (privat)
Versicherungsfachwirt	k. A.	2 Jahre	Berufs-begleitend	Ausbildung + Berufstätigkeit	Weiterbildungsakademie	Prüfung vor IHK
Versicherungskaufmann	Vers. Kfm.	2-3 Jahre	Vollzeit	Hauptschulabschluss	Betrieb + Berufsschule	Ausbildungsberuf, Prüfung vor IHK
Wirtschaftsberater (VDW)	k. A.	2 Jahre	Berufs-begleitend	Ausbildung und/oder Berufspraxis	Berufsakademie	
Wirtschaftsprüfer	WP	1-2 Jahre	beides möglich	Studium und/oder Berufspraxis		Prüfung vor dem jeweiligen Landeswirtschafts-ministerium
Zertifizierter Finanzplaner	Zert_FP	5 Monate	Berufs-begleitend	Studium oder erfolgreiche Berufspraxis	Fachhochschule	Fachhochschule Frankfurt am Main

Am gebräuchlichsten sind in der Finanzdienstleistungs-Branche die Berufsbezeichnungen, die im Folgenden erklärt und von dem Wiesbadener Finanzdienstleister und Landesvorsitzenden des Bundesverbandes Finanzdienstleistungen (FIFA) – der die Interessen der unabhängigen Finanzdienstleister vertritt – Michael Meurer kommentiert werden:

- Handelsvertreter
- Mehrfachgeneralagent
- Makler
- Finanzplaner

Handelsvertreter/Generalagent nach § 84 HGB

Handelsvertreter als Erfüllungsgehilfe der Gesellschaft

Der Handelsvertreter nach § 84 HGB ist der einzige gesetzlich geregelte Vertriebsweg nach dem Handelsgesetzbuch (HGB) in Deutschland. Alle anderen haben sich als Usancen der Versicherungswirtschaft entwickelt. Da der Handelsvertreter nach § 84 HGB häufig in der Versicherungswirtschaft anzutreffen ist, spricht der Volksmund häufig vom „Versicherungsvertreter“. Typisches Bild: Herr Kaiser von der Hamburg-Mannheimer. Rechtlich ist er Erfüllungsgehilfe der Gesellschaft, für die er nach außen hin auch eindeutig auftritt. Die Versicherungsgesellschaften müssen für seine Fehler einstehen. Michael Meurer kommentiert den Handelsvertreter wie folgt:

„Der BGH sprach vom ‚Auge und Ohr des Versicherers‘, d. h. den Kenntnisstand des Erfüllungsgehilfen muss sich das Unternehmen zurechnen lassen. Das wird im Zusammenhang mit so genannten vorvertraglichen Anzeigepflichtverletzungen nach §§ 16–20 VVG in der rechtlichen Auseinandersetzung häufig vor Gericht zum Thema, denn Vertreter leben natürlich von gemachten Umsätzen und da stören Kunden, die nicht so gesund sind, um beispielsweise die Antragsprüfung einer Krankenversicherung zu bestehen. Deshalb wird dem Kunden bei den Antragsfragen gerne gesagt, eine Vorerkrankung sei nicht ganz so wichtig. Im Leistungsfall stellt sich der Sachverhalt für den Kunden dann ganz anders da. Allerdings muss sich der Versicherer hier den Kenntnisstand seines Handelsvertreters zurechnen lassen, wobei sich dann aber für den Kunden das Problem der Beweisführung stellt."

Die Versicherungsgesellschaften geben ihren Handelsvertretern oft auch eine Agentur, d.h. sie dürfen einen bereits vorhandenen Kundenstamm der Gesellschaft betreuen. Daher wird der Handelsvertreter auch „Generalagent" genannt.

Handelsvertreter für Strukturvertriebe nach § 84 HGB

Strukturvertriebe konträr diskutiert

Vertriebsmitarbeiter von Strukturvertrieben werden auch als Handelsvertreter nach § 84 HGB geführt. Der Begriff Strukturvertrieb rührt daher, dass die eingehende Provision auf mehrere Struktur- oder Hierarchiestufen verteilt wird – daher kommen im Regelfall nur solche Produkte zum Einsatz, die eine relativ hohe Abschlussprovision versprechen. Strukturvertriebe werden in der Finanzbranche sehr konträr diskutiert, da hier – zumindest früher – auf Wochenendseminaren aus Nebenberuflern „Spezialisten in Allfinanzdienstleistungen" gemacht wurden, die dann in ihrem Bekannten- und Verwandtenkreis akquirierten. Sicherlich hat sich die Ausbildung der Strukturvertriebe in den letzten Jahren stark verbessert, aber oft werden auch heute noch Kundengespräche von Mitarbeitern geführt, die sehr am Anfang ihrer Tätigkeit stehen und noch nicht über großes Sachwissen verfügen. Auch solche Handelsvertreter nehmen Computeranalysen vor, verfügen über eine mehr oder minder breite Produktpalette und tragen Abschlusstitel wie „Finanzkaufmann/kauffrau" oder „Versicherungsfachmann" (siehe Tabelle 31, S. 152 ff.). Ganz objektiv ist die Beratung der Strukturvertriebe nur selten, denn oft bestehen enge Kooperationsanbindungen mit bestimmten Produktanbietern oder Eigentumsverflechtungen mit Großbanken oder anderen Konzernen. Die hochmotivierten Vertriebsmitarbeiter akquirieren dann nicht im eigenen, sondern im Namen ihres Dienstherren wie DVAG, AWD, HMI, OVB und Bonnfinanz. Michael Meurer kommentiert diese Form des Handelsvertreters wie folgt:

Computergestützte Analysen nicht immer seriös

„In solchen Allfinanzstrukturvertrieben wurde bereits Ende der siebziger Jahre mit so genannten ‚Subventions- und Vermögensanalysen‘ gearbeitet, die später dann auch computergestützt ausgearbeitet wurden. Ein namhafter Verkaufstrainer der Branche, Axel J. Bertling, sagte zum Beispiel über das Ergebnis der Analyse der DVAG, man könnte in den Computer oben reinschmeißen, was man wolle – tote Vögel, rostige Nägel –, es käme immer das gleiche Ergebnis raus: Ein Teilauszahlungstarif der Aachen Münchner, aufgepeppt mit Investmentfonds der DIT-Gruppe, und der Kunde wäre mit 65 Jahren immer Millionär. Durch die Computer-Analysen denken aber viele Kunden, sie bekämen eine Art objektiven Finanzplan ausgehändigt, was aber hier nicht der Fall ist.

Probleme beim Ausstieg aus Strukturvertrieben

Aber auch ausstiegswillige Mitarbeiter haben zuweilen Probleme mit Strukturvertrieben. Diese knebeln ihre Mitarbeiter mit dem § 84 HGB. Sehen Sie sich den „Rosenkrieg“ an, wenn ein Mitarbeiter aussteigen möchte, dann ist der „freie Handelsvertreter“ gar nicht mehr so frei. Seine Kunden darf er dann nicht mehr ansprechen, denn sie sind die Kunden seines Dienstherren, in dessen Namen er sie akquiriert hat. Aber es handelt sich dabei oft um den gesamten Bekanntenkreis des Mitarbeiters, der nun für ihn tabu ist. Dafür hätte er nach § 89 b Abs. 3 HGB zwar einen Ausgleichsanspruch, der jedoch aus verschiedenen Gründen meist nicht stattfindet.“

Mehrfachgeneralagent

Mehrfachgeneralagent ohne Ausschließlichkeit

Der Mehrfachgeneralagent (MGA) ist im HGB nicht speziell geregelt, sondern seine Tätigkeit hat sich durch Usancen ergeben. Die Versicherungswirtschaft stellte fest, dass hervorragende Vermittler sich nicht ausschließlich an ein Unternehmen binden ließen. Daher hoben sie die Ausschließlichkeitsklausel, die Handelsvertreter in ihren Verträgen haben, auf, so dass der Mehrfachgeneralagent gleichzeitig für mehrere Versicherungsgesellschaften tätig sein darf.

Makler

Das HGB kennt nur den Handelsmakler nach § 93 HGB. Er wird von beiden beteiligten Parteien entlohnt, und genau darin unterscheidet er sich vom Versicherungsmakler. Für Versicherungsmakler gelten zwar grundsätzlich die rechtlichen Normen des § 93 HGB, aber er wird in der Regel nur vom Versicherungsunternehmen entlohnt und nicht vom Kunden.

Makler als neutraler Sachwalter

Dabei ist der Versicherungsmakler derjenige, der von den drei genannten Berufsbezeichnungen das höchste Ansehen genießt, denn er ist nicht im Interesse eines Versicherungsunternehmens tätig, sondern ausschließlich dem Kunden verpflichtet („best advice"). Michael Meurer kommentiert diese Form des Sachwalters wie folgt:

Best Advice

„Diese Freiheit birgt auch erhebliche Risiken für den Makler: Die Keule des BGH-Sachwalterurteils aus dem Jahr 1986. Darin wurde erstens festgestellt, dass bei Haftungsfällen eine Verjährungszeit von 30 Jahren gilt (diese wurde inzwischen durch die Schuldrechtsänderung auf drei Jahre reduziert). Zweitens wird von einer Beweislastumkehr ausgegangen, d. h. der Makler muss nachweisen, dass er korrekt beraten hat. Und drittens wird vom Makler verlangt, dass er das „Entscheidungsdefizit des Kunden" kompensieren muss. Das heißt, wenn ich mich beim Kunden als Makler vorgestellt habe, muss ich die mangelnde Sachkunde des Kunden mit meinem Fachwissen ausgleichen. Ich muss ihm alle Chancen und Risiken aufzeigen, zum Beispiel bei einer Krankenversicherung Mängel im Hilfsmittelkatalog. Für die praktische Arbeit eines Maklers kann dies nur bedeuten, dass er seine Angebote einzig am Leistungsprimat („best advice") ausrichten kann. Nur wer in der Lage ist, Versicherungsbedingungen nicht nur zu lesen, sondern auch zu verstehen und die Auswirkungen auf den Leistungsfall zu kennen, dürfte sich Versicherungsmakler nennen, denn Unwissenheit schützt vor Strafe nicht.

Es genügt übrigens nicht, sich hinter irgendwelchen Visitenkarten-Titeln zu verstecken oder über AGBs Haftungsausschlüsse zu vereinbaren. Wenn man persönlich tätig geworden ist, kann man sich nicht exkulpieren. Im Übrigen nutzen auch keine GmbH oder andere Konstrukte, die Durchgriffshaftung wurde mehrfach gerichtlich entschieden.“

Strenge Beraterhaftung

Ähnlich wurde übrigens mittlerweile auch in der Beraterhaftung entschieden. Der BGH hat mit Urteil vom 13.01.2000 AZ III ZR 62/99 („Plausibilitätskontrolle“) Vermittler und Berater in ähnlicher Weise wie in 1986 den Versicherungsmakler in die Haftung genommen. Jeder Vermittler oder Berater hat die von ihm angebotenen Produkte auf Plausibilität zu prüfen. Wenn er dies nicht kann, muss er diese „Negativ-Aufklärung“ dem Kunden mitteilen – der dann wohl kaum bei ihm abschließen wird.

Verpflichtung zum Lesen von Fachblättern

Im Jahr 2001 bestätigte der BGH die Rechtsprechung verschiedener OLGs, wonach alle Branchenteilnehmer, ob Vermittler, Berater oder Banker, Warnungen in Brancheninformationsdiensten (zum Beispiel DFI, KMI, Finanztest, Platow-Brief, Steuertipp und andere) gelesen und ihre Kunden im Beratungsgespräch entsprechend darüber aufgeklärt haben müssen. Wenn ein Kunde nach der Warnung dennoch zeichnen würde, läge dies in seinem eigenen Ermessen. Dies verpflichtet die Branche zu sehr intensivem Literaturstudium.

Finanzplaner

Finanzplaner als Generalist

Der Finanzplaner geht weit über die Aufgaben des Maklers hinaus. Während sich ein Makler auf ein bestimmtes Gebiet spezialisieren und beschränken kann (zum Beispiel Versicherungs-, Immobilien- oder Finanzmakler), so ist es die Aufgabe des Finanzplaners, die Bedürfnisse des Mandanten zu erkennen, sämtliche vorhandenen Anlagen, Finanz- und Versicherungsprodukte des Mandanten mit ihren einzelnen Zahlungsströmen darzustellen und diese dann in ein zielgerichtetes und sinnvolles Konzept zu transferieren. Dies dürfte verdeutlichen, dass die Aufgaben eines Finanzplaners sehr weit reichend sind und er sehr viele Qualifikationen – sowohl intellektuelle als auch menschliche – mitbringen muss.

Abgrenzung zu ähnlichen Bereichen

Wohlklingende Begriffe

Wie in jeder Branche, so gibt es auch in der Finanzbranche zahlreiche Begriffe, oft auch Anglizismen, deren genaue Bedeutung viele Anleger nicht kennen. Da sie jedoch so häufig gebraucht werden, traut man sich kaum, nach der genauen Bedeutung zu fragen. Und Banken und andere Finanzdienstleister tun das ihre, neue wohlklingende Begriffe zu erfinden und sie zu Marketingzwecken mit einer Aura des Wunderbaren zu umgeben.

Abbildung 32: Eine Vielzahl an verwendeten Begriffen um das Thema Finanzplanung

Private Banking

Traditionsreiche Banken ...

Wie immer, ist die Abgrenzung der zahlreichen Finanzdienstleistungs-Angebote voneinander nicht immer eindeutig. Früher wurde der Begriff Private Banking nur im Kontext mit Privatbanken benutzt, die anders als die Großbanken nicht einem anonymen Aktionärskreis gehören, sondern bei denen es sich um Familienunternehmen mit weit zurückreichender Tradition handelt. Außerdem haften die persönlich haftenden Gesellschafter (PHGs) einer Privatbank mit dem eigenen Vermögen. Namen wie Berenberg, Bethmann, Delbrück, Hauck & Aufhäuser, Lampe, Metzler, Oppenheim, Reuschel, Rothschild, Sarasin, Schröder Münchmeyer Hengst, Trinkaus & Burkhardt, Warburg gehören neben anderen zum Kreis der traditionsreichen Bankiersfamilien.

... oft von Großbanken aufgekauft

Doch viele dieser Privatbanken mit klangvollem Namen wurden von den internationalen Großbanken wie Credit Suisse, Deutsche und Dresdner Bank, Goldmann Sachs, HSBC oder UBS gekauft. Der traditionsreiche Name wird bei solchen Übernahmen meist als Aushängeschild für das Private Banking beibehalten. Ausnahmen bestätigen auch hier die Regel: Beispielsweise hat die Dresdner Bank den Namen der von ihr übernommenen sehr renommierten Hardy Bank fallen gelassen. Die Zahl der unabhängigen privaten Geldhäuser sinkt seit Jahren: 1975, ein Jahr nach der Pleite der Kölner Herstatt-Bank, gab es immerhin noch 124 Privatbanken. 1997 waren es noch 59 und heute sind es nur noch sehr wenige, die wirklich unabhängig geblieben sind.

Private Banking als Gegensatz zum Massengeschäft

Als Gegenpol zum Personal Banking oder Retail Banking – gemeinhin als Massengeschäft bezeichnet – wurde das so genannte Private Banking etabliert. Darunter werden heute Bankdienstleistungen für die Top-Klientel des jeweiligen Anbieters verstanden. Diese Premium-Zielgruppe kann bei einer ländlichen Volksbank bei einem Geldvermögen von 100 000,– € anfangen und beginnt vielleicht bei der Private Banking-Division einer Großbank bei einer Million €. Entscheidendes Kriterium für Private Banking ist, dass es keine Angebote und Vorschläge „von der Stange" gibt, sondern dass es sich um eine individuelle Vermögensberatung handelt. Getreu dem Werbeslogan der HypoVereinsbank: „Leben Sie, wir kümmern uns um die Details." Anbieter von Private Banking sind Privat- und Großbanken, Sparkassen sowie Volksbanken und Raiffeisenkassen.

Financial Planning

Graf Matuschka als Pionier der Finanzplanung

Da man versuchte, eine immer breitere Kundenschicht als „Privatkunden" zu umschmeicheln, sich aber wohlhabendere Kunden nicht unbedingt vom Private Banking angesprochen fühlten, hat die Finanzdienstleistungs-Industrie den Begriff des „Financial Planning" geprägt. Albrecht Graf Matuschka führte 1986 mit seiner „Matuschka Privat Finanz Beratungs- und Verwaltungsgesellschaft mbH" (MPF) den Begriff „Finanzplanung" in Deutschland ein. Natürlich gab es die individuelle Finanzplanung schon lange vorher. Eigentlich so lange, wie es wohlhabende Familien gibt. Aber als gehobene und in gewisser Weise standardisierte Dienstleistung wurde Finanzplanung vor rund 20 Jahren ins Leben gerufen.

Vernetzte Betrachtung im Financial Planning

Der Finanzplaner analysiert den finanziellen Status des Kunden und seine Lebensziele und entwirft einen persönlichen Finanzplan. Seine Tätigkeit ist auf eine lang anhaltende – wenn möglich lebensbegleitende – Betreuung seines Mandanten ausgerichtet. Der Finanzplaner beschränkt sich nicht auf eine Einzelanalyse bezüglich eines einzelnen Anlageobjektes oder eine Teilanalyse, ob das Anlageobjekt für den Mandanten ein geeignetes Objekt darstellt. Beim Financial Planning geht es vielmehr um die Darstellung und vernünftige Strukturierung des Gesamtvermögens, in der alle einzelnen Anlageobjekte des Mandanten miteinander vernetzt betrachtet werden. Darüber hinaus werden Fragen hinsichtlich der Optimierung des Güterstandes, der Vermögensnachfolge, des Wohnsitzes etc. beleuchtet.

Abbildung 33: Bestandteile des Financial Planning

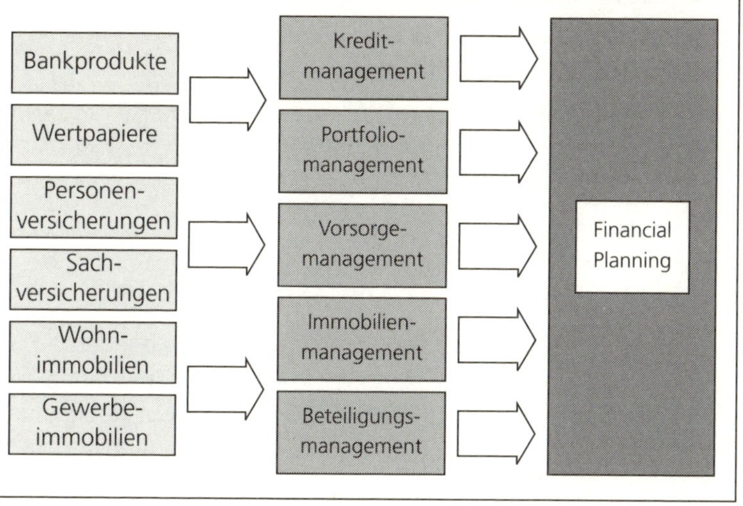

Quelle: ebs FINANZAKADEMIE GmbH

Vergütung des Finanzplaners

Die Vergütung eines Financial Planners kann aus einem Beratungshonorar, aus Provisionen oder einer Mischung aus beidem bestehen. Auch die Haftungsfragen werden angesprochen und die getroffenen Vereinbarungen schriftlich niedergelegt.

Financial Planning über Privatkundengeschäft

Im Prinzip kann zwar jede zielgerichtete Planung hinsichtlich der persönlichen finanziellen Situation einer natürlichen Person bereits als Finanzplan verstanden werden, aber die Banken etablierten den Begriff Financial Planning insbesondere für das Kundensegment, das über dem Privatkunden liegt. Kunden mit einem Geldvermögen ab ca. einer Million € bzw. Jahresverdienst im Bereich des Spitzensteuersatzes sollen damit angesprochen werden. Nach der bereits weiter oben erwähnten Studie gehören derzeit rund 365 000 Personen in Deutschland zu dieser Zielgruppe (German Wealth Report 2000, S. 5).

Anbieter für Finanzplanung

Anbieter für Financial Planning sind:

- Privat- und Großbanken
- Versicherungsgesellschaften (teilweise mit besonderen Financial Planning-Einheiten)
- Gesellschaften der beratenden Berufe (teilweise mit besonderen Financial Planning-Einheiten, wie zum Beispiel Wealth Management von Cap Gemini Ernst & Young)
- Unabhängige Finanzplaner

Estate Planning

Estate Planning organisiert Vermögensübergänge

Eng verzahnt mit dem Finanzplaner ist auch der so genannte Estate Planner. Dieser hat die Aufgabe, Vermögensübergänge zwischen den Generationen zu kanalisieren und fachlich zu begleiten. Auch Fragen wie Patientenverfügung und Betreuungsvollmacht werden von versierten Estate Plannern angesprochen. Dr. Maximilian Werkmüller, Leiter der Abteilung Erb- und Stiftungsangelegenheiten bei HSBC Trinkaus & Burkhardt, beschrieb bei einem Vortrag in der ebs FINANZAKADEMIE GmbH im Jahre 2001 (Werkmüller 2001, siehe Literaturhinweise) den Tätigkeitsumfang eines Estate Planners folgendermaßen:

„Estate Planning umfasst insoweit nicht nur die unmittelbar mit dem Erbfall verbundenen und die jenem im Sinne eines steueroptimierten Vermögenstransfers vorgelagerten rechtlichen und steuerlichen Gestaltungsszenarien, sondern auch diejenigen Maßnahmen, die erforderlich sind, um im Falle einer auch nur vorübergehenden körperlichen oder geistigen Behinderung eine möglichst weit reichende Einflussmöglichkeit des insoweit Behinderten nicht nur hinsichtlich vermögensrechtlicher, sondern auch persönlicher Belange sicherzustellen."

Estate Planning als Bestandteil der Finanzplanung

Damit ist Estate Planning eine integrale Aufgabe der Finanzplanung. Angesichts der Erbengeneration eröffnen sich in naher Zukunft gewaltige Aufgabenfelder für Estate Planner: Immerhin wird von 2000 bis 2005 ein Erbschaftsvolumen in Deutschland von ca. 820 Milliarden € erwartet und von 2005 bis 2010 von 1 120 Milliarden €. Auch die einzelnen Beträge, die auf die Nachfolger übergehen, werden größer. Das Pro-Kopf-Erbe stieg von 14 300 € in 1970 auf 100 000 € in 1990 und für 2010 wird ein Anstieg auf rund 300 000 € erwartet. Dabei sind die Erben überwiegend in der Altersklasse zwischen 50 und 59 Jahren zu finden und das Durchschnittsalter beträgt 55 Jahre (alle Angaben nach Werkmüller 2001).

Oft Steuer- und Anwaltskanzleien im Estate Planning

Als Estate Planner kommen meist spezialisierte Steuer- und Anwaltskanzleien in Betracht. Sie beraten ihre Mandantschaft hinsichtlich des Zeitpunktes und der optimalen Gestaltung von Schenkungen, der Nutzung von Trusts oder Stiftungen im internationalen Kontext, der geeigneten Gesellschaftsform oder wie man minderjährige Kinder sinnvoll und sukzessive an die Verwaltung des Vermögens heranführt. Da vermögende Familien häufig auch Besitz im Ausland haben, sind beim Estate Planning Kenntnisse im internationalen Gesellschafts- und Steuerrecht vonnöten.

Gehört der Estate Planner nicht zu einer Rechtsanwalts- oder Steuerberaterkanzlei, so beschränkt er sich zunächst auf die Aufgabenbereiche

- Datenaufnahme
- Bestandsaufnahme und Analyse des Status quo
- Analyse vor dem Hintergrund der Zielvorgaben des Kunden
- Erarbeiten einer Strategie, um die Zielvorgaben des Kunden zu erreichen
- Formulierung eines ganzheitlichen Vermögensnachfolgekonzeptes im Rahmen des Estate-Planning-Gutachtens

Enge Kooperation mit Steuer- und Rechtsberatern

Der Estate Planner moderiert und koordiniert die hinzugezogenen Experten und behält die gesamtwirtschaftlichen Ziele seines Kunden im Auge. Schließlich geht es nicht ausschließlich um die steuerliche oder rechtliche Optimierung, sondern darum, ein wirtschaftliches Gesamtziel zu erreichen. Die Umsetzung der Strategien, die der Estate Planner entwickelt hat, erfolgt ausschließlich durch die Fachberater aus den rechts- und steuerberatenden Beru-

Estate Planner verantwortet ganzheitliche Strategie

fen. Die Fachberater haben dann die Aufgabe, die Gestaltung und Umsetzung von einzelnen Maßnahmen zu optimieren, während der Estate Planner für die ganzheitliche Strategie verantwortlich bleibt. Der Estate Planner wird dann in regelmäßigen Abständen wieder hinzugezogen, um die von ihm entworfene Strategie von Zeit zu Zeit den Änderungen in den Lebensumständen des Kunden wie Eheschließung oder Geburt eines Kindes oder der wirtschaftlichen oder steuerlichen Situation anzupassen.

Einige Estate Planner haben im Februar 2001 eine Interessengemeinschaft gegründet, den Verein der Estate Planner Deutschland e.V. Freising (VEPD), dessen Vorsitzender Heinz Angermair ist. Im Februar 2002 hatte der VEPD 30 Mitglieder, die folgenden Vereinszweck verfolgen:

- Entwicklung von Normen zur Unterstützung von Estate Plannern bei der Einhaltung der steuer- und rechtsberatenden Gesetze und sonstiger Vorschriften
- Entwicklung von Ethikregeln und Berufsgrundsätzen in der praktischen Tätigkeit der Estate Planner
- Förderung des Ausbildungsniveaus
- Entwicklung, Unterstützung, Anerkennung und Überwachung von Aus- und Weiterbildungsprogrammen für Estate Planner
- Förderung der Vernetzung von Estate Planning und Financial Planning

„Certified Estate Planner" (CEP)

Der Verein akkreditiert dann auch Ausbildungsträger, die zum Abschlusstitel „Certified Estate Planner" (CEP) ausbilden dürfen. Er kann folgendermaßen kontaktiert werden:

Verein Estate Planner Deutschland e.V.
Postfach 10 12
85738 Garching
Telefon und Fax: (0 89) 14 88 – 20 38 04
e-mail: info.vepd@gmx.de

Die Akademie für Estate Planning Deutschland GmbH (AEPD) hat den Bedarf für eine zielgerichtete Ausbildung zum Estate Planner erkannt. Sie bietet Fortbildungskurse zum „Estate Planner AEPD" als zweistufiges Programm, das unterschiedliche Vorbildungen der Teilnehmer berücksichtigt, in München und Hamburg an.

AEPD bildet Estate Planner aus

Estate Planner

Dieser Fortbildungsgang ist ein Gesamtlehrgang über insgesamt 18 Schulungstage, in denen die relevanten Themenbereiche ausführlich behandelt werden. Die Ausbildung findet im Blockunterricht zu jeweils sechs Blöcken à drei Tage statt. Die Kosten betragen 6 750,– € plus Prüfungsgebühr 750,– € (inkl. MwSt).

Zweistufige Fortbildung

Estate Planner Professional

Dieser Fortbildungsgang ist für Personen konzipiert, die bereits über Erfahrungen im Bereich des Estate Planning verfügen. Einzelne Themen der Teilbereiche Erbrecht, Steuerrecht, Unternehmensnachfolge, internationales Erbrecht, Testamentsvollstreckung, Stiftungen und Trusts sowie Mediation werden vertieft und durch Praxisfälle bzw. Gestaltungsmodelle ergänzt. Die Ausbildung findet im Blockunterricht zu jeweils drei Blöcken à drei Tage statt und die Kosten betragen 4 650,– € plus Prüfungsgebühr 750,– € (inkl. MwSt).

Die Ausbildung an der AEPD endet mit einer Prüfung zum Estate Planner (AEPD). Erfolgreiche Teilnehmer können sich dann beim Verein Estate Planner Deutschland (VEPD) zum „Certified Estate Planner" (CEP) lizenzieren lassen.

Lizenzierung zum CEP durch VEPD

AEPD Akademie für Estate Planning Deutschland GmbH
Postfach 10 12, 85738 Garching/München
Telefon: (0 89) 32 92 95 02
Fax: (0 89) 32 92 95 03
e-mail: info@aepd.de

Auch ebs bildet Estate Planner aus

Auch die ebs FINANZAKADEMIE sieht im Feld Estate Planning einen enormen Ausbildungsbedarf und bietet seit 2001 ein berufsbegleitendes Intensivstudium Estate Planning an. Die elftägige Kurzversion des Studiums enthält rund 160 Stunden Tutorial, Präsenzunterricht, eine umfangreiche Projektarbeit und deren Disputation. Für diese verkürzte Variante des Intensivstudiums kommen Certified Financial Planner und andere Finanzdienstleister mit entsprechender Berufspraxis im Bereich Estate Planning in Frage. Für andere Studenten – z. B. aus den beratenden Berufen wie Steuerberater, Wirtschaftsprüfer und Notare – bietet sich die 20-tägige Normalversion an. Die Veranstaltungen finden in Oestrich-Winkel sowie in Hamburg und Berlin statt.

Zehn Universitätsprofessoren und hoch qualifizierte Fachleute aus Steuerberatungs- und Rechtsanwaltssozietäten sowie aus der Finanzindustrie unterrichten die Teilnehmer über knifflige Gestaltungsmodelle bei nationalen und internationalen Erbfällen im privaten und unternehmerischen Bereich. Grundlagen zur „einfühlsamen Kommunikation" beim Tabuthema Tod und Prinzipien der Mediation bei Konflikten in der Vermögensnachfolge gehören ebenso zum Unterrichtsstoff wie ertrags- und erbschaftsteuerliche Auswirkungen bei Erbauseinandersetzungen. Erfolgreiche Absolventen erhalten den Titel „Estate Planner (ebs)". Die Studiengebühren für die Kurzversion des Intensivstudiums Estate Planning belaufen sich auf 5 000,– €, die Normalversion kostet 7 000,– €, jeweils plus MwSt.

Wortkreationen verwirren eher als dass sie helfen

Rainer Juretzek, Chef der Deutschen Gesellschaft für Finanzplanung e.V. findet, dass die zahlreichen Wortkreationen den Kunden eher verwirren als ihm helfen. Er hält nichts von der Unterscheidung zwischen den Aufgaben des Finanzplaners einerseits und denen des Estate Planners andererseits:

„Der offensichtlich aus wirtschaftlichen Erwägungen kreierte ‚Estate Planner' ist so überflüssig wie ein Kropf. Er deckt eins zu eins einen Teil der Weiterbildungsanforderungen (EAFP, CFP) und des

Tätigkeitsgebietes des Finanzplaners ab. Das Mehr an Wissen darf er nicht anwenden, da er sich dann ohne Zweifel in der unerlaubten Rechts- und Steuerberatung bewegt. Vermutlich wird er auch keine Haftpflichtversicherung finden, die dieses Risiko abdeckt."

Anbieter für Estate Planning

- Privat- und Großbanken (teilweise mit speziellen Einheiten)
- Steuerberatungs- und Rechtsanwalts-Kanzleien

Family Office

Family Office für tägliche Betreuung und Verwaltung

Auch das Family Office wendet sich an eine Familie bzw. an einen privaten Investor und unterstützt ihn bei der Verwaltung seines Gesamtvermögens. Während der Finanzplaner eine Analyse des Status quo erstellt und unter Berücksichtigung des übergeordneten Zielsystems des Kunden einen Finanzplan als eine Art Maßnahmenkatalog vorschlägt, kümmert sich das Family Office um die tägliche Betreuung und Verwaltung des Kundenvermögens. Das Privatbankhaus Pictet erklärt dazu auf seiner Website: „Im Family Office laufen die Fäden des Vermögensverwalterprogramms der Familie zusammen. Es bietet der Familie ein interdisziplinäres Beraterteam, das es versteht, das Familienvermögen zu erhalten oder weiterzuentwickeln" (www.pictet.ch). Die Stützpunkte des piekfeinen Privatbankhauses lesen sich dann auch wie die Auflistung von klangvollen Städtenamen: Genf, Lausanne, London, Luxemburg, Montreal, Nassau, Zürich.

Wichtig: Netzwerk aus Spezialisten

Klaus Kuder von der „Deutsche Family Office GmbH", die zum Deutsche Bank-Konzern gehört, erklärt die Differenzierung zwischen Financial Planning und Family Office folgendermaßen: „In Anlehnung an Begriffe aus dem Unternehmensbereich formuliert der Finanzplaner den Businessplan. Das Family Office setzt auf dem Businessplan auf und bemüht sich um die bestmögliche Umsetzung im täglichen Geschäft." Gefragt, welche Ausbildung für die Belegschaft eines Family Office vorausgesetzt wird, meint

Kuder: „Die spezifische Ausbildung eines Mitarbeiters ist nicht allein entscheidend, denn ein Allrounder muss in allen wichtigen Gebieten zu Hause sein. Wichtig ist das Netzwerk, damit man im internationalen Kontext für die Umsetzung des Finanzplans mit geeigneten Spezial-Anbietern zusammenarbeiten kann. Unser virtuelles Team ist äußerst heterogen und setzt sich aus Steuerberatern, Juristen, Vermögensverwaltern, Spezialisten für Unternehmensbewertung, etc. zusammen."

Ende der neunziger Jahre: Family Office in Europa

Böse Zungen behaupten, dass sich die besonders betuchte Klientel bei weiterer Verbreitung des Financial Planning-Begriffs nicht mehr mit dieser Zielgruppe identifizieren konnte, so dass ein neuer Begriff geschaffen werden musste. Daher werde versucht, dem Premium-Kundensegment die Dienstleistung des „Family Office" anzubieten, sozusagen als Up-market-Strategie des Financial Planning. In Europa ist die Betreuung großer Familienvermögen unter dem Namen „Family Office" erst seit Ende der neunziger Jahre bekannt. Im Prinzip handle es sich um „eine Art gehobenen Sekretariatsservice", so ein Artikel aus der Zeitung *Die Zeit* (vgl. „Das Geld der feinen Leute", *Die Zeit* 45/2001 oder unter www.zeit.de/2001/45/Wirtschaft/200145_gs-privatbankier.html). Schließlich kommen bei der Zielgruppe beinahe täglich Depotauszüge, Gutschriften, Abbuchungsbelege oder die aktuellen Zahlen der Fremdwährungskonten ins Haus und da sei es schwierig, den Überblick zu behalten.

Reporting und Controlling im Family Office

„Das Family Office fungiert sozusagen als proaktiver Coach oder Lotse im Vermögensmanagement", erklärt Klaus Kuder. Hierzu gehört die bestmögliche Umsetzung des Finanzplans, die auch die Suche nach den geeigneten Verwaltern und Beratern umfasst, neben Vermögensverwaltern und Immobilienmanagern beispielsweise auch Numismatiker und Kunstsachverständige. Ferner gehören regelmäßige Soll/Ist-Abgleiche, Liquiditätsmanagement und ein einheitliches Berichtswesen („Reporting") der verschiedenen Verwalter, Berater und Experten und deren Controlling dazu, des Weiteren die Moderation von Strategie-Gremien und natürlich auch

Kostenkontrolle und Nachfolgeplanung

das Verhandeln der Kosten für die einzelnen Dienstleistungen. Auch die grenzüberschreitende Steuerplanung wie die Wohnsitzverlegung oder das Suchen eines geeigneten Nachfolgers für den Chefposten des familieneigenen Unternehmens gehörten zu den Fragen eines Family Office. Alle ein bis zwei Jahre wird vom Family Office der Finanzplaner als Stratege hinzugezogen.

Auf welchen Ebenen sich die Dienstleistungen der „Deutsche Family Office GmbH" bewegen, zeigt das unten stehende Schaubild.

Abbildung 34: Verwaltungsebenen im Family Office

Verantwortung. Für Ihr Vermögen.

Strategieberatung	Vermögensstrukturplanung
	Generationsübergreifende Strategien
	Asset Allocation
	Investment Research
Management	Liquiditätssteuerung
	Management of Managers
	Strategiegremium
	Investition & Finanzierung
Controlling	Rechnungswesen
	Zwischen- und Jahresabschluss
	Performance Analyse
	Risk-Controlling
Betreuung	Tagesgeschäft
	Budgetierung
	Experten-Rating
	Szenario-Analyse

Quelle: Deutsche Family Office

Rainer Juretzek, Chef der Deutschen Gesellschaft für Finanzplanung e.V. möchte die Trennung zwischen Finanzplanung und Family Office nicht so streng sehen, sondern betont eher Gemeinsamkeiten:

„Der Finanzplaner ist nach der Definition (Berufsbild) der Deutschen Gesellschaft für Finanzplanung „Finanzkoordinator" oder „Wealth Manager" – je nach Kundenauftrag – in der Regel der gesamten Finanz- und Vermögenssphäre eines vermögenden Haushalts im Sinne der ganzheitlichen Finanz- und Vermögensberatung, -betreuung oder -verwaltung. Dies gilt insbesondere für das Family Office. Der Finanzplaner ist auf Grund seiner breit angelegten Ausbildung, der ethischen Berufsgrundsätze und seines Selbstverständnisses der ‚geborene' Family-Betreuer."

Family Office arbeitet auf Honorarbasis

Das Schweizer Privatbankhaus Pictet & Cie. benennt die Zielgruppe für das Family Office als Familien, die über ein Vermögen von über 50 Millionen € verfügen. Laut dem oben genannten Artikel aus „Die Zeit" hat Pictet zum Beispiel 120 so genannte „Premiumkunden", die durchschnittlich über ein Vermögen von 800 Millionen Schweizer Franken verfügen. Meistens handelt es sich nicht um Einzelpersonen, sondern um Unternehmerfamilien aus Europa oder dem Nahen Osten, deren Familien- und Firmenstrukturen oft äußerst komplex sind. Klaus Kuder von der Deutschen Family Office GmbH meint, dass auch für Vermögen von 20 bis 30 Millionen € schon die Dienstleistung eines Family Office in Frage käme, zumindest müsse es sich aber um einen hohen zweistelligen Millionen-Betrag handeln. Dies sind zwar in Deutschland nur wenige Tausend, aber die Zielgruppe scheint interessant genug. Dabei erzielt das Family Office ausschließlich Honorar-Erlöse, da eventuelle Provisionen aus der Umsetzung an den Kunden zurückfließen. Das Honorar, das ein Family Office für seine Dienstleistungen verlangt, schwankt je nach Arbeitsanfall und Vermögensaufteilung zwischen 0,1 und 1 % des Vermögens pro Jahr.

„Multi-user" und „Single-user"

Die Häuser, die Family Office Dienstleistungen anbieten, kommen zu zwei Dritteln aus dem Bankenbereich. Meist sind es so genannte „Multi-User"-Angebote, d. h. ein Haus bietet diese spezialisierte Dienstleistung für mehrere Familien an. Daneben gibt es auch die Möglichkeit des „Single-User", wo sich ein Beraterstab ausschließlich um ein einzelnes Familienvermögen kümmert. Die Zusammenstellung eines solchen Beraterstabes selbst ist natürlich eine zeitraubende und teure Angelegenheit und birgt das Risiko der Fehlentscheidung. In den USA gibt es seit den neunziger Jahren eine Vereinigung, die sich „Family Office Exchange" nennt. Sie bietet Experten und interessierten Familien eine Plattform, die bislang in Europa noch fehlt.

Peter Schaubach, wissenschaftlicher Mitarbeiter der ebs FINANZ-AKADEMIE GmbH, äußert sich zum Umfang der Dienstleistungen des Family Office folgendermaßen:

Monetäres, Human- und Sozialvermögen

„Bislang nicht ausreichend berücksichtigt wird das unterschiedliche Begriffsverständnis von Vermögen. Während Anbieter hauptsächlich auf das monetär messbare Vermögen abzielen, ist das Vermögen aus Sicht der Familie weit umfassender und beinhaltet das Humanvermögen ebenso wie das Sozialvermögen. Mit Humanvermögen sind all jene Ressourcen zusammengefasst, die in einer Person vorhanden sind und zur Steigerung des Gesamtvermögens beitragen können, wie zum Beispiel das Arbeitsvermögen, die Intelligenz oder die Physis. Im Gegensatz dazu spiegelt das Sozialvermögen die Stellung der Familie in der Gesellschaft wider (zum Beispiel Reputation, Werte, Netzwerk). Dienstleistungen innerhalb dieser beiden Bereiche wie das Heranführen an die Aufgabe eines künftigen Familienoberhauptes sind bislang bei externen Family Offices eher die Ausnahme."

Anbieter Family Office

Anbieter von Family Office Dienstleistungen im deutschsprachigen Raum:

- Bankhaus Pictet & Cie., Genf
- Berenberg Bank, Hamburg
- Deutsche Family Office GmbH, Frankfurt a.M.
- Feri AG, Bad Homburg
- HSBC Guyerzeller Bank AG

- Jens Spudy & Partner Vermögensmanagement GmbH, Hamburg
- Julius Baer Family Office Ltd.
- LGT Financial Consulting, Frankfurt a.M.
- Marcard Stein & Co Bankiers, Hamburg
- UBS Private Banking Deutschland AG, Frankfurt a.M.
- Unlimited AG, Berlin
- WSH Gesellschaft für Vermögensberatung und Family Office, Düsseldorf

3. Probleme des Financial Planning

Wie bereits oben beschrieben, grenzt Financial Planning an verschiedene andere Berufsfelder bzw. ist eng mit ihnen verzahnt.

Abbildung 35: Verzahnung von Steuerberatung, Rechtsberatung, Financial Planning und Estate Planning

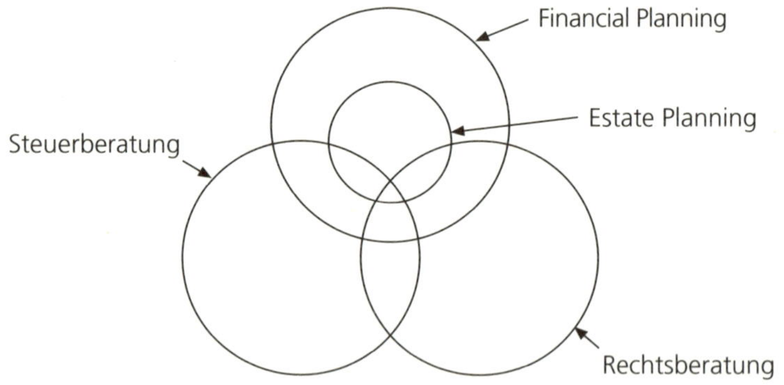

Die Abgrenzung zu Steuer- und Rechtsberatung

Kein offizielles Berufsbild für Finanzplaner

In der Praxis stellt sich insbesondere die Abgrenzung zu den Bereichen Steuerberatung und Rechtsberatung als problematisch dar. Der Grund: Der Finanzplaner ist in Deutschland kein gesetzlich geschützter Titel und es besteht kein offizielles Berufsbild. Dagegen sind die Berufe Steuerberater und Rechtsanwalt durch Kammern vertreten und unterliegen strengem Standesrecht.

Rechtsberatungsgesetz

Das Rechtsberatungsgesetz wurde 1935 noch als „Gesetz zur Verhütung von Missbräuchen auf dem Gebiete der Rechtsberatung" erlassen und beseitigte die bis dahin geltende Gewerbefreiheit für die Besorgung fremder Rechtsangelegenheiten (vgl. Werkmüller 2001). Seit 1935 erfuhr das Rechtsberatungsgesetz zwar zahlreiche Änderungen, aber die drei grundsätzlichen Ziele sind nach wie vor

- Gewährleistung eines gewissen Qualitätsstandards in Angelegenheiten der Rechtsberatung,
- Sicherung einer reibungslosen Abwicklung des Rechtsverkehrs, insbesondere in Zusammenarbeit mit Behörden und
- Gewährleistung einer funktionsfähigen Anwaltschaft durch „Kontingentierung".

Finanzplanung grenzt an Rechtsberatung

Das Rechtsberatungsgesetz ordnet für die geschäftsmäßige Besorgung „fremder Rechtsangelegenheiten", einschließlich der Rechtsberatung und der Einziehung fremder oder zu Einziehungszwecken abgetretener Forderungen eine grundsätzliche Erlaubnispflicht an (vgl. Art. 1 § 1 Abs. 1 Satz 1 RberG). Der Bundesgerichtshof geht in seiner ständigen Rechtsprechung davon aus, dass von der Erlaubnispflicht sämtliche geschäftsmäßigen Tätigkeiten erfasst werden, „die darauf gerichtet sind, konkrete fremde Rechte zu verwirklichen oder konkrete fremde Rechtsverhältnisse zu gestalten" (BGH, NJW 1987, 2003 f.; BGHZ 38, 71 (75); BGHZ 48, 12 (19), st. Rsp., in Anlehnung an Werkmüller 2001). Damit kommt die Tätigkeit eines Financial Planners bedrohlich nahe an das Rechtsberatungsverbot heran.

Erlaubnis fremder Rechtsangelegenheiten nur mit Erlaubnis

Das Rechtsberatungsgesetz legt fest, dass „die Besorgung fremder Rechtsangelegenheiten [...]" nur von Personen betrieben werden darf, „[...] denen dazu von der zuständigen Behörde die Erlaubnis erteilt ist" (Art. 1 § 1 RberG). Eine solche Erlaubnis erhalten aber ausschließlich

- Rentenberater
- Versicherungsberater
- Frachtprüfer
- Inkassounternehmen und andere

„Erlaubnisfreie" und „zulässige" Tätigkeiten

Das Rechtsberatungsgesetz enthält auch einen Katalog „erlaubnisfreier" oder „zulässiger" Tätigkeiten, wie zum Beispiel (vgl. Werkmüller 2001)

- Tätigkeit der Zwangsverwalter, Insolvenzverwalter und Nachlasspfleger und anderer öffentlich bestellter Personen,
- Erledigung rechtlicher Angelegenheiten durch Unternehmer für ihre Kunden, soweit unmittelbarer Zusammenhang gegeben,
- Öffentlich bestellte Wirtschaftsprüfer, vereidigte Buchprüfer sowie Steuerberater und Steuerbevollmächtigte, soweit unmittelbarer Zusammenhang gegeben und Rechtsberatung Annex zur eigentlichen Tätigkeit ist,
- Vermögensverwalter, Hausverwalter und ähnliche Personen, soweit unmittelbarer Zusammenhang gegeben,
- Angestellte bei der Erledigung von Rechtsangelegenheiten ihres Dienstherren.

Verstöße gegen das Verbot der geschäftsmäßigen Besorgung fremder Rechtsangelegenheiten durch Personen, welche die erforderliche Erlaubnis nicht besitzen, können als Ordnungswidrigkeiten mit einer Geldbuße bis zu 5 000,– € geahndet werden (Art. 1 § 8 RberG). Nähere Auskünfte können Sie bei der Bundesrechtsanwaltskammer einholen.

Bundesrechtsanwaltskammer
Littenstraße 9
10179 Berlin
Telefon (0 30) 28 49 39 – 0; Fax: (0 30) 28 49 39 – 11
E-Mail: zentrale@brak.de
Internet: www.brak.de

Steuerberatungsgesetz

Neben dem Rechtsberatungsgesetz stellt auch das Steuerberatungsgesetz eine Grenze für den Financial Planner dar. Es regelt, wer im Einzelnen eine „geschäftsmäßige Hilfestellung in Steuersachen" leisten darf (§ 2 StBerG). Eine solche Hilfeleistung liegt vor, „wenn der Ratsuchende über die Rechtslage im Einzelfall sowie über die zu ergreifenden Maßnahmen unterrichtet wird" (vgl. Horst Gehre, Kommentar zum Steuerberatungsgesetz, § 1 Rn. 9, München, 4. Aufl. 1999, in Anlehnung an Werkmüller 2001). Laut OLG Celle stellt das bloße Aufzeigen von Missständen und die sich daran anschließende Empfehlung, zur Feststellung der Rechtslage im Einzelnen und zur Durchführung von Maßnahmen einen Steuerberater zu beauftragen, keine Hilfestellung dar (vgl. OLG Celle, DstRE 2000, 1063, in Anlehnung an Werkmüller 2001).

Befugnis zur Steuerberatung

Das Steuerberatungsgesetz regelt, dass die geschäftsmäßige Hilfeleistung in Steuersachen nur von Personen und Vereinigungen ausgeübt werden darf, die hierzu befugt sind. Dies sind (vgl. § 3 Nr. 1–3 StBerG)

- Steuerberater, Steuerbevollmächtigte, Rechtsanwälte, niedergelassene Rechtsanwälte, Wirtschaftsprüfer und sonstige Buchprüfer
- Partnergesellschaften
- Steuerberatungsgesellschaften, Rechtsanwaltsgesellschaften, WP- und Buchprüfungsgesellschaften

Ausnahmen sieht das Steuerberatungsgesetz in besonderen Fällen vor (vgl. § 4 StBerG, in Anlehnung an Werkmüller 2001), so zum Beispiel

Ausnahmen

- Kreditinstitute, Kapitalgesellschaften oder Treuhänder bezüglich Anträgen auf Vergütung von KSt oder Erstattung von KESt,
- Verwahrer und Verwalter fremden Vermögens, soweit Hilfeleistung dieses Vermögen betrifft,
- Arbeitgeber, die für ihre Arbeitnehmer Hilfe in Lohnsteuersachen einschließlich Kindergeldfragen leisten.

Anderen Personen ist die geschäftsmäßige Hilfeleistung in Steuersachen untersagt (§ 5 Abs. 1 StBerG) und Verstöße werden mit einem Bußgeld geahndet (§ 160 StBerG). Nähere Auskünfte erteilt die Bundessteuerberatungskammer.

Bundessteuerberatungskammer
Neue Promenade 4
10178 Berlin
Telefon: (0 30) 24 00 87 – 0; Fax: (0 30) 24 00 87 – 99
E-Mail: zentrale@bstbk.de
Internet: www.bstbk.de

Enge Verzahnung Steuerberatung/ Finanzplanung

Jeder wird zugeben, dass eine solide Finanzplanung ohne die Beachtung von steuerlichen und rechtlichen Aspekten nicht möglich ist. Während die Datenaufnahme des Finanzplaners noch nicht problematisch ist, so tritt der Konflikt jedoch bei der Analyse und Bewertung der Ist-Situation und erst recht bei der Entwicklung einer persönlichen Strategie auf. RA Dr. Maximilian Werkmüller fasst die Ergebnisse bei einem Vortrag mit dem Thema „Estate Planning – Zwischen Marktpotenzial und Standesrecht" folgendermaßen zusammen (Werkmüller 2001):

- Ein Estate Planner (und damit wohl auch ein Finanzplaner – Anmerkung der Autoren) erbringt nach dem hier zu Grunde gelegten Verständnis sowohl geschäftsmäßige Rechtsberatung im Sinne von Art. 1 § 1 RBerG als auch Hilfeleistung in Steuersachen im Sinne von § 1 StBerG.

- Auch unter besonderer Berücksichtigung der zu dem jeweiligen Standesrecht ergangenen Gerichtsentscheidungen würde keiner der Ausnahmetatbestände des Estate Planning an sich rechtfertigen, es sei denn, der Estate Planner erfüllt die jeweiligen persönlichen Voraussetzungen für eine erlaubte Rechts- und Steuerberatung und er erbringt diese Leistungen im eigenen Namen.
- Diese Folgen gelten unabhängig davon, ob das Estate Planning durch eine natürliche Person oder durch eine juristische Person im Rahmen allgemeiner Finanzdienstleistungen erbracht wird.

Steuerberater- und RA-Kammer als Lobbyverbände

Die Steuerberater- und die Rechtsanwaltskammern pochen dabei als Lobby-Verbände auf ihre Ansprüche. Der Grat ist hier so schmal, dass es in der Praxis häufig zu Übertretungen kommt. Diese werden zum Teil geduldet oder gar nicht entdeckt, zum anderen gehen jedoch die Steuerberater- und Rechtsanwaltskammern gerichtlich gegen solche Verstöße vor.

Mit diesem Problem hat sich auch Monika Lambrecht befasst. Sie ist Mitglied der Geschäftsleitung der Kanzlei Lambrecht Cchochlow Müller, Steuerberater – Rechtsanwälte, zuständig für Private Finanzplanungen und Unternehmensberatung. Außerdem ist sie Mitherausgeberin des Werkes „Vermögensgestaltungsberatung durch den Steuerberater" und Dozentin im Weiterbildungsstudium „Private Finanzplanung, Vermögensgestaltungsberatung" der Fachhochschule Frankfurt am Main. Sie sieht das Problem folgendermaßen:

„Tatsächlich ist es so, dass Steuerberater- und Rechtsanwaltskammern üblicherweise nicht spontan tätig werden – aus dem einfachen Grunde, dass sie keine Kenntnis von Verstößen haben. Aktivitäten erfolgen allenfalls dann, wenn die Kammern, zum Beispiel von unzufriedenen Kunden, kontaktiert werden.

Wo aber liegt nun das tatsächlich sachliche neben dem rein juristischen Problem?

Steuerrechtliche und juristische Detailkenntnisse vonnöten

Steuerrecht und Jurisprudenz in Deutschland sind durch nahezu jährliche Änderungsgesetze, BFH-, EUGH-, BGH-, BVG- und sonstige Rechtsprechung, Anwendungserlasse, Durchführungsverordnungen, Schreiben der Finanzverwaltung und Änderungsgesetze der Änderungsgesetze etc. so komplex geworden, dass es selbst für den/die Fachmann/-frau immer schwieriger wird, den Überblick zu behalten. Gerade im Financial Planning und Estate Planning werden jedoch häufig Konzepte entwickelt, die auf äußerst komplexe Weise gerade auch die Gestaltungsmöglichkeiten des Steuerrechtes und der Jurisprudenz nutzen. Aber nicht nur das, selbst die ‚banale' Analyse vorliegender vermögensrelevanter Verträge auf ihre Auswirkungen erfordert das eine Mal steuerrechtliche, das andere Mal juristische Detailkenntnis.

Komplexe steuerliche Auswirkungen

Beispiel:

Beispiel 1: Nehmen wir den Beispielfall der Auseinandersetzung einer Immobilien verwaltenden Personengesellschaft. Abweichend von dem seitens der Mandanten bei Gründung gewünschten Gesellschaftsvertrag sollen von jedem Gesellschafter jeweils Einheiten der Immobilie übernommen werden, die nicht dem Anteil an der Gesellschaft entsprechen. Diese scheinbar so banale Abweichung erfordert die Berücksichtigung von vier Steuerarten, nämlich Umsatzsteuer, Gewerbesteuer, Einkommensteuer, Grunderwerbsteuer. Für jede Steuerart wäre eine andere Gestaltung zur Optimierung erforderlich. Wird dieses Problem übersehen und die Lösung nicht im Zusammenwirken von Financial Planner, Steuerberater und Rechtsanwalt gesucht, kann erheblicher Schaden entstehen.

Beispiel 2: Es wird der Finanzplan erstellt für einen Mandanten, der sein Unternehmen an die Junioren übergeben hat und aus dem Unternehmen ausgeschieden ist. Im Rahmen der Erstellung des Finanzplanes werden Sicherheitenzweckerklärungen für Grundschulden übergeben. Bei deren Durchsicht wird festgestellt, dass die auf der Immobilie des Seniors eingetragene

Grundschuld Sicherheit ist für in der Sicherheitenzweckerklärung benannte Darlehen zur Unternehmensfinanzierung, die konkret benannt sind. Dies ist dem Senior bekannt und bewusst.

Also kein Problem? Irrtum. Wer dies meint, hat die Sicherheitenzweckerklärung und die ihr zu Grunde liegende Grundschuldbestellungsurkunde nicht vollständig gelesen oder verstanden. Denn in der Sicherheitenzweckerklärung steht der kleine Zusatz: ‚Ein etwa bisher vereinbarter Sicherungszweck wird durch die vorstehende Vereinbarung *nicht* aufgehoben, sondern ergänzt.' Dies bedeutet jedoch, dass der Senior nicht nur für die in der Sicherheitenzweckerklärung benannten Darlehen haftet. Denn laut der ursprünglichen Sicherheitenzweckerklärung, die ja nur ergänzt wird, haftet er ‚für alle gegenwärtigen und zukünftigen Verbindlichkeiten des Kreditnehmers', und in der Grundschuldbestellungsurkunde übernimmt er darüber hinaus die volle persönliche, nicht nur dingliche Haftung.

Besser: Finanzplaner im Verbund mit Steuer- und Rechtsberater

Um die Vermögensrisiken der Senioren zu erkennen und bei der Vermögensstrukturierung zu berücksichtigen, sind dies absolut grundlegende Tatsachen, die im Allgemeinen ein Financial Planner nicht erkennen kann. Die Tücke liegt eben im Detail. Selbst das ‚genialste' Konzept muss scheitern, wenn mangels spezifischer Fachkenntnis die steuerlichen und juristischen Grundlagen unzureichend berücksichtigt sind. Sicherheit für den Mandanten und Haftungssicherheit für den Financial Planner gibt deshalb – sowohl aus juristischen als auch aus faktischen Gründen – lediglich die Arbeit eines Financial Planners im direkten Verbund mit Steuerberater und Rechtsanwalt. Diese haben nicht erst in der Umsetzung ihren Platz, sondern sollten in den meisten Fällen bereits in die Erstellung des Finanzplanes mit einbezogen werden, da der Finanzplan ja gerade die finanziellen Auswirkungen der Anlageentscheidung auf dem Hintergrund steuerrechtlicher und juristischer Gestaltungen kalkuliert.

Probleme oft schwer erkennbar

Gerade ein Financial Planner, der ohne diese Einbindung in eine interdisziplinär tätige Kanzlei arbeitet, muss deshalb mit äußerster Sorgfalt Umfang und Grenzen des Auftrages definieren und er muss sich des Risikos bewusst sein, dass er über Fußangeln stolpern kann, die er nicht einmal erkennen kann."

Das Haftungsrisiko

Vermögens-schaden-Haftpflicht-versicherung

Problematisch bei der Finanzplanung ist auch das Haftungsrisiko, das der Berater eingeht. Da es oft um beträchtliche Anlagevermögen geht, kann jeder Fehler einen Verlust von recht großem Umfang bedeuten. Die Fehlermöglichkeit wird zwar dadurch reduziert, dass verschiedene Experten ihren Input geben, dennoch können Fehler auftreten. Durch die Hinzuziehung von Experten wird es sogar manchmal schwierig zu klären, ob der hinzugezogene Experte oder der Finanzplaner als Generalist im Einzelfall haften sollen. Da ein Finanzplan in schriftlicher Form erfolgt und meistens auch recht umfangreich ist, bietet er für einen Anwalt im Falle eines Falles gut dokumentiertes Beweismaterial. Daher tut ein Finanzplaner gut daran, eine Vermögensschaden-Haftpflichtversicherung abzuschließen.

Der Finanzdienstleister Michael Meurer aus Wiesbaden nimmt zur Haftungsproblematik folgendermaßen Stellung:

Dienstvertrag und Werkvertrag

„Versicherungsmakler, Versicherungsagenten, Anlagevermittler und Anlageberater befinden sich juristisch noch auf der Dienstvertragsebene, d. h. sie haben zwar die sehr scharfe Haftung des BGHs, müssen allerdings ‚nur' ihren Aufklärungspflichten gerecht werden. Die honorarberatenden Financial Planner und andere Honorarberater stehen dagegen juristisch auf der Werksvertragsebene. Sie schulden das ‚Werk', sprich umgangssprachlich den ‚Erfolg'. Man müsste die große blaue Kugel haben, um in die Zukunft sehen zu können. Ich persönlich maße mir trotz meiner diversen Ausbildungen dieses Können nicht an und wünsche allen Kollegen, die das tun, viel Glück.

Reichsberatungsgesetz von 1938 noch gültig

Darüber hinaus verstoßen einige Finanzplaner meines Erachtens gegen ein altes, aber dennoch gültiges Gesetz: Das Reichsberatungsgesetz aus dem Jahr 1938, das ein Verbot beinhaltet, gleichzeitig Rechtsberatung gegen Honorar und Vermittlung durchzuführen. Denn bildlich gesprochen sitzen auf der linken Seite die Finanzplaner gegen Honorar und hinterlassen meterweise gebundenes Papier und auf der rechten Seite werden – oft sogar hauseigene – Produkte verkauft, zum Beispiel 1995 Magdeburg Innenstadtlage, ein boomender Büromarkt-Fonds. Solange die Miete dort einwandfrei floss, war der Kunde zufrieden. Als sich das änderte, fand der Kunde einen versierten Rechtsanwalt, der in einer zwanzigjährigen Hochrechnung in dem gebundenen Papier wunderbare Ansätze für eine Klage fand. Noch viel dramatischer wurde dies, als die Bubble am Neuen Markt begann. Von nun an gab es in den Plänen nur noch Börsengewinne und kaum Negativ-Szenarien. Mit dem Platzen der Bubble hagelte es noch mehr Klagen."

Wenn-Dann-Szenarien mit Zielkorridor

Viele Financial Planner begegnen diesem Haftungsrisiko mit Wenn-Dann-Szenarien, indem sie aufzeigen, wie sich eine Anlage unter verschiedenen Annahmen und Voraussetzungen entwickeln könnte. Denn natürlich kann auch der qualifizierteste Finanzplaner die zukünftige Entwicklung der Börsen, der Inflation oder der Immobilienpreis-Entwicklung nicht voraussehen. Aber eine seriöse Darstellung für verschiedene Szenarien führt Ihnen vor Augen, wie sich eine bestimmte Anlage in einem positiven oder einem negativen Szenario entwickeln könnte und welche Auswirkungen dies wiederum auf Ihre Gesamtsituation hat.

Angebote für Financial Planning finden und prüfen

8

Angebote

1. Wer ganzheitliche Finanzplanung anbietet

Viele FP-Teams im Aufbau

Insbesondere die Privatbanken in Deutschland haben sich der ganzheitlichen Finanzplanung verschrieben. Da der Gedanke der Finanzplanung in Deutschland noch relativ jung ist und die Ausbildungsgänge nicht von einem Tag auf den anderen umzusetzen sind, befinden sich die Finanzplanungs-Teams in vielen Banken noch im Aufbau.

Auch Nicht-Banken-Anbieter

Inzwischen sind aber auch zahlreiche Nicht-Banken-Anbieter im Financial Planning aktiv. Von den rund 700 Certified Financial Plannern, die im Januar 2002 in Deutschland tätig waren, arbeiten rund zwei Drittel für Geldhäuser, Versicherungen und Immobiliengesellschaften, das verbleibende Drittel arbeitet bei Finanzdienstleistern oder ist freiberuflich tätig.

2. Die Financial-Planning-Idee wendet sich auch an das breite Publikum

Natürlich muss nicht jeder Kunde den aufwändigen Finanzplan erhalten, dessen Erstellung Wochen in Anspruch nimmt. Bei der Vielfalt der Anleger kann auch das Angebot an Finanzplänen vielseitig sein. Es ist lediglich eine Sache des Abwägens von Preis und Leistung und es geht darum, für sich persönlich das Richtige zu finden.

Allfinanz-vertrieb und Financial Planning

Für heißen Diskussionsstoff sorgt, dass auch einige Vertriebs-Organisationen das Thema Financial Planning aufgreifen. Der Markt für HNWIs rümpft mehr oder minder empört die Nase und ist der Meinung, dass dies eigentlich kein „echtes" Financial Planning, sondern Allfinanz-Vertrieb sei und dass es sich möglicherweise nur um einen Trick handele, gutgläubigen Anlegern mehr Produkte zu verkaufen, dass also – bildlich gesprochen – nach dem „Financial Striptease" des Kunden das Financial Hard-Selling vorprogrammiert sei. Natürlich klingt das Wort „Berater" viel besser als „Vermittler" oder gar „Verkäufer". Aus diesem Grund nannten sich Mitarbeiter von Strukturvertrieben schon früher lieber „Vermögensberater" oder „Wirtschaftsberater", um besser Versicherungspolicen verkaufen zu können. Allerdings wird wohl keiner bestreiten wollen, dass auch für Menschen mit geringem Einkommen oder Vermögen ein planvoller Umgang mit Finanzen notwendig ist. Und diejenigen Finanzplaner, die sich um das oberste Marktsegment kümmern, lassen die darunter liegenden Marktsegmente häufig durch den Rost fallen. Ehe weniger Begüterte gar keinen Finanzplan erhalten, vielleicht doch lieber einen abgespeckten!

Auch abgespeckte Finanzpläne sinnvoll

Angesichts einer zu erwartenden Höchstrente der gesetzlichen Rentenversicherungsträger von 2 175,– € wird der Bedarf an nachhaltiger Finanzberatung deutlich. Voraussetzung für diese Höchstrente ist – nebenbei bemerkt – die lückenlose Einzahlung von Höchstbeiträgen zur gesetzlichen Rentenversicherung über 45 Jahre. Es dürfte wohl nur wenige Menschen geben, die von ihrem 20. bis zum 65. Lebensjahr oberhalb der Beitragsbemessungsgrenze verdient haben und somit in den Genuss dieser Höchstrente kommen werden. Auch die Vor- und Nachteile der so genannten Riester-Rente sind der Zielgruppe noch keineswegs absolut klar. Umso mehr wird der Bedarf an Finanzplanung in breiten Bevölkerungsschichten deutlich.

Bedarf an nachhaltiger Finanzplanung steigt

Solche Finanzpläne in abgespeckter Form werden von den Anbietern zum Beispiel als „persönlicher Finanz-Check", „Wirtschaftsbilanz" oder „Expertise" bezeichnet. Allfinanz-Vertriebe bieten Finanzpläne oft kostenlos an oder berechnen nur einen recht geringen Pauschalbetrag unter 200,– €. Wenn Sie nur über eher geringes Vermögen verfügen und nicht viel Geld für einen Finanzplaner ausgeben möchten, erkundigen Sie sich am besten bei dem Berater, der Sie bislang betreut, ob er Ihnen einen Finanzplaner nennen kann.

Dietmar Vogelsang, öffentlich bestellter und vereidigter Sachverständiger für Kapitalanlageprodukte der Sozietät Vogelsang & Sachs aus Bad Homburg erklärt zum Thema Finanzplanung Folgendes:

Finanzplanung für Arm und Reich gleichermaßen sinnvoll

„Finanzplanung ist kein Signet für eine Dienstleistung an Arm oder Reich. Vielmehr ist es eine Leistung, die den ganzheitlichen, alle Aspekte des ‚Unternehmens Privathaushalt' berücksichtigenden Betrachtungsansatz beachtet. Dies ist aber bei jeder Verdienst- bzw. Vermögensgruppe sinnvoll und notwendig. Blindes Handeln schadet Jedem – daher braucht Jeder einen Berater, der sich individuell mit der heutigen und zukünftigen Ausrichtung auseinander setzt, der analysiert, strukturiert und letztlich im besten Sinne optimiert. Aufpassen muss der Anleger dabei lediglich, welchen Ratgeber er hierfür hinzuzieht. Nach meinen Erfahrungen aus vielen Streitigkeiten bzw. Schadensersatzprozessen zwischen den Parteien rate ich jedem Anleger zwingend auf folgende Punkte zu achten:

- Genaue Auftragsbesprechung,
- Schriftliches Angebot mit konkreten Leistungsbeschreibungen und Honoraren einholen,
- Offene Fragen klären und dann Auftrag erteilen,
- Finanzplanung schriftlich aushändigen lassen,
- Handlungsempfehlungen/Risikohinweise des Beraters schriftlich festhalten (Protokoll) und abzeichnen lassen.
- Gibt der Berater im Nachgang Empfehlungen zum Abschluss von Finanzdienstleistungen und Finanzierungs- oder Anlageprodukten, dann unbedingt nach der konkreten Provisionshöhe fragen bzw. gegebenenfalls die vollständige Herausgabe vereinbaren. Auch hier gilt idealerweise die Form der Schriftlichkeit."

3. Angebote der Online-Banken

Die Basis des Private Banking und des Financial Planning waren bis vor wenigen Jahren in erster Linie persönliche Kontakte. Beim Online-Banking ist die Bedeutung persönlicher Kontakte hinter der raschen und jederzeitigen Zugriffsmöglichkeit auf Bankdienstleistungen in den Hintergrund getreten. Der Einzug des Online-Bankgeschäfts hat das so genannte e-business im Finanzbereich zu einer Normalität werden lassen.

e-Finanzplanung durch online-Banken

Zunehmend greifen auch Online-Banken das Thema Finanzplanung auf. In der so genannten e-Finanzplanung kann der User meistens an Hand eines von ihm zu beantwortenden Fragebogens seine Risikomentalität bzw. seinen Anlegertyp feststellen und eventuelle Versorgungs- oder Deckungslücken aufdecken (zum Beispiel Consors). Bei einigen Anbietern folgt der Ermittlung des persönlichen Risikoprofils das Aufzeigen einer optimalen Vermögensstruktur – beispielsweise hinsichtlich der Länder- und Branchenaufteilung – und anschließend werden dem Anleger vor dem Hintergrund seiner persönlichen Risikopräferenz konkrete Anlagevorschläge unterbreitet (zum Beispiel Advance Bank). Mit den computerunterstützten Fragebögen können Online-Dienstleister sehr systematisch vorgehen und die Resultate sind durchaus praxistauglich. Aber natürlich kann der e-Finanzplan einer Online-Bank nicht so individuell und umfassend („comprehensive") sein wie der eines Finanzplaners, der seinen Kunden und dessen Denkweise und Hintergründe in langen persönlichen Gesprächen kennen lernen konnte. Die e-Finanzplanungs-Angebote münden derzeit eher in Mini-Finanzpläne und sie sind noch recht themen- und produktorientiert und außerdem gar nicht oder nur wenig vernetzt. Es wird beispielsweise nicht gefragt, wie sich die Zinszahlungen einer Anleihe auf das zu versteuernde Einkommen und dies wiederum auf den persönlichen Steuersatz des Anlegers auswirkt.

Advance-Bank: Finanzplanung mit Beratungszentren

Die Advance Bank begegnet diesem Problem beispielsweise, indem sie Finanzplanungs-Kunden mit den Beratungszentren der Advance Finanzplanung in Verbindung bringt, die in den größeren Städten existieren. Dort kann sich ein Finanzplaner vor Ort persönlich mit dem Kunden befassen – entweder im Beratungszentrum oder beim Kunden zu Hause. Nachdem Online-Banken also zunächst auf ein Filialnetz verzichtet haben, suchen sie nun doch den persönlichen Draht zum Kunden, was für Themen wie Finanzplanung durchaus sinnvoll ist.

e-Finanzplanung als Marketinginstrument

Die Entwicklung in der e-Finanzplanung wird sicher weitergehen. Schließlich ist ein e-Finanzplan für die Banken ein gutes Marketinginstrument und der laufende Arbeitsaufwand ist – wenn die Module einmal fertig gestellt sind – nicht mehr sehr hoch, zumindest verglichen mit der persönlichen Erstellung von Finanzplänen. Die e-Finanzpläne müssen „lediglich" an die Änderungen im rechtlichen und steuerlichen Bereich angepasst und es muss eine jeweils aktualisierte Produktpalette eingepflegt werden. Und letztendlich kommen e-Finanzpläne dem offenbar recht ausgeprägten Spieltrieb der User von Online-Banking entgegen.

4. Kosten und Nutzen eines Finanzplaners

Neben dem Geld, das Sie für Ihren Finanzplaner ausgeben, kostet er Sie auch Zeit. Schließlich ist es zeitraubend, Versicherungspolicen, Depotauszüge, Unterlagen zu Immobilien und Firmenbeteiligungen, Expertisen für Kunstgegenstände und Antiquitäten und andere Unterlagen zusammenzutragen. Auch braucht es Zeit, sich Gedanken über seine Lebensziele zu machen und diese gemeinsam mit seinem Finanzplaner zu ordnen und zu formulieren. Aber diese Unterlagen und Informationen benötigt Ihr Finanzplaner, wenn er vernünftig arbeiten soll.

Kosten zwischen 250 und 12 500 €

Einen Finanzplan erstellen zu lassen, kostet in Deutschland zwischen 250,– € und 12 500,– €; im Durchschnitt berechnen Finanzplaner 2 000,– € für ihre Dienstleistung. „Dabei ist Financial Planning als selbstständige Beratungsleistung nur selten kostendeckend für die Anbieter", stellt Dr. Rolf Tilmes, Wissenschaftlicher Berater der ebs FINANZAKADEMIE, fest. Erst aus der langjährigen Betreuung des Kunden oder aus der Umsetzung einzelner Module ergibt sich dann die Kostendeckung bzw. die Profitabilität für den Anbieter.

Interessenkonflikt bei provisionsorientierter Beratung

Einige Financial Planner finanzieren sich ganz oder teilweise aus Provisionen. Natürlich besteht bei provisionsbasierter Beratung immer ein gewisser Interessenkonflikt zwischen Provisionsmaximierung auf der einen Seite und Optimierung der Kundensituation auf der anderen Seite. Sie sollten Ihren Finanzplaner darauf ansprechen, wie er diesem Konflikt begegnet. Es gibt Berater, die hier einen sehr guten Modus Vivendi gefunden haben, mit dem sowohl der Berater als auch der Kunde gut leben können. In den USA und in Großbritannien sind Finanzplaner übrigens verpflichtet, schriftlich die Höhe ihrer einmaligen und laufenden Provisionen aus den angebotenen Produkten offenzulegen. Vielleicht fragen Sie einmal nach der Höhe der Abschluss- und der laufenden Provision? Die Antwort Ihres Finanzplaners ist sicherlich aufschlussreich.

Erhöhung der Nach-Steuer-Rendite durch Finanzplanung

Es ist leider nicht so, dass Sie Ihr Portemonnaie öffnen und mehr Geld darin haben, sobald Sie Ihren ersten Finanzplan in den Händen halten – erst die Umsetzung bringt die Verbesserung. „Bei der Optimierung eines Vermögens von einer Million Euro kann der Kunde bereits im ersten Jahr 10 000 Euro mehr herausholen", erläutert Tilmes. „Finanzplanungs-Kunden haben vorher im Durchschnitt eine Rendite in Höhe von 4,26 % nach Steuern. Dies liegt an der hohen Immobilienquote von rund 60 %, die im Schnitt nur eine magere Rendite von 2 % erwirtschaftet. Nach der Umsetzung des Finanzplans erhöht sich die Rendite nach Steuern auf durchschnittlich 5,45 %", findet Tilmes in seinen Untersuchungen heraus.

Risikoabsicherung oft unzureichend

Damit hätte sich die Arbeit des Financial Planners bereits monetär gelohnt. Als erschreckend sehen Finanzplaner jedoch an, dass bei Wohlhabenden oft die Absicherung der Risiken Krankheit, Tod und Berufsunfähigkeit unzureichend ist. Außerdem haben nur 20% der Zielgruppe ein Testament gemacht, zum Teil fehlt die Liquidität für die Zahlung der Erbschaftsteuer. Dieses Problem wurde zum Beispiel in der Regenbogenpresse aufgegriffen, als Gloria von Thurn und Taxis Gegenstände aus dem geerbten Vermögen versteigern musste, um die Erbschaftsteuer zahlen zu können. Auch

Themen wie Patientenverfügung und Betreuungsvollmacht werden von versierten Finanzplanern angesprochen. Diese Dinge sind monetär nur schwer darstellbar.

Finanzplaner als Coach und Sparringspartner

Außerdem ist es ein schwierig zu bewertender Pluspunkt, dass man sich besser fühlt, wenn man seine Finanzplanung mit Hilfe eines professionellen Coaches organisieren kann und einen „Kümmerer" hat, wie es Tilmes nennt. Darüber hinaus bewahrt ein guter Finanzplaner seine Kunden vor Liquiditätsengpässen, die selbst äußerst Wohlhabende an den Rand des Ruins bringen können. Die Verbesserung der Nach-Steuer-Performance ist das eine, was Sie mit Hilfe eines Finanzplaners erreichen wollen. Einen ernst zu nehmenden Sparringspartner für die finanzielle und sonstige Lebensplanung zu haben, ist vermutlich das, was im Laufe der Zusammenarbeit stärker in den Vordergrund rückt.

5. Die Wahl des geeigneten Finanzplaners

Beurteilung der Qualität für Kunden schwierig

Einen geeigneten Finanzplaner auszuwählen ist nicht einfach. Schließlich sollte der Finanzplaner mehr von seinem Fach verstehen als der Kunde. Und es ist immer äußerst schwierig, die fachliche Qualifikation einer Person zu beurteilen, wenn man sich selbst weniger in diesem Fachgebiet auskennt. Genauso, wie es schwierig ist, einen guten von einem weniger guten Herzspezialisten zu unterscheiden, wenn Sie nicht gerade Herzspezialist sind.

So wie Sie bei einem Arzt davon ausgehen können, dass dieser ein medizinisches Studium an einer Hochschule absolviert hat, kann ein bestimmter Titel für einen beratenden Beruf oder Ähnliches immerhin Auskunft darüber geben, dass diese Person eine entsprechende Ausbildung durchlaufen und am Ende eine Prüfung bestanden hat. Über das Studium hinaus sollte ein Finanzplaner auch über weitere – überwiegend menschliche – Qualifikationen verfügen.

Sozialkompetenzen eines Finanzplaners

Ein guter Finanzplaner sollte beispielsweise ...

- ... gut mit Menschen umgehen können und einfühlsam sein, um die individuellen Wünsche und Ziele mit den Mandanten besprechen zu können.
- ... absolut vertrauenswürdig und integer sein. Hierzu gehören sowohl ein „sauberes" Vorstrafen-Register als auch ein adäquates menschliches Auftreten.
- ... ein ebenbürtiger Gesprächspartner für seine Kunden sein, beispielsweise hinsichtlich Ausbildung, Bildung, Lebenserfahrung etc.
- ... analytisch denken können und kreativ sein, um auch Lösungen zu finden, die nicht direkt auf der Hand liegen.
- ... gut rechnen können, wobei allerdings die solide Beherrschung der Grundrechenarten ausreicht (zum Glück werden Steuern und Zinsen nicht mit Hilfe von Integralrechnung ermittelt!).
- ... sich mündlich und schriftlich gut artikulieren können, um Dinge ohne unnötige und schwer verständliche Floskeln auf den Punkt zu bringen.
- ... interessiert sein, sich steuerlich, wirtschaftlich und gesellschaftlich auf dem Laufenden zu halten.
- ... in der Lage sein, ein Expertenteam zielgerichtet moderieren zu können.

Lebenserfahrung spielt eine Rolle

Einige Mandanten werden von ihrem Finanzplaner erwarten, dass er über eine gewisse Lebenserfahrung verfügt, sich sozusagen bereits die „Hörner abgestoßen" hat. Sprich: Nicht mehr mit jedem neuen Finanzinstrument spielen und üben muss, sondern in der Lage ist, Finanzprodukte, die trendy sind, von sinnvollen zu unterscheiden. Nun muss man nicht ein bestimmtes Alter haben, um über Lebenserfahrung zu verfügen, aber es hilft. Ein 23-jähriger

Absolvent eines wirtschaftswissenschaftlichen Studiums wird selbst mit einem sehr guten Notendurchschnitt nicht so glaubwürdig als Finanzplaner auftreten können wie ein Mensch mit über zehn Jahren Berufserfahrung, der über einen großen beruflichen und menschlichen Erfahrungsschatz verfügt.

Finanzielle Unabhängigkeit eines FP

Wieder andere Mandanten werden von ihrem Finanzplaner erwarten, dass er selbst seine Finanzen in Ordnung hat. Das ist so eine Sache mit den Schustern, die oft selbst die schäbigsten Schuhe tragen, aber man sollte dieses Bild nicht auf den Finanzplaner übertragen. Nicht jeder Finanzplaner kann und wird ein extrem wohlhabender Mensch sein. Aber ein gewisses finanzielles Polster fördert die Unabhängigkeit und das unverstellte Denkvermögen, das man für eine solide Beratung benötigt.

Hohe Messlatte

Zugegeben, die Messlatte liegt hoch, aber das ist bei anspruchsvollen Tätigkeiten nicht ungewöhnlich. Wenn Ihr Finanzplaner über die oben aufgeführten Merkmale verfügt, dann haben Sie den richtigen gefunden. Wenn Sie gar selbst über alle oder zumindest die meisten der oben aufgeführten Fähigkeiten verfügen, haben Sie das Zeug zum Finanzplaner. Der Frankfurter Vermögensverwalter Johannes Führ sagte dazu: „Nur ganz wenige können es und diejenigen, die es können, bekommen es im Regelfall nicht richtig bezahlt.“

Finanzplaner finden

Wie Sie einen Finanzplaner finden? Eine Möglichkeit ist, dass Sie sich im Freundes- oder Bekanntenkreis umhören und sich einen Finanzplaner von jemandem empfehlen lassen, den Sie persönlich respektieren. Eine weitere Möglichkeit ist, sich eine Liste der Certified Financial Planner auf der Website des DEVFP Deutscher Verband Financial Planners e.V. anzusehen, wo Personen mit diesem Titel nach den Suchkriterien Name, Firma, Postleitzahl und Ort selektiert werden können. Die Website ist zu erreichen unter www.devfp.de oder www.cfp.de. Allerdings sind hier nur Finanzplaner mit dem Titel CFP aufgeführt und daneben gibt es viele andere gute Finanzplaner, zum Beispiel auf der Website vom Software-Anbieter mws Braun GmbH (www.mwsbraun.de).

Beauty-Contest

Wenn Sie einige Financial Planner in die nähere Auswahl gezogen haben, kommen Sie nicht umhin, diese in einem persönlichen Gespräch näher kennen zu lernen. Schließlich sollte Ihr Berater nicht nur räumlich, sondern auch psychologisch in Ihrer Nähe sein. Sprich: Die Chemie muss stimmen, denn ein Finanzplaner, zu dem Sie nicht wirklich Vertrauen aufbauen können, macht wenig Sinn. Vielleicht hilft Ihnen die unten aufgeführte Checkliste, um aus den drei oder vier Finanzplanern, die Sie in die nähere Auswahl gezogen haben, einen geeigneten Finanzplaner auszuwählen. Übrigens hat auch die Deutsche Gesellschaft für Finanzplanung e.V. (DGF) eine Broschüre entwickelt, wie man einen geeigneten Finanzplaner auswählen kann.

Checkliste für die Wahl des geeigneten Financial Planners

- Fragen Sie Ihren Finanzberater, für welche Kunden er typischerweise oder am liebsten arbeitet. Gehören Sie zu dem angesprochenen Kundenkreis?
- Welche Ausbildung und Berufserfahrung hat Ihr Finanzplaner? Wie kann Ihr Finanzplaner sein Know-how belegen? Achten Sie darauf, dass er nicht nur als Spezialist gearbeitet hat, sondern auch bereits Erfahrung in der Erstellung von Finanzplänen sammeln konnte.
- Zeigt Ihnen Ihr Finanzplaner einen schriftlichen Muster-Finanzplan für einen Kunden, der eine vergleichbare Vermögenssituation hat wie die Ihre? Sie sollten sich ruhig ansehen, was für einen Finanzplan Sie am Ende präsentiert bekommen werden und ob Art und Umfang Ihren Vorstellungen entsprechen. Wie ein Finanzplan aussehen kann, haben Sie bereits in Teil II dieses Buches erfahren. Der Finanzplan wird nicht schriftlich ausgehändigt? Ohne schriftliche Dokumentation ist ein Finanzplan „Schall und Rauch".
- Wie arbeitet Ihr Finanzplaner und welche Dienstleistungen erbringt er für Sie im Einzelnen? Arbeitet er beispielsweise

noch: Checkliste für die Wahl des geeigneten Financial Planners

mit anderen Experten zusammen oder macht er alles allein? Einen Menschen, der in dem breiten Bereich Financial Planning alles kann, gibt es nämlich nicht. Koordiniert Ihr Finanzplaner auch die Arbeit mit Ihren anderen Fachberatern, zum Beispiel Ihrem Steuerberater, Rechtsberater, oder sollen Sie diese Koordinierung übernehmen? Hilft er bei der Umsetzung des Finanzplans oder macht dies ein anderer? Falls ja, wer? Diese Information sollten Sie schriftlich verlangen.

- Für den Fall, dass Ihr Finanzplaner auch bei der Umsetzung des Plans behilflich ist: Aus welchem Umfeld stammen die Produktempfehlungen, die Ihr Finanzplaner Ihnen für die Umsetzung des Finanzplans unterbreitet? Lässt die Bandbreite auf Unabhängigkeit schließen? Versucht der Berater womöglich, Ihnen gleich beim ersten Gespräch ein Produkt zu verkaufen? Sortieren Sie ihn gleich aus!
- Hat Ihr Finanzplaner eine Vermögensschaden-Haftpflichtversicherung? Es geht teilweise um sehr hohe Beträge und bei einem möglichen Haftungsschaden möchten Sie nicht riskieren, dass Ihr Haftungsanspruch ins Leere läuft.
- Wie ist die technische Ausstattung Ihres Finanzplaners? Hat er Zugriff auf geeignete Soft- und Hardware? Wie erfolgt die Datenaufnahme und wie lange dauert sie? Wenn Ihr Finanzplaner Ihnen sagt, dass der Finanzplan in einer Woche fertig ist, dann kann er nicht sehr in die Tiefe gehen. Allerdings: Es kann durchaus sein, dass Sie lediglich einen abgespeckten Finanzplan brauchen.
- Lassen Sie sich schriftlich im Vorhinein bestätigen, wie die Vergütung aussehen soll. Ein guter Experte wird wohl kaum kostenlos arbeiten. Vielmehr wäre ein sehr niedriges oder gar kein Honorar eher ein Hinweis darauf, dass der Finanzplaner sich über Provisionen der Produktanbieter

noch: Checkliste für die Wahl des geeigneten Financial Planners

finanziert. Wie hoch das Honorar ist und ob sich der Verdienst zum Teil aus der Umsetzung des Finanzplans – also gegebenenfalls aus Provisionen – zusammensetzt, sollte klar angesprochen werden. Hilft Ihnen Ihr Berater bei der Umsetzung des Plans, sollte klar sein, ob und wenn ja, wie Abschluss- und laufende Provisionen an Sie rückvergütet werden.

- Stimmt die Chemie zwischen dem Financial Planner und Ihnen, so dass eine gute gemeinsame Arbeitsatmosphäre entstehen kann? Vom Typ her müsste er Ihr Freund sein können.

Eigene Erwartungen überdenken

Wenn Sie Ihre Checkliste durcharbeiten, sollten Sie auch Ihre eigenen Erwartungen überdenken. Gute Finanzplaner haben wenig Freude daran, mit gierigen oder äußerst schwierigen Menschen zusammenzuarbeiten. In der Tat sind Gier und unrealistische Vorstellungen das, was Finanzplaner am meisten an ihren Kunden kritisieren.

Grundsätze ordnungsgemäßer Finanzplanung (GoF)

Die beiden Verbände Deutsche Gesellschaft für Finanzplanung e.V. (DGF) und Deutscher Verband Financial Planners (DEVFP) haben sich auf gemeinsame Grundsätze geeinigt, wie eine ordnungsmäßige Finanzplanung aussehen sollte. Diese „Grundsätze ordnungsmäßiger Finanzplanung" (GOF) sind ein eingetragenes Warenzeichen der Deutschen Gesellschaft für Finanzplanung (DGF) und sie werden von beiden Verbänden weiterentwickelt, um sie an das sich entwickelnde Verständnis von Finanzplanung in Deutschland anzupassen. Sie finden nachfolgende Informationen auch unter www.finanzplanung.de und www.devfp.de.

Die Grundsätze ordnungsmäßiger Finanzplanung (GOF)

- Vollständigkeit
  bedeutet, alle Kundendaten zweckadäquat zu erfassen, zu analysieren und zu planen. Dieses beinhaltet alle Vermögensgegenstände und Verbindlichkeiten, Einnahmen und Ausgaben, die Erfassung notwendiger persönlicher Informationen und die Abbildung des persönlichen Zielsystems des Kunden.
- Vernetzung
  bedeutet, alle Wirkungen und Wechselwirkungen der einzelnen Daten in Bezug auf Vermögensgegenstände und Verbindlichkeiten, auf Einnahmen und Ausgaben unter Einschluss persönlicher, rechtlicher, steuerlicher und volkswirtschaftlicher Faktoren zu berücksichtigen.
- Individualität
  bedeutet, den jeweiligen Kunden mit seiner Person, seinem familiären und beruflichen Umfeld, seinen Zielen und Bedürfnissen in den Mittelpunkt der Finanzplanung zu stellen und keine Verallgemeinerungen zu diesen Punkten vorzunehmen.
- Richtigkeit
  bedeutet, die Finanzplanung im Grundsatz fehlerfrei, nach dem jeweils aktuellen Gesetzgebungsstand und nach anerkannten Methoden der Finanzplanung durchzuführen. Planungen können per se nicht sicher, sondern nur plausibel sein und allgemein anerkannten Verfahren der Planungsrechnung entsprechen.
- Verständlichkeit
  bedeutet, dass die Finanzplanung einschließlich ihrer Ergebnisse so zu präsentieren ist, dass der Kunde sie versteht und nachvollziehen kann sowie seine im Rahmen des Auftrags gestellten Fragen beantwortet erhält.

noch: Die Grundsätze ordnungsmäßiger Finanzplanung (GOF)

- Dokumentationspflicht
  bedeutet, dass die Finanzplanung einschließlich ihrer Prämissen und Ergebnisse in schriftlicher oder anderer geeigneter Form dem Kunden zur Verfügung zu stellen ist.
- Einhaltung der Berufsgrundsätze
  bedeutet, dass ein Financial Planner die für ihn geltenden Berufsgrundsätze – Integrität, Vertraulichkeit, Objektivität, Neutralität, Kompetenz und Professionalität – beachten muss.

6. Welche EDV-gestützten Analyse- und Planungsinstrumente Finanzplaner nutzen

Komplexes Datenmaterial erfordert PC-gestützte Auswertung

Ein Finanzplan mit seinen zahlreichen zu untersuchenden Vermögensgegenständen und den entsprechenden Finanzströmen kann nicht mehr mit dem Taschenrechner bewältigt werden. Da das Datenmaterial sehr komplex werden kann, sind EDV-gestützte Analyse- und Planungsinstrumente hilfreich. Sie helfen bei der strukturierten Datenerhebung und der computerunterstützten Auswertung. Solche Software ersetzt jedoch keinesfalls die Fachkompetenz Ihres Finanzplaners, sondern kann ihn lediglich in seiner Arbeit unterstützen.

Natürlich entwickeln viele Häuser ihre eigene Software, aber auch Standard-Programme, die bei einigen Anbietern an die Bedürfnisse des jeweiligen Anwenders angepasst werden können, werden von Finanzplanern genutzt. Die Software-Pakete unterscheiden sich deutlich hinsichtlich Qualität, Zielgruppe, Kosten und Umfang.

Haftungsrisiko durch fehlerhafte EDV-Programme

Einige dienen eher einer schnellen Versorgungsanalyse als einem aufwändigen Finanzplan. Andere enthalten kleine Rechenfehler oder Ungereimtheiten, die für den Finanzplaner ein Haftungsrisiko darstellen können. Da jedoch der Software-Markt sehr raschen Änderungen unterworfen ist, wird hier auf eine nähere Untersuchung der einzelnen Software-Pakete verzichtet. Der Finanzdienstleister Michael Meurer aus Wiesbaden nimmt zu der Problematik eventuell fehlerhafter Software folgendermaßen Stellung:

Manchmal wird Pseudosicherheit suggeriert

„Es existieren keine einheitlichen Standards für Finanzplanungs-Software und einige der Pakete enthalten keinerlei ‚Wenn-Dann-Szenarios'. Dies gipfelt darin, dass einige Programme dem Kunden auf 20 bis 30 Jahre finanzmathematisch korrekte Prognosen berechnen. Dem Kunden wird durch computergestützte Auswertungen oft eine Pseudo-Sicherheit suggeriert, die in keinem Fall richtig sein kann, da die Lebenssachverhalte einfach zu mannigfaltig sind. Darüber hinaus machten einige der Banken wesentliche grundsätzliche Fehler: EDV-gestützte Analysen beruhen auf dem einfachen EVA-Prinzip, d. h.: Eingabe-Verarbeitung-Ausgabe. Da ein guter Finanzplan mit einer soliden Datenerhebung beginnt, müssten die Finanzplaner die Datenaufnahme selbst erledigen, was aber meist nicht geschieht. Oft wird das von weniger ausgebildeten Mitarbeitern erledigt und dann kann auch der bestausgebildete Finanzplaner keinen optimalen Finanzplan mehr liefern."

Neben den oben angesprochenen Problemen ist es möglicherweise eine Frage wert, wie lange sich Ihr Finanzplaner bereits mit seinem Software-Paket auseinander gesetzt bzw. dieses genutzt hat. Die richtige Eingabe der Daten und der korrekte Umgang mit dem Programm sind Voraussetzungen dafür, dass der Output stimmt.

Software-Programme Deutschland

Abbildung 36: Beispiele für Software-Programme für Finanzplaner in Deutschland

Name des Programms	Anbieter bzw. Entwickler	Hauptsächliche Zielgruppe	Internet-Adresse	Telefon	E-Mail
Analytica Finanzplanung (basic-, economic-, executive-Modul)	Analytica Finanz Research Beratungsgesellschaft mbH (Rainer Juretzek)	Modularer Aufbau, daher verschiedene Zielgruppen. Hauptsächlich Banken und Financial Planner im gehobenen Segment	www.analytica-finanz.de	(0 61 72) 69 00 22	info@analytica-finanz.de
Braun Finanzanalyse	MWS Braun GmbH	Banken, Sparkassen, Steuerberater und freie Financial Planner	www.mwsbraun.de	(02 28) 9 76 00-0	mwsbraun@t-online.de
Com-Teach	Com-Teach AG	u.a. beratende Makler und Banken	www.comteach.ch	(+41-41) 7 40 42 22	info@comteach.ch
Fiana	DM-Redaktion und Softwarehaus rendite 2000 AG	beratende Verkäufer	www.rendite2000.de	(0 89) 6 13 99-0	Mpest@rendite2000.de
Finess	GeNe GmbH (Heinz Angermair)	Finanzplaner, eventuell mit Schwerpunkt Estate Planning	www.gene-online.de	(0 81 61) 8 84 94 00	dialog@gene-online.de
GP 6	Embe GmbH	Modularer Aufbau, daher verschiedene Zielgruppen	www.embe-gmbh.de	(0 21 51) 2 51 69	post@embe-gmbh.de
IS2	Intelligent Solution Services GmbH	Banken und Versicherungsgesellschaften	www.is2.de	(0 81 61) 6 06-0	service@is2.de
KBP Orgaplan	KBP Orgaplan	Sparkassen und andere Anwendergruppen	www.orgaplan.de	(0 22 34) 40 74 25	Axel.Kirchhoff@orgaplan.de
Lifeplan (Vermögensanalyse)	Immodata	Beratende Verkäufer, freie Finanzdienstleister	www.immodata.de	(0 23 27) 9 49 00	info@immodata.de
Microplan	Microplan GmbH Software und Finanzplanung	Banken und Financial Planner im gehobenen Segment	www.micro-plan.de	(0 89) 61 55 98 60	peter.lill@microplan.de
Profin 2000	HSE SoftwareDesign	freiberufliche Berater, zum Beispiel Steuerberater, Wirtschaftsprüfer, Sachverständige, Honorarberater	www.hse-softwaredesign.de	(0 71 34) 9 60 80	profin@t-online.de
Vermögensplan	Instrumenta GmbH	Beratende Berufe	www.instrumenta.de	(02 21) 95 74 94-23	info@instrumenta.de
GeNe Erbplaner	GeNe GmbH (Heinz Angermair)	Estate Planner	www.gene-online.de	(0 81 61) 8 84 94 00	dialog@gene-online.de

Software-Programme Schweiz

Abbildung 37: Beispiele für Software-Programme für Finanzplaner in der Schweiz

Name des Programms	Anbieter bzw. Entwickler	Hauptsächliche Zielgruppe	Internet-Adresse	Telefon	E-Mail
Com-Teach	Com-Teach AG	u.a. beratende Makler und Banken	www.comteach.ch	(+41-41) 7 40 42 22	info@comteach.ch
Analytica Finanzplanung (nur executive Modul)	Analytica Finanz Research Beratungsgesellschaft mbH (Rainer Juretzek)	Banken und Vermögensverwalter mit Familiy Office	www.analytica-finanz.de	(+49-61 72) 69 00 22	info@analytica-finanz.de
Logismata Office (mit fünf Modulen)	Logismata AG	Modularer Aufbau, daher vom beratenden Verkäufer bis zur Family Office-Einheit	www.logismata.ch	(+41-1) 2 76 16 16	info@logismata.de
3C	SBI, Software Beratungs-Institut AG	Anbieter von Financial Planning bei Banken und Versicherungen	www.sbi.ch	(+41-61) 7 17 36 36	office@sbi-ag.ch
Tribut (mit vier Modulen)	Tribut	Anbieter von Financial Planning	www.tribut.ch	(+41-31) 9 80 16 16	tribut@tribut.ch

Software-Programme Österreich

Abbildung 38: Beispiele für Software-Programme für Finanzplaner in Österreich

Name des Programms	Anbieter bzw. Entwickler	Hauptsächliche Zielgruppe	Internet-Adresse	Telefon	E-Mail
Analytica Finanzplanung (nur economic Modul)	Analytica Finanz Research Beratungsgesellschaft mbH (Rainer Juretzek)	Anbieter von Financial Planning	www.analytica-finanz.de	(+49- 61 72) 69 00 22	info@analytica-finanz.de
GeNe Erbplaner	GeNe GmbH (Heinz Angermair)	Estate Planner	www.gene-online.de	(+49-81 61) 8 84 94 00	dialog@gene-online.de

Institutionen

9

Ausbildungsmöglichkeiten, Abschlüsse und Berufsverbände

1. CFP, Finanzökonom, Zert_FP und andere: Bildungsinstitutionen und Titel

Zahlreiche Finanzplaner-Titel

Wieso sollten Sie sich mit den Ausbildungsstätten für Finanzplaner befassen? Wenn Sie bereits einen geeigneten Finanzplaner gefunden haben, ist dies natürlich weniger wichtig für Sie und Sie können dieses Kapitel überspringen. Wenn Sie jedoch mehrere Finanzplaner vergleichen wollen, um bei einem davon Kunde zu werden, dann werden Sie merken, dass Sie auf eine Vielzahl von unterschiedlichen Finanzplaner-Titeln stoßen. Der Markt für Finanzplanung ist in Deutschland noch recht jung und derzeit haben verschiedene Institute sehr unterschiedliche Fortbildungsgänge und Abschlusstitel entwickelt und möchten ihren Titel jeweils als Gütesiegel bekannt machen. Schließlich ist derzeit weder der Marktzugang noch ein bestimmter Ausbildungsweg für Finanzplaner gesetzlich gefordert. Die Ausbildung zum Finanzplaner geschieht entweder intern durch selbst entwickelte Ausbildungskonzepte der Anbieter von Financial Planning-Dienstleistungen oder durch externe Fortbildungs-Institute.

Private Hochschulen reagieren rasch

Meistens sind es die privaten Hochschulen, die schnell auf sich abzeichnende Markttrends reagieren und eine besonders praxisorientierte Ausbildung anbieten. Die Privaten können noch mit anderen Pluspunkten aufwarten:

- Das Studium wird meist schneller durchgezogen als an traditionellen Universitäten;
- die Fortbildungsveranstaltungen können berufsbegleitend belegt werden;
- die Seminare sind nicht überfüllt;
- es existieren oft Praxiskontakte durch Kooperationen mit der Wirtschaft.

Dafür wird an den Privaten allerdings auch einiges verlangt. Als Studienvoraussetzung wird oft praktische berufliche Tätigkeit gefordert und die Studienangebote haben ihren Preis, oft mehrere tausend Euro pro Semester. Das Angebot der Privaten erstreckt sich von den Fachgebieten Recht (zum Beispiel Bucerius Law School in Hamburg) bis zu Chemie und Gesundheit (Europa Fachhochschule Fresenius in Idstein/Taunus). Auch für das Thema Finanzplanung haben verschiedene private Bildungsinstitute und inzwischen auch einige staatliche (Fach-)Hochschulen einen Studienplan entwickelt, der Fachleute aus- bzw. weiterbilden soll. Auskunft zu Fördermöglichkeiten für die Studiengebühren gibt beispielsweise der Stifterverband der Deutschen Wirtschaft unter www.stifterverband.org.

Kostenpflichtige Fortbildung

CFP und Finanzökonom (ebs): ebs FINANZAKADEMIE

Die ebs FINANZAKADEMIE wurde 1992 als Weiterbildungsgesellschaft gegründet und befasst sich seither intensiv mit der Erhöhung der fachlichen und sozialen Kompetenz von Finanzdienstleistern. Sie bietet seit 1994 das Kontaktstudium Finanzökonomie an, das mit seinem interdisziplinären Curriculum als erste Ausbildungsstätte in Deutschland der internationalen CFP-Organisation entsprach. Dabei handelt es sich um ein berufsbegleitendes, einjähriges Kontaktstudium mit 610 Stunden bzw. 52 Tagen Präsenzstudium in Oestrich-Winkel. Diese sind auf zwei zehn- und zwölftägige Blockphasen und ansonsten auf Freitage und Samstage verteilt. Im Rahmen praktischer Übungen und einer studienbegleitenden Projektarbeit – der Erstellung eines Finanzplans – sollen die Teilnehmer das Rüstzeug für die Strukturierung und Optimierung verschiedener Anlageformen unter Berücksichtigung der individuellen Kundensituation erhalten.

Seit 1994 Kontaktstudium Finanzökonom

Zulassungsvoraussetzung für das Kontaktstudium sind ein abgeschlossenes Hochschulstudium, das Absolvieren einer Berufsakademie oder ähnlichen Einrichtung oder Eignung auf Grund nachgewiesener erfolgreicher Berufserfahrung. Rund hundert Dozenten vermitteln das Wissen: Anerkannte Experten in ihrem Fachgebiet aus Unternehmen der Geld-, Versicherungs- und Immobilienbranche sowie der beratenden Berufe schaffen den Praxisbezug; ca. 10 % der Dozenten sind Wissenschaftler. Erfolgreiche Absolventen dieses Studienganges tragen den Titel „Finanzökonom (ebs)". Eine mögliche Fortsetzung des Kontaktstudiums Finanzökonomie an der ebs FINANZAKADEMIE ist die Anerkennung und Lizenzierung als Certified Financial Planner (CFP) – entsprechende berufliche Erfahrung auf dem Gebiet Finanzplanung vorausgesetzt. Die Studiengebühr beträgt 9.750,– € zuzüglich Mehrwertsteuer.

ebs kooperiert mit ADG und DSVG

Inzwischen hat die ebs FINANZAKADEMIE Kooperationsabkommen mit anderen Aus- und Weiterbildungs-Akademien, beispielsweise mit der ADG Akademie Deutscher Genossenschaft, der Sparkassen Akademie bzw. dem DSGV Deutschen Sparkassen- und Giroverband beschlossen. Im Rahmen dieser Kooperationen wird das Aus- und Weiterbildungsangebot den Teilnehmern aus dem Genossenschaftssektor und dem Sparkassenbereich angeboten. Die ebs FINANZAKADEMIE hat die wissenschaftliche und prüfungsrechtliche Hoheit, definiert die Lerninhalte und stellt die Dozenten, die Kooperationspartner sind für die Organisation der Weiterbildung vor Ort zuständig.

Diskussionsforum und Fachkongress

Neben der Ausbildung veranstaltet die ebs FINANZAKADEMIE zweimal im Jahr die „ebs Finanz Kontakte" als abendliches Diskussionsforum, das als Medium für die branchenspezifische Aus- und Weiterbildung dienen soll. Ferner veranstaltet sie einmal jährlich den Fachkongress „Financial Planning Praxis". Kontaktiert werden kann die Weiterbildungsstätte folgendermaßen:

ebs FINANZAKADEMIE GmbH
Kranenstraße 19
D-65375 Oestrich-Winkel
Tel.: (0 67 23) 99 50 20
Fax: (0 67 23) 99 50 25
e-mail: info@ebs-finanzakademie.de
www.ebs-finanzakademie.de

finanzebs als Ehemaligen-Netzwerk

Die Absolventen der ebs haben ein Ehemaligen-Netzwerk, die *finanz*ebs, gegründet. Sie dient dem Netzwerk-Gedanken und begünstigt den informellen Informationsaustausch zwischen den Absolventen. Sie hat sich folgende Ziele gesetzt:

- Aufbau eines Netzwerkes unter den Ehemaligen des Kontaktstudiums
- Etablierung von Image und Transparenz des Financial Planning in der Öffentlichkeit
- Einführung von Qualitätsstandards in das Financial Planning
- Unterstützung der wissenschaftlichen Forschung und Lehre auf dem Gebiet der Finanzökonomie
- Integration von Theorie und Praxis des Financial Planning
- Förderung des Führungsnachwuchses in der Finanzwirtschaft

Die *finanz*ebs kann folgendermaßen kontaktiert werden:

Frank Seidel
Vorsitzender des Vorstandes *finanz*ebs, e.V.
Gabelsbornstraße 10
D-65187 Wiesbaden
Tel.: (07 00) FINANZEBS
www.finanzebs.de

CFP und Financial Planner (HfB): Hochschule für Bankwirtschaft (HfB)

Bankakademie e.V.

Der Träger der Hochschule für Bankwirtschaft (HfB) ist die Private Fachhochschule der Bankakademie e.V. Diese wurde 1957 gegründet und im Aufsichtsrat sind zum Beispiel Deutsche Bank, Dresdner Bank und Commerzbank, die Bayerische Hypo- und Vereinsbank sowie die BHF-Bank vertreten.

Hochschule für Bankwirtschaft zur Weiterbildung

Die Hochschule bietet speziell auf die Bedürfnisse der Finanzwirtschaft ausgerichtete akademische Studiengänge sowie fachliche Weiterbildungsangebote an. Darüber hinaus verfügt sie über ein Kooperations-Netzwerk mit der Praxis und wird durch den Förderverein der Bankakademie e.V. bei Lehre und Forschung unterstützt. Die HfB wurde vom DEVFP Deutscher Verband Financial Planners als zweites Lehrinstitut in Deutschland zur Ausbildung von Certified Financial Planners (CFP) berechtigt.

Hohe Ansprüche an die Studierenden

Die HfB bietet den Studiengang Financial Planner in Berlin, Düsseldorf, Frankfurt a.M., Hamburg, Hannover, Trier, München und Stuttgart an. Studienvoraussetzung ist ein abgeschlossenes (Fach-)Hochschulstudium oder vergleichbare Abschlüsse bzw. einschlägig nachgewiesene Berufserfahrung im Bereich Vermögens-/Anlageberatung. Der Studiengang dauert ein Jahr, umfasst ca. 700 Unterrichtsstunden und kostet 10 950,– € (nicht Mehrwertsteuerpflichtig). Die Teilnehmer erarbeiten das in 14 Themenblöcke aufgeteilte Studienprogramm teils in Präsenzblöcken in Seminarform, teils im Selbststudium mittels Studienbriefen und elektronischen Medien. Fünf schriftliche Prüfungen müssen bestanden werden und eine Projektarbeit – ein Finanzplan aus anonymisierten, realen Daten – muss erstellt und schlüssig präsentiert werden. Erfolgreichen Absolventen wird der Titel „Financial Planner (HfB)" verliehen. Der erfolgreiche Abschluss des HfB-Studiengangs ist Voraussetzung, um zur Zentralprüfung zum Certified Financial Planner (CFP) des DEVFP zugelassen zu werden. Die HfB kann folgendermaßen kontaktiert werden:

Hochschule für Bankwirtschaft (HfB)
Private Fachhochschule der Bankakademie e.V.
Sonnemannstr. 9-11
60314 Frankfurt am Main
Tel.: (0 69) 15 40 08-0
Fax: (0 69) 15 40 08-728
eMail: info@hfb.de
Internet: www.hfb.de

Diplom Kaufmann/Diplom Kauffrau: Universität Passau, Institut für Financial Planning

Universität Passau mit Institut für Financial Planning

Die Universität Passau hat im November 2000 das Institut für Financial Planning (IFP) ins Leben gerufen (Direktoren: Prof. Dr. Jürgen Steiner, Prof. Dr. Bernhard Kromschröder). Der Studiengang Financial Planning existiert seit dem Wintersemester 2000/2001 als eines der Schwerpunkt-Fächer der Speziellen Betriebswirtschaftslehre. Es umfasst fünf Vorlesungen, eine davon ausschließlich mit Dozenten aus der Praxis, und ein Seminar. Das Studium an der Universität Passau ist kostenlos. Bei diesem betriebswirtschaftlichen Studiengang handelt es sich nicht wie bei den anderen Bildungsangeboten um eine Weiterbildung für Praktiker, sondern um eine studentische Ausbildung. Berufliche Praxis in der Finanzdienstleistungsbranche wird dabei nicht zwingend vorausgesetzt.

Kooperation mit der Praxis

Das Institut forscht zum einen über praxisorientierte Themen aus dem Bereich Financial Planning. Beispielsweise hat es eine Fragebogen-Aktion für Privathaushalte mit der Zeitschrift Capital durchgeführt (vgl. Capital 10/2001). Zum anderen werden zur Unterstützung von Lehre und praxisorientierter Forschung Kontakte mit der Praxis unterhalten. Hier arbeitet das Institut mit Banken, Versicherungen, Fondsgesellschaften und Vertriebsgesellschaften zusammen. Der Aufbau einer „Corporate University", in der für Personen aus der Praxis eine Weiterbildung zum Financial Planner angeboten wird, stand zum Zeitpunkt der Drucklegung dieses Buches unmittelbar bevor. Das Institut kann folgendermaßen kontaktiert werden:

Universität Passau
IFP Institut für Financial Planning
Geschäftsführender Direktor Prof. Dr. Jürgen Steiner
Innstr. 27
94032 Passau
Telefon: (08 51) 5 09-24 60
Internet: www.wiwi.uni-passau.de/lehrstuehle/steiner/ifp

Finanzökonom/in (LIFBA), Lehrinstitut für Finanzplanung und Finanzanalyse (Lifba)

Das Lehrinstitut für Finanzplanung und Finanzanalyse (Lifba) ist eine private Bildungseinrichtung und hat unter der wissenschaftlichen Leitung von Prof. Dr. Gondring einen Lehrplan zusammengestellt, der Studenten die Befähigung zum Finanzplaner vermitteln soll. Die Dozenten sind Professoren verschiedener staatlicher Bildungseinrichtungen sowie Praktiker.

Zweistufiges Studium

Das Studium ist zweistufig aufgebaut: Gestartet wird mit dem Kontaktstudium Finanzwirtschaft, das mit dem Titel Finanzökonom (LIFBA) abschließt. Im Anschluss kann das Aufbaustudium Finanzplanung mit dem Abschlusstitel Master of Financial Planning erfolgen.

Inhaltlich ist das Kontaktstudium Finanzwirtschaft in vier Module unterteilt. Das erste Modul ist der Schaffung betriebswirtschaftlicher, volkswirtschaftlicher und juristischer Grundlagen gewidmet. Das zweite Modul beleuchtet die finanztechnischen Aspekte. Im dritten und vierten Modul werden produkttechnische, institutionelle und marktbezogene Inhalte des Finanzgeschäftes vermittelt. Zulassungsvoraussetzung für den Studiengang ist ein abgeschlossenes wirtschaftswissenschaftliches Studium an einer Universität, Berufsakademie oder ähnlichen Einrichtung oder die allgemeine bzw. fachgebundene Hochschulreife. Das gesamte Kontaktstudium dauert zwölf Monate (256 Stunden an rund 32 Präsenztagen) und findet berufsbegleitend an Wochenenden in den Räumen der Berufsakademie Stuttgart statt. Die Studierenden des Aufbaustudiums Finanzökonomie müssen folgende Prüfungsleistungen erbringen:

- Zweistündige Abschlussklausur nach jedem Modul
- Die Abfassung einer Hausarbeit (ca. 25 Seiten)
- Eine mündliche Abschlussprüfung

Nach Bestehen der geforderten Prüfungsleistungen verleiht das Institut für Finanzberatung und Finanzanalyse (LIFBA) den Titel Finanzökonom/in (LIFBA). Für das Studienprogramm wird eine Studiengebühr von 5 540,– € zuzüglich Mehrwertsteuer erhoben sowie eine einmalige Prüfungsgebühr von 150,– € zuzüglich Mehrwertsteuer. Die Belegung einzelner Module ist zum Preis von 1 400,– € ebenfalls möglich.

Aufbaustudiengang Finanzplanung

Der auf dem Kontaktstudium Finanzwirtschaft aufbauende Aufbaustudiengang Finanzplanung dauert acht Monate und findet berufsbegleitend an zwölf Wochenenden (rund 24 Präsenztage) in den Räumen der Berufsakademie Stuttgart statt. Bei genügend Nachfrage kann der Aufbaustudiengang auch in Fulda angeboten werden. Als Zulassungsvoraussetzung gilt hier der Abschlusstitel Finanzökonom (LIFBA) oder ein vergleichbarer Abschluss einer anderen Bildungseinrichtung. Die Studiengebühr beträgt 4 450,– € zuzüglich Mehrwertsteuer. Die Studierenden des Aufbaustudiums Finanzplanung haben folgende Prüfungsleistungen zu erbringen:

- Bearbeitung eines Praxisfalls im Rahmen eines Workshops / Hausarbeit
- Anfertigung einer Masterthesis
- Eine mündliche Abschlussprüfung

Master of Financial Planning (LIFBA)

Nach Bestehen der geforderten Prüfungsleistungen verleiht das Institut für Finanzberatung und Finanzanalyse (LIFBA) den Titel Master of Financial Planning (LIFBA).

Netzwerk

Da der einzelne Berater in einer immer komplexer werdenden Umwelt alleine nicht mehr bestehen kann, hat das LIFBA ein Netzwerk als Kommunikations- und Informationsplattform geschaffen, auf das von den Studierenden und Absolventen zurückgegriffen werden kann. Das Lehrinstitut kann folgendermaßen kontaktiert werden:

Lehrinstitut für Finanzplanung und Finanzanalyse (LIFBA)
Schlatter-Dorf-Straße 26 A
78224 Singen (Htw)
Telefon: (0 77 31) 95 57-45
eMail: LIFBA@t-online.de
Internet: www.LIFBA.de

Finanzökonom (mibeg): mibeg-Institut

mibeg-Institut

Die mibeg-Unternehmensgruppe startete mit einem Finanz-Maklerunternehmen, das seit 1982 in Köln tätig ist. Seit 1988 hat es ein weiteres Standbein als Institut für berufliche Weiterbildung – das mibeg-Institut – etabliert und bildet hier Fach- und Führungskräfte im Finanzbereich aus. Die Idee hierzu gründete in der Suche nach gut ausgebildeten Mitarbeitern, die am Markt schwer zu finden waren.

Titel Finanzökonom (mibeg)

Das mibeg-Institut orientiert seine Ausbildung an den Richtlinien des Deutschen Verbandes Financial Planners (DEVFP), wird jedoch nicht die Akkreditierung benötigen. Der Projektleiter Stefan Frigger erklärt das wie folgt: „Wir haben festgestellt, dass der deutsche Markt keinen so großen Bedarf an aufwändigen und teuren Finanzplänen hat, sondern praxisorientierte Berater mit Vermittlerfunktionen benötigt." Daher erhalten erfolgreiche Absolventen des 1700-stündigen Lehrgangs, der über zwölf Monate dauert, nunmehr den Titel „Finanzökonom (mibeg)"

Das mibeg-Institut plant seine Fortbildungslehrgänge mit Hilfe öffentlicher Subventionen. Teilnahme-Voraussetzung ist in der Regel ein abgeschlossenes Studium oder kaufmännische Berufserfahrung.

Stefan Frigger
mibeg-Institut Köln
Sachsenring 37-39
50677 Köln
Telefon: (02 21) 3 36 04-71
Fax: (02 21) 36 04-99
E-Mail: Frigger@k.mibeg.de
Internet: www.mibeg.de

Carsten Qweitzsch
mibeg-Institut Berlin
Hessische Straße 10
10115 Berlin
Telefon: (0 30) 29 34 57-23
Fax: (0 30) 29 34 57-22
E-Mail: carstenqweitzsch@mibeg-berlin.de
Internet: www.mibeg.de

Finanzplaner (EAFP): Europäische Akademie für Finanzplanung (EAFP)

Europäische Akademie für Finanzplanung (EAFP)

Die Europäische Akademie für Finanzplanung (EAFP) bietet Aus- und Weiterbildung für finanzberatende Berufe mit Schwerpunkt auf der Privaten Finanzplanung nach den Richtlinien der Deutschen Gesellschaft für Finanzplanung (DGF) an. Dabei werden zwei aufeinander aufbauende Module angeboten: Der Studiengang mit dem Abschlusstitel „Finanzökonom" (350 Unterrichtsstunden) und der darauf aufsetzende Studiengang mit dem Abschluss „Finanzplaner (EAFP)" (400 Unterrichtsstunden). Der Fortbildungsgang Finanzökonom ermöglicht auch die IHK-Prüfung zum „Fachberater für Finanzdienstleistungen" oder zum „Fachwirt für Finanzberatung". Die Fortbildung zum Finanzplaner ist dagegen der eigentliche Studiengang zum Financial Planner.

Weiterbildungsstudium Finanzökonomie

Die Voraussetzungen für das Weiterbildungsstudium Finanzökonomie (Abschluss Finanzplaner) sind ein abgeschlossenes Hochschulstudium in fachrelevanten Studiengängen bzw. das Absolvieren einer Berufsakademie oder ähnlichen Einrichtung und zusätzlich Berufspraxis in mindestens einem der Bereiche Kapitalanlagen, Finanzierungen, Versicherungen, Immobilien oder alternativ nachgewiesene langjährige und erfolgreiche Berufspraxis.

Während des zehnmonatigen Studiums lernen die Teilnehmer in berufsbegleitenden Seminaren die wirtschaftliche Situation privater Haushalte zu analysieren und die entsprechenden Produkte zu selektieren. Außerdem müssen von den Studenten verschiedene Finanzpläne ausgearbeitet und vorgestellt werden. Die ca. 70 Dozenten kommen zum überwiegenden Teil aus der Praxis, zum Teil auch aus dem Hochschul-Bereich.

Prüfung zum Finanzplaner

Die Prüfung zum Finanzplaner (EAFP) enthält die folgenden Punkte:

- Fünf Klausuren: Finanzmathematik und Statistik, Nachfolgeplanung, Portfoliomanagement, Beteiligungsmanagement, Finanzplanung
- Hausarbeit Finanzplanung
- Mündliche Prüfung

Prüfung zum Finanzökonom

Die Prüfung zum Finanzökonom (EAFP) enthält die folgenden Punkte:

- Sechs Klausuren: BWL/VWL für Finanzberater, Finanzmathematik, Recht und Steuern, Riskmanagement, Assetmanagement, Immobilien
- Hausarbeit
- Mündliche Prüfung.

Die EAFP verfügt über ein europäisches Partnernetzwerk. Die aktuellen Studiengänge wurden mit den Richtlinien der European Financial Planning Association (zurzeit vertreten in zehn europäischen Nationen) zu den neuen Zertifikaten „European Financial Adviser" und „European Financial Planner" harmonisiert.

Kosten der Fortbildung

Die Kosten für den Fortbildungsgang mit dem Abschlusstitel „Finanzökonom (EAFP)" betragen 6 500,– € zuzüglich Mehrwertsteuer und für den Studiengang mit dem Abschluss „Finanzplaner (EAFP)" 9 900,– € zuzüglich Mehrwertsteuer. Die EAFP kann folgendermaßen kontaktiert werden:

Europäische Akademie für Finanzplanung (EAFP)
Herr Rainer Juretzek
Ferdinandstraße 19
61348 Bad Homburg v.d.H.
Telefon: (0 61 72) 69 09 00
E-Mail: info@eafp.com
Internet: www.eafp.com

Master of Financial Consulting: TUTOR Unternehmensberatung

TUTOR Unternehmensberatung

Die TUTOR Unternehmensberatung bietet seit 1999 eine Ausbildung an, die zum Titel „Master of Financial Consulting" führt. Master of Financial Consulting ist dabei ein eingetragenes Warenzeichen der TUTOR Unternehmensberatung, Deutschland. Eine formelle Studienvoraussetzung gibt es bei der TUTOR Unternehmensberatung nicht, aber als Prüfungsvoraussetzung gelten entweder eine einschlägige kaufmännische Berufsausbildung und mindestens drei Jahre Berufspraxis oder, wenn keine kaufmännische Ausbildung nachgewiesen werden kann, fünf Jahre Berufspraxis.

„Kontaktstudium" oder „bürogebundenes Gruppenstudium"

Ein so genannter „Nationaler Konvent", der aus Vertretern der Versicherungs- und Investmentgesellschaften, aus Fachjournalisten und Verbandsleuten besteht, überprüft die Rahmenstoffpläne und passt sie jeweils an die aktuelle Situation an. Das berufsbegleitende Studium besteht aus mindestens 740 Stunden, die innerhalb von drei Jahren entweder als „Kontaktstudium" oder als „bürogebundenes Gruppenstudium" absolviert werden. Beim Kontaktstudium erarbeiten sich die Studenten das Stoffgebiet im Selbststudium anhand des Skriptes und durch vierteljährlich stattfindende Symposien. Diese finden am Wochenende an der Hamburger Börse bzw. in Göttingen statt, wo sich die Studenten in Repetitorien auf die Prüfungen vorbereiten und sich Hintergrundinformationen aus dem Finanzmarkt aneignen können. Beim „bürogebundenen Gruppenstudium" wird der Unterrichtsstoff mit Hilfe so genannter „Multiplikatoren" erarbeitet – auf „Dozenten" kann dadurch verzichtet werden. Praktische Übungen in der Erstellung eines umfassenden Finanzplans finden im Rahmen des Studiums nicht statt.

Fortbildung und Umsatzsteigerung

Bei beiden Varianten gehen die Studenten anhand eines Skriptes vor, das von 24 Autoren verfasst wurde. Die Autoren rekrutieren sich aus dem Bereich der Produktanbieter oder Vertriebsgesellschaften. Dadurch möchte die TUTOR Unternehmensberatung den Praxisbezug und die Aktualität der Fortbildung gewährleisten. Schließlich hat sich die TUTOR Unternehmensberatung auf die Fahnen geschrieben, Ausbildung und Geschäftssteigerung miteinander zu verknüpfen. Die Absolventen sollen ihren Umsatz verdoppeln können, wirbt die TUTOR Unternehmensberatung für ihren Fortbildungslehrgang: „Wir möchten allen Finanzdienstleistern, die sich kompetent und engagiert fortbilden [...], auch fundiertes Verkaufs-Know-how und damit mehr Vertriebs-Erfolge vermitteln."

Master of Financial Consulting (MFC)

Jedes Quartal wird ein Fachgebiet durchgenommen und am Ende des Quartals findet die jeweilige Fachprüfung statt. Die bbw Akademie für Betriebswirtschaftliche Weiterbildung GmbH (Bildungsträger der Berliner und Brandenburger Wirtschaft) nimmt die Prüfungen an acht Standorten in Deutschland ab. Absolventen, die alle zwölf Prüfungen bestanden haben, erhalten den Titel „Master of Financial Consulting" (MFC). Dieses rollierende System bietet die Möglichkeit, jedes Quartal mit der Ausbildung beginnen zu können. Im Februar 2002 gab es 800 Masters of Financial Consulting und 2200 weitere befanden sich in der Ausbildung.

Update-Module mit Prüfung

Die Ausbildungskosten betragen inklusive Lehrmaterial und Symposien 3 035,– € für das „bürogebundene Gruppenstudium" oder 4 835,– € für das „Kontaktstudium" inklusive Mehrwertsteuer, zuzüglich Prüfungskosten der jeweiligen Institute (rund 1 200,– €). Anschließend können kostenpflichtig so genannte Update-Module absolviert werden, die auch jeweils mit einer Update-Klausur geprüft werden.

Ein organisiertes Ehemaligen-Netzwerk gibt es zwar nicht, aber die Symposien dienen als Plattform für ehemalige Absolventen und Skript-Autoren. Die TUTOR Unternehmensberatung kann folgendermaßen kontaktiert werden:

TUTOR Gesellschaft für Unternehmens-, Vertriebs- und Finanzberatung
Geschäftsführer: Peter L. Pedersen
Havelstraße 7, 24539 Neumünster
Telefon: (0 43 21) 98 46-0
Fax: (0 43 21) 8 47 17
E-Mail: info@tutor.de
Internet: www.mfc-europe.com oder www.tutor.de

Zertifizierter Finanzplaner: Fachhochschule Frankfurt a.M. (University of applied sciences)

Die Fachhochschule Frankfurt a.M. bietet seit 1998 ein Weiterbildungsstudium Financial Planning an. Zugangsvoraussetzung ist ein Hochschulabschluss in einem der Fächer Jura, Betriebs-, Volks- oder Finanzwirtschaft oder der Nachweis einer qualifizierten beruflichen Praxis in der Anlage- und Vermögensberatung.

Berufsbegleitendes Studium

Das Studium erstreckt sich berufsbegleitend über einen Zeitraum von ca. fünf Monaten mit insgesamt ca. 340 Stunden Lehrveranstaltungen. Davon entfallen 120 Stunden auf Blockseminare. Weitere Präsenztermine finden an Freitagen und Samstagen statt. Hinzu kommen 60 Stunden internet-basierte Trainingseinheiten und das Selbststudium. Die Studieninhalte orientieren sich an den Bestellungsvoraussetzungen für öffentlich bestellte und vereidigte Sachverständige für Kapitalanlagen und Finanzplanung, wie sie vom Deutschen Industrie- und Handelstag (DIHT) formuliert wurden.

Zertifizierter Finanzplaner

Thematische Lehreinheiten werden ausbildungsbegleitend mit schriftlichen Tests abgeschlossen. Für die Erlangung des Zertifikats wird die erfolgreiche Anfertigung und Präsentation eines Finanzplans von den Teilnehmern erwartet. Der erfolgreiche Abschluss wird mit dem Zertifikat der Fachhochschule Frankfurt – „Zertifizierter Finanzplaner (Zert_FP)" – bescheinigt. Die Teilnahme kostet 4 090,– € einschließlich der Lehr- und Studienmaterialien und Prüfungen. Die Fachhochschule kann unter folgender Adresse erreicht werden:

Fachhochschule Frankfurt am Main
University of Applied Sciences
Weiterbildung
Nibelungenplatz 1
60318 Frankfurt a.M.
Tel.: (069) 15 33 – 26 81
Fax: (069) 15 33 – 26 83
E-Mail: knoess@wb.fh-frankfurt.de
Internet: www.fh-frankfurt.de

Dies waren nun eine Reihe sehr unterschiedlicher Ausbildungsmöglichkeiten zum Finanzplaner, die Ihnen vorgestellt wurden. Um Ihnen einen leichteren Überblick zu verschaffen, fassen wir die wichtigsten Punkte in der folgenden Tabelle zusammen.

Abbildung 39: Kurzüberblick über die Ausbildungsstätten in Deutschland zum Thema Finanzplanung

Ausbildungsstätte	Studien-Voraussetzung	Dauer der Fortbildung (Stunden-Volumen)	Präsenzstudium?	Praktiker als Dozenten?	Enthält Studium Übungen im Erstellen von Finanzplänen?	Kosten der Ausbildung	Titel
ADG (in Kooperation mit ebs FINANZAKADEMIE)	Abgeschlossenes Studium oder erfolgreiche Berufspraxis	610 Stunden (berufsbegleitend)	Ja + Hausarbeit	Professoren + Praktiker	Ja, Projektarbeit (inkl. MwSt.)	10 750,– € (ebs/ADG)	Finanzökonom CFP (optional)
Bankakademie (HfB)	Abgeschlossenes Studium oder erfolgreiche Berufspraxis	700 Stunden (berufsbegleitend)	Ja teilweise + Selbststudium	Professoren + Praktiker	Ja, Projektarbeit	10 950,– € (nicht MwSt-pflichtig)	Financial Planner (HfB), CFP (optional)
DSGV (in Kooperation mit ebs FINANZAKADEMIE)	Abgeschlossenes Studium oder erfolgreiche Berufspraxis	610 Stunden (berufsbegleitend)	Ja + Hausarbeit	Professoren + Praktiker	Ja, Projektarbeit	12 271,– € (nicht MwSt-pflichtig), inkl. Tutorial + Material	Finanzökonom (ebs/S) CFP optional
EAFP, Europäische Akademie für Finanzplanung	Abgeschlossenes Studium oder erfolgreiche Berufspraxis	350 Stunden (berufsbegleitend) für Finanzökonom; 400 Stunden (berufsbegleitend) für Finanzplaner	Ja + Hausarbeiten	Professoren + Praktiker	Ja, mehrere Finanzpläne	6 500,– € (zzgl. MwSt.) für Finanzökonom, 9 900,– € (zzgl. MwSt.) für Finanzplaner	Finanzökonom (EAFP) Finanzplaner (EAFP)
ebs FINANZAKADEMIE	Abgeschlossenes Studium oder erfolgreiche Berufspraxis	610 Stunden (berufsbegleitend)	Ja + Hausarbeit	Professoren + Praktiker	Ja, Projektarbeit	9 750,– € (zzgl. MwSt.)	Finanzökonom (ebs) CFP (optional)
Fachhochschule Frankfurt a.M.	Abgeschlossenes Studium oder erfolgreiche Berufspraxis	400 Stunden (berufsbegleitend)	340 Stunden Präsenz, 60 Stunden internetbasiert	Professoren + Praktiker	Ja, Abschlussarbeit	4 090,– € (nicht MwSt-pflichtig)	Zertifizierter Finanzplaner Zert_FP
LIFBA, Lehrinstitut für Finanzplanung und Finanzanalyse	Finanzwirtschaft: (Fach-) Hochschulreife Finanzplanung: Finanzökonom (LIFBA) oder vergleichbarer Abschluss	Finanzwirtschaft: 256 Stunden (berufsbegleitend) Finanzplanung: 192 Stunden (berufsbegleitend)	Ja + Hausarbeit	Professoren + Praktiker	Ja, Projektarbeit	Finanzwirtschaft: 5 540,– € Finanzplanung: 4 450,– € (zzgl. MwSt.)	Finanzwirtschaft: Finanzökonom/in (LIFBA) Finanzplanung: Master of Financial Planning (LIFBA)
Mibeg-Institut	Abgeschlossenes Studium oder erfolgreiche Berufspraxis	1 700 Stunden (Vollzeit)	Ja	Praktiker	Ja, Projektarbeit + Praktikum	SGB III-Förderung (z.B. über Arbeitsamt)	Finanzökonom (mibeg)
TUTOR Unternehmensberatung	Keine. Aber Prüfungszulassungsvoraussetzungen gem. Prüfungsordnung	740 bis 1 500 Stunden (berufsbegleitend)	im Bürogebundenen Gruppenstudium: ja, im Kontaktstudium: Nur während der Symposien, ansonsten Selbststudium	Praktiker	Nein	3 035,– € (Gruppenstudium), 4 835,– € Kontaktstudium (inkl. MwSt.) + ca. 1 200,– € Prüfungskosten	Master of Financial Consulting (MFC)
Universität Passau	Vordiplom	180 Stunden + Literaturstudium +Seminararbeit	Ja + Literaturstudium + Seminararbeit	Teilweise (eine aus fünf Vorlesungen)	Ja, im Rahmen der Praxisveranstaltung	Kostenlos	Dipl.-Kaufmann/ Dipl.-Kauffrau

Weitere Bildungsinstitute in Deutschland

Weiterbildungsmöglichkeiten in der Finanzbranche

Des Weiteren haben zahlreiche andere Ausbildungs-Institute den Bedarf an gut ausgebildeten Finanzdienstleistern erkannt und bieten Studien- oder Weiterbildungslehrgänge mit unterschiedlichen Schwerpunkten und Schwierigkeitsgraden im Bereich Finanzdienstleistungen an. Beispielsweise, aber nicht erschöpfend, seien hier die folgenden Organisationen erwähnt:

- Allfinanz Akademie, Hamburg
- Betriebswirtschaftliche Akademie des Gabler Verlags (zusammen mit der IHK)
- Fachhochschule für Ökonomie & Management (FOM), Essen
- Fernuniversität, Hagen
- Fachhochschule Wiesbaden mit dem Studiengang „Versicherungsmanagement/Financial Services"
- Finanzplan College GmbH, Berlin (www.finanzplan.de)
- Fuqua School of Business Europe, Frankfurt a.M.
- GOING PUBLIC! KG, Berlin (www.going-public.edu)
- INFINANZ GmbH, München
- Justus-Liebig-Universität Mainz mit dem „Center of Finance and Risk-Management"
- Sparkassen Akademie

Fachwirt für Finanzberatung

Eine gute fachliche Grundlage zum Finanzplaner bietet sicherlich auch der „Fachwirt für Finanzberatung", ein IHK-Abschlusstitel nach rund 600 Stunden Ausbildungspensum.

Bei der verwirrenden Anzahl von Ausbildungsmöglichkeiten und einer ebenso breiten Auswahl an entsprechenden Abschlusstiteln wäre eine unabhängige Qualitätskontrolle der Weiterbildungsangebote, wie sie die Stiftung Warentest in Erwägung zieht, sicherlich angebracht. Nicht zuletzt wegen der teilweise nicht unerheblichen Kosten, die zum Teil vom Absolventen selber, teilweise von seinem Arbeitgeber oder aus öffentlichen Kassen aufgebracht werden.

Bildungsinstitute in der Schweiz

Anerkanntes Berufsbild in der Schweiz

Seit August 1998 ist die Finanzplanung ein eidgenössisch anerkanntes Berufsbild mit entsprechenden Abschluss- und Diplomtiteln. Entsprechend viele Ausbildungsangebote gibt es daher in der Schweiz. Einige sind in der folgenden Tabelle aufgeführt.

Abbildung 40: Beispiele für Ausbildungsstätten in der Schweiz

Name	Adresse	Telefon	Telefax	e-Mail	Internet
AKAD Akademiker-gesellschaft	Jungholzstr. 3 CH-8050 Zürich-Oerlikon	(+41-1) 307 30 30		business@akad.ch	www.akad.de
Akademie St. Gallen	Militärstraße 10 CH-9013 St. Gallen	(+41-71) 274 36 30	(+41-71) 274 36 31	info@akademie.ch	www.akademie.ch
AZEK Ausbildungs-zentrum für Experten der Kapitalanlage	Feldstr. 80 CH-8180 Bülach	(+41-1) 872 35 35	(+41-1) 872 35 32	info@azekcpfi.ch	www.azekcfpi.ch
Berner Fachhochschule HSW Bern	Ostermudigenstr. 81 CH-3000 Bern	(+41-31) 336 85 95	(+41-31) 336 85 89	fc@hsw.bfh.ch	www.hsw.bfh.ch/fc
Centre de formation professionelle	Avenue de France 25 CH-1950 Sion	(+41-27) 606 43 90	(+41-27) 606 43 04	fcont@vs.admin.ch	www.cfps.ch
Centro di Studi Bancari Villa Negroni	Casella postale 93 CH-6943 Vezia	(+41-91) 967 42 62	(+41-91) 967 42 63	csbancari@tinet.ch	www.tinet.ch/csb
Cours Supérieurs pour Employés de banque	Chemin du Saux 13 CH-1052 Le Mont	(+41-21) 652 03 47	(+41-21) 652 03 47		
Fachhochschule für Wirtschaft St. Gallen	Teufenerstr. 2 CH-9001 St. Gallen	(+41-71) 228 63 28	(+41-71) 228 63 20	wbs@fhwsg.ch	www.fhwsg.ch
HKV Aarau	Bahnhofstr. 46 CH-5001 Aarau	(+41-62) 837 97 20		eb@hkvaarau.ch	www.hkvaarau.ch/eb
HKV Basel	Aeschengraben 15 CH-4002 Basel	(+41-61) 295 63 63		weiterbildung@hkvbs.ch	
Höhere Fachschule für Weiterbildung HFW	Effingerstr. 70 CH-3001 Bern	(+41-31) 381 26 42		kbsmail@kbsbern.ch	www.kbsbern.ch
HSW Hochschule für Wirtschaft	Chemin du Musée 4 CH-1700 Fribourg	(+41-26) 305 61 70	(+41-26) 305 61 75	oheg-fr@eif.ch	www.heg-fr.ch
Institut für Finanzplanung (IfFP)	Klosterstr. 42 CH-5430 Wettingen	(+41-56) 437 40 60	(+41-56) 437 40 61	info@iffp.ch	www.iffp.ch
Institut de Formation de Gestionnaire de Patrimoine (I.F.G.P.)	Cours des Bastions 5 CH-1205 Genève	(+41-22) 819 40 98	(+41-22) 819 10 89		
Institut für Management und Weiterbildung	Comersialstr. 24 CH-7000 Chur	(+41-81) 257 16 41	(+41-81) 257 16 41	imw@fu-hwtchur.ch	
Institut Supérieur de Formation Bancaire (ISFB)	Route de Drize 7 CH-1227 Carouge/GE	(+41-22) 300 38 12		isfb@swissonline.ch	
Kaufmännisches Bildungs-Zentrum Institut für Weiterbildung IWB	Dreilindenstr. 20 CH – 6000 Luzern 6	(+41-41) 417 10 30	(+41-41) 417 10 25	info@kbz.ch	www.kbz.ch
KV Zürich Business School	Postfach CH-8037 Zürich	(+41-1) 444 66 44		mail@kvz-schule.ch	www.bbz.kvz.ch
Société Suisse des Employés de Commerce Selection de Fribourg	Gran-Torry 24 CH-1700 Fribourg	(+41-26) 481 20 04	(+41-26) 481 50 30		
Wirtschaftsschule KV Winterthur	Tösstalstr. 37 CH-8400 Winterthur	(+41-52) 213 44 51		weiterbildung@wskvw.zh.ch	
Züricher Hochschule Winterthur (ZHW)	Postfach 958 CH-8401 Winterthur	(+41-52) 267 71 71	(+41-52) 268 71 71	nina.fuffli@zhwin.ch	www.zhwin.ch

Bildungsinstitute in Österreich

In Österreich gibt es bislang erst einen Ausbildungsgang, der sich der Fortbildung von Finanzdienstleistern zu Finanzplanern widmet. Er wird durchgeführt von der Bankwissenschaftlichen Gesellschaft in Verbindung mit der FH Wiener Neustadt und der BankAkademie. Die Kontaktadresse lautet:

Bankwissenschaftliche Gesellschaft
Leiter: Prof. Mag. Otto Lucius
Wallnerstraße 3, A-1010 Wien

Die Ausbildung zum CFP erfolgt in Österreich in drei Stufen. Die Stufen eins und zwei werden zur Zeit der Drucklegung dieses Buches ausschließlich von der Fachhochschule Wiener Neustadt, Studiengang Wirtschaftsberatende Berufe, gemeinsam mit Bank-Akademie Wien und ÖPWZ (Österreichisches Produktivitäts- und Wirtschaftlichkeitszentrum) angeboten. Die dritte Stufe ist eine Ausbildung, die der Österreichische Verband Financial Planners vornimmt. Es handelt sich um ein integriertes und interdisziplinäres Ausbildungsangebot.

1. Stufe (Ausbildung zum *Anlageberater*)

Ausbildung zum Anlageberater

Ausbildungsschwerpunkte: Gesamtwirtschaftliche Zusammenhänge; Veranlagungsgrundsätze; Veranlagungsinstrumente und Märkte (Anleihen, Aktien, Derivate); Fondsgeschäft (national/international); Immobilienveranlagungen; Besteuerung von Anlagen; Rechtsrahmen des Wertpapiergeschäfts; Wohlverhaltensregeln des WAG, Beraterhaftung; Verkaufsgespräch, Beziehungsmanagement.

Dauer der Ausbildung: Vier Wochenblöcke à fünf Tage.
Prüfung: Sechsstündige schriftliche Prüfung.
Abschluss: Diplom „Anlageberater", verliehen durch die Fachhochschule und die BankAkademie
Kosten: 4571,12 € (zzgl. 20 % MwSt.) plus Prüfungsgebühr 181,68 € (zzgl. 20 % MwSt.).

2. Stufe (Ausbildung zum *Finanzberater*)

Ausbildung zum Finanzberater

Ausbildungsschwerpunkte: Finanzmathematik/Statistik; Veranlagungen in Sachwerten (inkl. Kunst und Antiquitäten); Privatstiftung; Steuerfragen; Portfolio-Theorie; Individuelles Vermögensmanagement; Vorsorgemanagement; Immobilienmanagement; Kreditmanagement; Beteiligungsmanagement; Erbschaftsplanung; Ethik und Finanzdienstleistungen; Methodik der Finanzplanung.

Dauer der Ausbildung: Vier Wochenblöcke à fünf Tage.
Prüfung: sechsstündige schriftliche Prüfung.
Abschluss: Diplom „Finanzberater", verliehen durch die Fachhochschule und die BankAkademie.
Kosten: 4 571,12 € (zzgl. 20 % MwSt.) plus Prüfungsgebühr 181,68 € (zzgl. 20 % MwSt.).

3. Stufe (Ausbildung zum *Certified Financial Planner*)

Ausbildung zum Certified Financial Planner

Ausbildungsschwerpunkte: Konfliktmanagement und Mediation; Praxis der Erstellung von Finanzplänen anhand von Fallstudien.

Dauer der Ausbildung: Ein Wochenblock à fünf Tage.
Ausbildungsstätte: Österreichischer Verband Financial Planners (AFP) und ÖPWZ
Prüfung: Schriftliche Fallstudie mit der Erstellung eines kompletten Finanzplans als Hausarbeit sowie eine mündliche Prüfung über die Hausarbeit und den Stoff der gesamten Ausbildung.
Abschluss: Wer die Prüfung bestanden hat und einen Ethik-Code unterzeichnet sowie über entsprechende Berufserfahrung verfügt, erhält den Titel „Certified Financial Planner" (CFP) vom AFP verliehen. Dieses Zertifikat muss alle zwei Jahre erneuert werden.

Kosten:

Ausbildung 3. Stufe (1 Wochenblock à 5 Tage)	1 990,– €
Abschlussprüfung	400,– €
Mitgliedschaft jährlich	250,– €
Lizenzgebühr für 2 Jahre	200,– €
Gesamt	2 840,– €

2. Berufsverbände und vergleichbare Organisationen

Deutsche Organisationen

DEVFP Deutscher Verband Financial Planners e.V.

Deutscher Verband Financial Planners e.V.

Der DEVFP Deutscher Verband Financial Planners e.V. ist der Berufsverband der Certified Financial Planner (CFP) und wurde im Oktober 1997 gegründet. Er ist Mitglied des International CFP Council, des Zusammenschlusses aller nationalen CFP-Organisationen weltweit. Mit der CFP-Lizenzierung wird man in Deutschland automatisch Mitglied im DEVFP. Der Verband hat sich die folgenden Aufgaben und Ziele auf die Fahne geschrieben:

Aufgaben DEVP

- Lizenzierung von geeigneten Finanzplanern
- Überwachung ihrer Berufsausübung nach den ethischen Regeln
- Pflege eines öffentlich zugänglichen Registers aller Certified Financial Planner in Deutschland
- Interessenvertretung der Certified Financial Planner bei den gesetzgebenden Gremien in Deutschland und der EU
- Vergabe der Re-Lizenzierungen der CFP bei entsprechendem Nachweis der vorgeschriebenen Weiterbildung.

Außerdem akkreditiert der DEVFP die Ausbildungsstätten in Deutschland, die eine Ausbildung zum CFP anbieten dürfen. Hierfür wird dem jeweiligen Ausbildungs-Institut eine einmalige Gebühr von 25 000,– € in Rechnung gestellt.

Öffentliches Register der CFP

Das Register derjenigen Personen, die den Titel Certified Financial Planner (CFP) in Deutschland tragen, ist öffentlich. Hier können Sie beispielsweise nachsehen, ob einem Finanzplaner der CFP-Titel einmal aberkannt wurde, beispielsweise wegen fehlender nachgewiesener Weiterbildung oder eines Verstoßes gegen die Grundsätze ordnungsgemäßer Finanzplanung. Sie können das Register im

Internet unter http://www.devfp.de/de/verbraucher/index.html finden oder sich anderweitig an den DEVFP wenden.

DEVFP Deutscher Verband Financial Planners e.V.
Eschersheimer Landstraße 18
D-60322 Frankfurt
Tel.: (0 69) 90 55 08 66
Fax: (0 69) 90 55 08 70
e-mail: info@devfp.de
Internet: www.devfp.de

Der Titel „Certified Financial Planner" (CFP)

Certified Financial Planner (CFP)

Mit den in der Finanzbranche üblichen Anglizismen ist der „Certified Financial Planner" (CFP) im Prinzip der internationalste Titel für Finanzplaner. Er wurde 1972 in den USA eingeführt und die Organisatoren versuchen seither, diesen Titel als eine Art „Gütesiegel" bekannt zu machen. Seit der Einführung haben sich weltweit ca. 70 000 Finanzdienstleister zum CFP testieren lassen. Certified Financial Planner und die Abkürzung CFP sind dabei eingetragene Warenzeichen des Certified Financial Planner Board of Standards, Inc. in Denver, USA.

CFP®

Voraussetzungen für CFP

Nach einer fundierten Ausbildung muss ein Certified Financial Planner die folgenden Bedingungen erfüllen:

- Erfolgreicher Abschluss einer fundierten Ausbildung
- Bestehen der dreistündigen Zentralprüfung beim DEVFP Deutscher Verband Financial Planners e.V. quer durch das gesamte Stoffgebiet der privaten Finanzplanung. Dabei

müssen mindestens 70 Prozent der Fragen richtig beantwortet werden (Durchfallquote ca. ein Drittel). Die Prüfung darf maximal zwei Mal wiederholt werden.

- Praktische Tätigkeit im Bereich des Financial Planning und der gesamten bedürfnisorientierten Kundenberatung nach den Richtlinien des CFP Board
- Einhaltung ethischer Grundregeln

„Grandfathering Regel"

Allerdings konnten bei der Einführung des CFP-Titels in Deutschland 1997 solche Personen, die seinerzeit bereits über mehrere Jahre Berufserfahrung im Bereich Financial Planning verfügten, über eine so genannte „Grandfathering Regel" den Titel CFP unter vereinfachten Bedingungen erhalten. Diese Öffnungs-Klausel wird in der Branche strittig diskutiert.

4-E-Regel

Zugelassen zur Zentralprüfung zum CFP werden Bewerber mit mindestens dreijähriger Berufserfahrung auf dem Gebiet Finanzdienstleistungen, die mindestens ein Jahr Erfahrung mit Finanzplanung haben und das anhand anonymisierter Finanzpläne nachweisen. Voraussetzung ist ebenfalls der erfolgreiche Abschluss eines anerkannten Studiums zum Financial Planner. CFP müssen die so genannte 4-E-Regel beherzigen: Education (Ausbildung), Examination (Prüfungen), Experience (Berufserfahrung) und Ethics (Einhaltung der strikten ethischen Regeln).

CFP-Titel können entzogen werden

Im Falle von Kundenbeschwerden oder Verstößen gegen die ethischen Regeln – zum Beispiel Bruch der Vertraulichkeit oder offensichtliche Falschberatung – prüft der DEVFP Deutscher Verband Financial Planners e.V. die Umstände. Ein Ehrengericht kann Sanktionen gegen CFP-lizenzierte Finanzplaner verhängen – bis zum lebenslangen Lizenzentzug. Berechtigte Beschwerden sollten daher an diesen Verband weitergeleitet werden. Bei der verwirrenden Anzahl an Finanzplaner-Titeln ist es sicherlich als Vorteil anzusehen, dass der CFP-Titel aberkannt werden kann, wenn der CFP-Finanzplaner entweder seiner Weiterbildungs-Verpflichtung nicht nachkommt oder gegen die anerkannten Regeln verstößt. Der Verlust des CFP-Titels wird vom DEVFP Deutscher Verband Financial Planners e.V. veröffentlicht und ist für jeden Interessierten nachvollziehbar.

Erster CFP in Deutschland 1997 lizensiert

Zur Zeit gibt es Certified Financial Planner in 20 Nationen: Von den USA und Kanada über Japan, Indien und Australien bis nach Europa. Neben Deutschland verfügen Belgien, Frankreich, Großbritannien, Österreich und die Schweiz über CFP-Organisationen. Die ersten 110 deutschen Financial Planner wurden am 5. Dezember 1997 zum CFP lizenziert und im Januar 2002 gab es in Deutschland rund 700 CFP.

Zusammensetzung CFP

Wie setzen sich die 700 CFP in Deutschland zusammen, die diesen relativ jungen Titel erworben haben?

- Der Altersdurchschnitt derjenigen, die den Studiengang durchlaufen, beträgt 33 Jahre.
- 13 Prozent der Weiterbildungsstudenten sind weiblich.
- Zwei Drittel haben Universitäten oder Berufsakademien besucht.
- Durchschnittlich haben die bisherigen Absolventen sieben Jahre Berufserfahrung in der Finanz-/Vermögens-/Immobilien- oder Versicherungsberatung.

Fortbildungsverpflichtung für CFP

Da der Finanzsektor sehr schnelllebig ist und sich Produkte, Steuerregelungen etc. rasch ändern, reicht es für einen Finanzplaner nicht aus, einmal einen Abschluss zu absolvieren und dann nichts mehr für seine Fortbildung zu tun. Die CFP-Lizenz ist daher jeweils auf zwei Jahre befristet und wird nur dann verlängert, wenn alle Fortbildungsverpflichtungen kontinuierlich erfüllt wurden. Dabei werden ausgesuchte Weiterbildungsveranstaltungen und eigene Dozenten- oder Autorentätigkeit auf dem Gebiet Financial Planning nach einem Punktesystem registriert und anerkannt. 30 dieser so genannten CE-Credits (CE steht für „Continuing Education") muss ein CFP alle zwei Jahre nachweisen, um seine Lizenz nicht zu verlieren. Dabei umfasst ein CE-Credit eine Zeitperiode von 60 Minuten. Wer sich nicht regelmäßig auf den Gebieten Geldwirtschaft, Versicherungen, Immobilien oder Recht und Steuern weiterbildet, verliert den Anspruch auf den Titel Certified Financial Planner.

Wirtschaftliche Interessen immer im Spiel

Natürlich versuchen diejenigen, die den Titel des CFP in den deutschsprachigen Raum gebracht haben, diesen Titel als *das* Gütesiegel schlechthin darzustellen. Wie immer in der Wirtschaft stehen auch finanzielle Interessen hinter der Ausbildung und den Weiterbildungs-Veranstaltungen, die natürlich kostenpflichtig sind. Andererseits hat das Sprichwort „Was nichts kostet, ist nichts Wert" eine gewisse Berechtigung und auch die meisten amerikanischen Universitäten sind Wirtschaftsbetriebe, die profitabel arbeiten müssen – was dem Ausbildungsstandard nicht geschadet hat. Sie sollten diesen Punkt jedoch im Hinterkopf haben. Immerhin besagt der Titel „Certified Financial Planner", dass die Person das Studium zum Finanzplaner durchlaufen hat und bislang keine berechtigten Beschwerden beim Verband zur Aberkennung des Titels geführt haben. Aber auch solche Berater, die nicht den Titel Certified Financial Planner tragen, können außerordentlich kluge und gute Berater sein.

Zur Zeit der Drucklegung dieses Buches gab es in Deutschland zwei Institutionen, die einen formellen Ausbildungsgang anbieten, der zum Titel „Certified Financial Planner" (CFP) führen kann. Zum einen die ebs FINANZAKADEMIE GmbH in Oestrich-Winkel und zum anderen die Hochschule für Bankwirtschaft (HfB) in Frankfurt am Main. Diese Ausbildungsgänge haben wir in den Abschnitten oben bereits vorgestellt.

Deutsche Gesellschaft für Finanzplanung e.V. (DGF)

Die Deutsche Gesellschaft für Finanzplanung e.V. (DGF) wurde 1995 von Rainer Juretzek gegründet und war damit der erste Interessenverband für Finanzplaner in Deutschland. Die DGF hat das Berufsbild der Finanzplaner in Deutschland sowie die Grundsätze ordnungsmäßiger Finanzplanung (GOF) entworfen und gemeinsam mit dem Deutschen Verband Financial Planners e.V. (DEVFP) weiterentwickelt.

Deutsche Gesellschaft für Finanzplanung e.V.
Berufsverband der Finanzplaner

DGF mit interdisziplinärem Ansatz

Die DGF verfolgt einen interdisziplinären Ansatz, so dass nicht nur Finanzplaner, sondern auch Steuerberater, Rechtsanwälte und Wissenschaftler Mitglied werden können. Die Mitgliedschaft (im Februar 2002 zählte die DGF 70 Mitglieder) setzt sich aus „aktiven Mitgliedern" und „Fördermitgliedern" zusammen, wobei sich die aktiven Mitglieder in „Einzelmitglieder" und „Institutionelle Mitglieder" (Banken und Finanzplanungsunternehmen) aufteilen. Auf Verbraucheranfragen werden die Adressen der der fachlichen oder räumlichen Nachfrage entsprechenden „aktiven Mitglieder" weitergegeben. Die DGF kann folgendermaßen erreicht werden:

Deutsche Gesellschaft für Finanzplanung e.V. (DGF)
Ferdinandstraße 19
61348 Bad Homburg v.d.H.
Tel.: 0 61 72-69 00 69
Fax: 0 61 72-69 00 00
www.finanzplanung.de

Schweizerische Organisationen

In der Schweiz gibt es derzeit drei Organisationen, welche die Interessen der Finanzplaner vertreten. Sie sind im Folgenden aufgeführt:

Finanzplaner Verband Schweiz

- Finanzplaner Verband Schweiz
  Zentralstraße 26
  CH-5610 Wohlen/AG
  Telefon: (+41-56) 6 21 33 87
  Fax: (+41-56) 62 13 38 76
  E-mail: som@argoviesion.ch

SFPO

- Swiss Financial Planners Organisation (SFPO)
  Münzgraben 6
  CH-3000 Bern 7
  Telefon (+41-31) 3 26 27 30
  Fax: (+41-31) 3 26 27 31
  E-mail: info@sfpo.ch
  Internet: www.sfpo.ch

Die SFPO ist die CFP Lizenzorganisation in der Schweiz.

VUAD

Schweizerischer Berufsverband unabhängiger Allfinanzdienstleister für Finanz-, Steuer-, Vermögens- und Versicherungsplanungen (VUAD)
Bernstraße 158
CH-4852 Rothrist
Telefon: (+41-62) 7 94 54 43
Telefon: (+41-62) 7 94 41 04

Österreichische Organisationen

Österreichischer Verband Financial Planners

In Österreich werden die Interessen der Finanzplaner – genauer gesagt der Certified Financial Planner (CFP) – vom Österreichischen Verband Financial Planners vertreten. Der Verband wurde im Jahr 2001 gegründet und organisiert auch die Ausbildung zum CFP und nimmt die CFP-Lizenzierung vor, die für jeden Certified Financial Planner im zweijährlichen Turnus erneuert werden muss. Der österreichische Verband kann folgendermaßen kontaktiert werden:

AFP

Österreichischer Verband Financial Planners
(AFP – Austrian Financial Planners)
Vorsitzender: Herr Spängler, Privatbankier
c/o Bankwissenschaftliche Gesellschaft
Wallnerstraße 3, A-1010 Wien
Telefon: (+431) 5 33 10 10, Fax: (+431) 53 12 72 47
e-mail: afp@bwg.at

Internationale und US-Organisationen

CFP Board of Standards, Inc. und CFP-Council

Das Certified Financial Planner Board of Standards, Inc. wurde 1985 in Denver, USA, gegründet, um hohe Kompetenz- und Ethikstandards für Finanzplaner zu etablieren und kontinuierlich weiterzuentwickeln. Das International CFP-Council wurde 1990 gegründet, um dem CFP weltweite Bedeutung zu verleihen. Es klärt beispielsweise die Öffentlichkeit über den Nutzen von Financial Planning auf. Es ist heute noch Teil des CFP Board of Standards, Inc., wird aber in naher Zukunft eine eigenständige Organisation sein, in der alle CFP-Organisationen weltweit zusammengeschlossen sind und in der das Gütesiegel international verwaltet wird.

- International CFP Council
  1700 Broadway, Suite 2100
  Denver, CO 80290 USA
  Telefon: +1-303-8 30 75 00, Fax: +1-303-8 60 73 88
  E-Mail: info@cfp-council.org
  Internet: www.cfp-council.org
- Certified Financial Planner Board of Standards, Inc.
  1700 Broadway, Suite 2100
  Denver, CO 80290 USA
  Telefon: +1-303-830 7500, Fax: +1-303-860 7388
  E-Mail: info@cfp-board.org
  Internet: www.cfp-board.org

Neben den beiden oben genannten Verbänden, die in erster Linie die Interessen der Certified Financial Planner (CFP) vertreten, gibt es in den USA weitere Berufsverbände für Finanzplaner.

- International Association for Financial Planning (IAFP)
  2 Concourse Parkway, Suite 800
  USA – Atlanta, GA 30328
  www.fpanet.org
- Institute of Certified Financial Planners
  3443 S. Galena, Suite 190
  USA – Denver CO 80231
- National Association of Personal Financial Advisers
  (vertritt Honorarberater)
  Box 7833
  USA – Chicago, IL 69680
- American Institute of Certified Public Accountants
  (AICPA) – Personal Financial Planning Division
  International Association of Registered Financial Planners
  4127 W. Cypress St.
  USA – Tampa, FL 33607
- American Society of CLU & ChFC
  270 Bryn Mawr Avenue
  USA – Bryn Mawr, PA 19010

Hilfreiche Adressen

- DEVFP Deutscher Verband Financial Planners e.V.
  Eschersheimer Landstraße 18
  D-60322 Frankfurt
  Tel.: (069) 90 55 08 66, Fax: (0 69) 90 55 08 70
  e-mail: info@devfp.de
  Internet: www.devfp.de

- Deutsche Gesellschaft für Finanzplanung e.V. (DGF)
  Ferdinandstraße 19
  61348 Bad Homburg v.d.H.
  Tel.: 0 61 72-69 00 69, Fax: 0 61 72-69 00 00
  www.finanzplanung.de

- Finanzplaner Verband Schweiz
  Zentralstraße 26
  CH-5610 Wohlen/AG
  Tel.: (+41-56) 6 21 33 87, Fax: (+41-56) 62 13 38 76
  E-mail: som@argoviesion.ch

- Swiss Financial Planners Organisation (SFPO)
  Münzgraben 5
  CH-3000 Bern 7
  Tel.: (+41-31) 3 26 27 30, Fax: (+41-31) 3 26 27 31
  E-mail: info@sfpo.ch
  Internet: www.sfpo.ch

- Österreichischer Verband Financial Planners
  (AFP – Austrian Financial Planners)
  Vorsitzender: Herr Spängler, Privatbankier
  c/o Bankwissenschaftliche Gesellschaft
  Wallnerstraße 3
  A-1010 Wien
  Tel.: (+431) 5 33 10 10, Fax: (+431) 53 12 72 47
  E-mail: afp@bwg.at

Literaturhinweise

Albrecht, Thomas: Asset Allocation und Zeithorizont. Bad Soden/Ts.: Uhlenbruch Verlag, 1999

Böckhoff, Michael/Stracke, Guido: Der Finanzplaner – Handbuch der privaten Finanzplanung und individuellen Finanzberatung. Heidelberg: I.H. Sauer Verlag, 1999

Gantenbein, Pascal/Lateruser, Stefan/Spremann, Klaus: Anlageberatung und Portfoliomanagement. Zürich: NZZ Verlag, 2. Aufl. 2001

Jansen Dieter E. (Hrsg.): Finanzen, Geld und Vermögen. Das Handbuch der Kapitalanlage und Finanzdienstleistung. Neuwied: Luchterhand Verlag, 2. Aufl. 1999

Konrad R./Wohlwend, W. (Hrsg.): Schweizer Jahrbuch Private Finanzplanung WM Wirtschafts-Medien-AG, Bilanz, Zürich 2001

Kloepfer Jacob: Marketing für die Private Finanzplanung – Vermarktung einer innovativen komplexen Beratungsleistung. Dissertation. Wiesbaden: Gabler, 1999

Kruschev, Wesselin: Private Finanzplanung. Wiesbaden: Gabler Verlag, 1999

Kuckertz, Wolfgang et al. (Hrsg.): Finanzberatung für gewerbliche Kunden: Finanzierungsprodukte, Versicherungsprodukte, Baufinanzierung, Betriebliche Altersvorsorge, geschlossene Fonds, Organisation und Führung. Hannover: MBO Verlag, 2002

Kuckertz, Wolfgang et al.: Praxiswissen Finanzdienstleistungen. Band 1: Bankprodukte für private Haushalte, Bausparen und Immobilien, Finanzmathematik. Köln: Bildungsverlag Eins, 2001

Kuckertz, Wolfgang et al.: Praxiswissen Finanzdienstleistungen. Band 2: Betriebs- und Volkswirtschaftslehre, Recht, Steuern. Köln: Bildungsverlag Eins, 2002

Lammer, Markus: Haftungsfragen im Financial Planning, Dissertation. Bad Soden/Ts.: Uhlenbruch Verlag, 2002

Merrill, Lynch/Cap Gemini Ernst & Young: German Wealth Report 2000, Frankfurt a.M./Sulzbach/Ts. 2001

Richter, Jörg: Grundsätze ordnungsmäßiger Finanzberatung. Bad Soden/Ts.: Uhlenbruch Verlag, 2001

Seiwert, Lothar J.: Wenn Du es eilig hast, gehe langsam. Frankfurt: Campus Verlag, 1999

Seiwert, Lothar J.: Life-Leadership. Frankfurt: Campus Verlag, 2001

Spremann, Klaus: Vermögensverwaltung. München: Oldenbourg Verlag, 1999

Tilmes, Rolf: Financial Planning im Private Banking – Kundenorientierte Gestaltung einer Beratungsdienstleistung, Dissertation. Bad Soden/Ts.: Uhlenbruch Verlag, 2002

Tyson, Eric: Private finanzielle Vorsorge für Dummies. Bonn: MITP Verlag, 2000

Vogelsang, D. et. al.: Handbuch Finanz- und Vermögensgestaltungsberatung. Stuttgart: Schäffer Poeschel Verlag, 2000

Warth & Klein (Hrsg.): Professionelle Vermögensverwaltung. Stuttgart: Schäffer Poeschl Verlag, 1999

Werkmüller, Maximilian: Estate Planning – zwischen Marktpotenzial und Standesrecht. Vortrag an der ebs FINANZAKADEMIE GmbH im Rahmen der ebs Finanz Kontakte, 2001

Vermögensgestaltungsberatung durch den Steuerberater. Sammelwerk in Loseblatt-Form, Deubner Verlag, Köln

Literaturhinweise

Danksagung

Ein Buch hat außer den Autoren immer mehrere gedankliche Mütter und Väter. Wir danken daher all denjenigen, die uns mit interessanten Gesprächen, wertvollen Hinweisen und Empfehlungen für dieses Buch weitergeholfen haben. Unser besonderer Dank gilt den folgenden Personen:

- Frank L. Braun
- Susanne Ehrlich
- Rainer Juretzek
- Guido J. Küsters
- Jörg Kubitzki
- Michael Meurer
- Bernhard Post
- Peter Schaubach
- Rena Sels
- Rolf Tilmes

Hinweis:

Die Autoren beraten vermögende Privatkunden und institutionelle Investoren:

Telefon: 01 72-3 03 43 83, Fax: 0 89-14 88-22 98 30

E-mail: financial-planning@gmx.de

Stichwortverzeichnis

Stichwortverzeichnis